高等职业教育房地产类专业精品教材

物业设备维护与管理

主　编　戴凤微　陈　伟

北京理工大学出版社
BEIJING INSTITUTE OF TECHNOLOGY PRESS

内 容 提 要

本书剖析了物业设备维护与管理课程的理论难点和实践特征，通过工作情境训练培养学生利用理论知识解决实际问题的能力，利用校企合作共建的万科—杭职现代楼宇智能实训室，精心打磨脚本拍摄教学视频，以工作任务的形式调动学生的参与度。全书包括物业设备设施管理入门、室内外给水排水系统的维护与管理、住宅及商用中央空调系统的维护与管理、供配电系统的维护与管理、消防系统的维护与管理、安防系统的维护与管理和电梯系统的维护与管理等内容。全书按照《城镇给水排水技术规范》（GB 50788—2012）、《消防给水及消火栓系统技术规范》（GB 50974—2014）等相关规范、标准等文件编写。

本书可以作为高等院校物业管理专业、楼宇智能化专业和其他相近专业的教材，也可以作为物业项目运营管理人员，特别是物业项目设备维护人员岗位从业者及初学者的培训及参考用书。

图书在版编目(CIP)数据

物业设备维护与管理 / 戴凤微，陈伟主编.--北京:
北京理工大学出版社，2022.6（2022.7重印）
ISBN 978-7-5763-1409-0

Ⅰ.①物… Ⅱ.①戴… ②陈… Ⅲ.①物业管理—设
备管理 Ⅳ.①F293.33

中国版本图书馆CIP数据核字（2022）第106230号

出版发行 / 北京理工大学出版社有限责任公司
社　　址 / 北京市海淀区中关村南大街5号
邮　　编 / 100081
电　　话 /（010）68914775（总编室）
（010）82562903（教材售后服务热线）
（010）68944723（其他图书服务热线）
网　　址 / http://www.bitpress.com.cn
经　　销 / 全国各地新华书店
印　　刷 / 北京紫瑞利印刷有限公司
开　　本 / 787毫米×1092毫米 1/16
印　　张 / 14
字　　数 / 339千字
版　　次 / 2022年6月第1版 2022年7月第2次印刷
定　　价 / 45.00元

责任编辑 / 钟　博
文案编辑 / 钟　博
责任校对 / 周瑞红
责任印制 / 边心超

图书出现印装质量问题，请拨打售后服务热线，本社负责调换

前言

近年来，由于技术水平的提高，物业项目在设备设施的维护与管理方面需要管理者熟悉更多的新设备和新产品，如万科物业研发的黑猫1号、疫情期间可以大幅减少人员管控难度的人脸识别系统，诸多新设备的使用迫切需要在教学中更新知识体系并提升技能水平，为此需要由教材作为各种教学素材和资源的集合体来引领知识体系的更新。

对于物业管理专业而言，思政育人尤为关键。物业设备维护与管理作为物业管理专业的核心课程，是物业管理专业知识结构中的主体部分，其目标就是通过平台集成化管理掌握设备设施维护与管理的各项日常业务的数字化应用。物业服务作为民生诉求的热点问题，关系到城市居民的幸福生活体验。物业管理从业人员身处居民生活的“最后一公里”，不仅需要技术上能胜任，更需要诚信勤勉、以人为本的职业道德和社会公德。为此编者在专业课程中融入思政元素，确定本书在知识、能力和素质层面上的建设目标，实现育才与育人协同并进。

围绕“互联网+职业教育”的需求，需要将信息化技术应用、配套资源开发为主要抓手开发新形态一体化教材，以满足教育信息化发展的现实需要，对接线上线下教学资源，扩大优秀教育资源的覆盖面。即以纸质教材为核心，以互联网为载体，以信息技术手段为桥梁，将纸质教材和数字资源充分融合，结合物业设备维护与管理的课程特点，以教材开发为引领，开发结构化课程，整合碎片化资源，实现一体化设计，进行“主体教材+实训用书+数字化课程（资源）”的一体化教材建设，将本书的教学推向深入。

本书的特色主要体现在以下三个方面。

1. 结构体系兼顾知识、能力和价值三维目标

对照物业设备维护与管理的课程标准，课程主要教学内容与要求围绕人才培养目标中“能够提供房屋建筑及设备设施维修养护服务与管理”设置。本书通过知识体系、能力体系和价值体系呼应课程标准的三维目标，即知识与技能、过程与方法、情感态度与价值观。在知识目标方面，除掌握传统物业设备设施的组成、功能与维护管理要点外，重点强调以智能化、网络化、数字化技术对智慧社区实现数字化管理，凸显信息技术对提升物业

服务水平的作用。在能力目标方面，具备智慧社区平台运维能力，关注行业发展变化，知行合一，身体力行、勤于实践，培养学生利用信息技术优势提升社区治理现代化水平的能力。在素质目标方面，引导学生树立以人为本的理念，感悟家国情怀，汲取奋斗力量；培养学生具有良好的沟通表达能力、职业协调能力、合作学习精神，较强的抗压能力、礼仪修养、诚信品格和社会责任感，以及踏实肯干的工作作风和主动、热情、耐心的服务意识。

2.基于核心素养设计栏目

本书的栏目设计是本书编写特色的重要体现，栏目设计是学生从知识本位向核心素养发展本位转型的一个重要依托。本书每个模块的栏目由案例引导、知识准备、课堂练练手、教学实训、拓展阅读组成。各栏目都有其设计意图，案例引导旨在使学生了解本课程的工作情境，使学生更容易接受专业知识；知识准备、教学实训旨在使学生掌握关键知识和技能；课堂练练手、拓展阅读等作为正文的补充、延伸、说明，旨在提高学生的兴趣，加深学生对本课程的认识，培养学生发现问题的意识。

3.与上游和下游课程有效衔接

从物业设备维护与管理衔接课程来看，上游有建筑制图与识图、物业管理入门、物业服务礼仪、楼宇智能化技术奠定基础，下游有物业管理专业实习、物业管理毕业实践提供实践，形成了较为合理的课程体系，旨在利用课程开展充分培养学生的学习能力，使学生能够更好地适应社会变革，成长为社会所需要的有用人才。

本书由杭州职业技术学院戴凤微、陈伟担任主编。具体编写分工为：项目1、2、3、4、5由陈伟编写，项目6、7由戴凤微编写。戴凤微负责组织编写及全书整体统稿工作。

由于物业设备维护与管理的技术和方法还在不断发展与更新，而编者的认知和专业水平还很有限，书中必定存在不少疏漏，敬请广大读者批评指正。

编　者

目 录

项目1 物业设备设施管理入门

项目2 室内外给水排水系统的维护与管理

项目4　供配电系统的维护与管理

项目5　消防系统的维护与管理

项目6　安防系统的维护与管理

项目7　电梯系统的维护与管理

项目 1

物业设备设施管理入门

思维导图

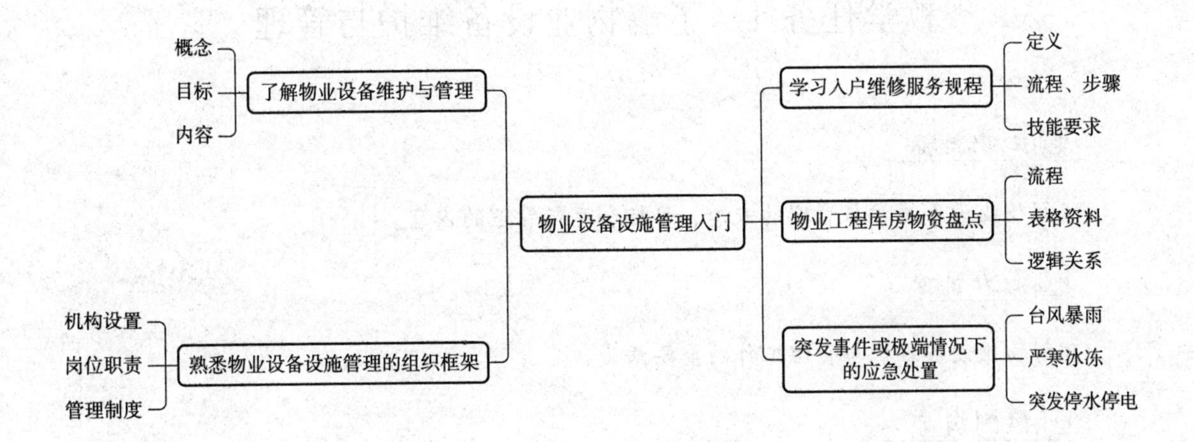

模块1　熟悉物业设备设施管理的基础知识

学习要求

通过本模块的学习，了解物业设备维护与管理的概念、目标和运行管理的内容；熟悉物业设备设施管理的组织框架，熟悉相关的制度规范要求，为开展实际工作奠定基础。

教学任务1　了解物业设备维护与管理

知识目标

了解物业设备维护与管理的概念、目标和运行管理的内容。

能力目标

理解物业设备维护与管理工作的重要意义。

案例引导

一个物业维修师傅的一天

刘礼芳，一个普通的水电维修工。他与数十名同事一起维护着“十里银滩”里观山海、海云天、水蓝天、浪琴湾、银沙湾等数个片区的设施设备。

坐在家里的你，或许并不能清楚地了解和理解他们，但你从来没有离开过他们。

和许多工作一样，他们最忙碌、最辛劳、最烦琐的那一部分，总是藏在“水面”之下，他们的“主战场”，或在地下车库不起眼的角落，或在你难以抵达的楼顶天台之上。我们常能看到的维修，只占他们工作的很小一部分。而检修、设备保养，预先排除隐患，才是他们最平常的工作。

7:50，新的一天工作开始。惯例的早会，工程维修服务部经理正在布置今天的工作。

早会的内容也“简单”：梳理设备保养情况，查询隐患；归纳总结前一天工作中发现的问题；下达公司最新的工作要求；安排专人完成例行维保项目及日常维护；处理客户报修申请等。早会内容听起来简单，可要一步一步实施起来，还真是个技术加体力的活。

8:10，刘礼芳今天的第一项工作，从“工程重地”——配电房的巡视开始。

打开配电柜，好复杂的线路！外行人看肯定头皮发麻，但对刘礼芳来说，哪条线路是将电力分送到哪个楼层的配电箱，了如指掌，这也许就是所谓的“术业有专攻”吧。一般，这些仪表里的指针数据都是正常的，但每天的例行检查仍必不可少，一旦疏漏，就意味着事故的发生。

10:30，刘礼芳及同事按照分工，完成各小区配电房和发电机房的巡查工作，确保在发生停电时，可及时启动发电机，及时保障消防应急系统、电梯、安全防范监控、应急照明等的正常使用。

刘礼芳和他的同事们每周都会擦拭机器表面。这可不光是“面子活”，如果不擦拭，还可能影响机器寿命。同时，每半个月对发电机进行一次试运行，确保机器的完好性。

13:00，经过中午短暂的休息，刘礼芳满怀热情开始下午的工作。首先是检查二次供水设备。二次供水系统的良好运作和稳定，直接关乎大楼里每一位业主的正常用水。

一进二次供水泵房，就传来机器运转时发出的“隆隆”声。外行人可能觉得这声音特别刺耳，但是作为一名专业的维修师傅，刘礼芳说：“单凭听这些声音，我就能初步判断机器的运行是否正常。”说完，刘礼芳就开始巡查水泵房的设备，首先要巡查的是稳压泵，这关系着每一户业主能否正常用水，所以这是巡查的重点工作。刘礼芳还给小编科普了一下，如果出现管道泄压、压力不足，溢水报警装置将自动启动警铃，发出刺耳的声音进行警告。

从二次供水泵房出来，刘礼芳马上又到监控中心巡视。

各个大楼发生火灾及消防设备故障时，可以通过监控室内的消防报警主机及计算机查看，一旦接到火灾报警信号，计算机将自动报警，并存储报警信息，监控中心接到信息后会马上核查现场情况，如确认是发生火灾，将启动各楼层的消防防护设施扑灭火灾。在检查消防报警主机的时候，遇到经理巡查，刘礼芳详细汇报了主机及现场设备运行的情况。

离开监控中心，刘礼芳来到楼层里，开启了其中一道防火卷帘门，并用对讲机询问监控中心是否收到反馈信号。

刘礼芳说每层楼都有防火分区卷帘门，总共有200多扇。检查防火卷帘门是否能正常使用，直接关系大楼的安全。如果大楼有这样的防火卷帘门，并在火势蔓延初期就闭合上，结果会完全不同。

15:00，刘礼芳及同事按照区域划分，巡检电梯。在轿厢里，刘礼芳认真地检查电梯标识、楼层按钮、五方通话系统、监控摄像头、电梯门是否正常闭合等，这些环节一旦出现问题都对电梯安全运行造成影响。最后来到位于楼顶的电梯机房，我们每天乘坐的电梯，就是由这台“曳引机”负责拉动。

我们在电梯轿厢里按楼层的按钮后，指令都统一传送到这里进行处理，指挥电梯运行。听到电梯接受指令后，元件开合的咔嗒声颇能说明“业务”繁忙。每项检查完毕，填写巡查记录是必须的。之后，刘礼芳还为小编详细讲解了电梯的工作原理及遇到电梯困人的处理方法，小编获益良多。

维修工们在开展巡检、维保工作的同时，还要处理用户报修工作。按照通常的程序，业主如果需要水电维修服务，都会致电物业服务中心。然后物业服务中心会在最短的时间内将维修需求转达工程维修服务部文员，再由文员转达给刘礼芳和他的同事们。

16:30，刘礼芳接到了今天第一张维修单，海云天15楼楼道灯坏了。接到维修单后，刘礼芳根据现场情况的判断，来到仓库领取维修物料，背上工具包，拿着手扶梯前往现场进行维修。来到维修现场，摆好警示标志，架上梯子，换上灯泡，对于早已熟练的刘礼芳来说，这只是一两分钟的事情。

17:00，刘礼芳又接到文员打来的电话，水蓝天3号楼一户业主的洗手间水管有滴漏，需要更换一根软管。刘礼芳先向业主报价，得到业主同意后，刘礼芳带齐物料与维修工具于5 min内到达业主家。

到达业主家后，刘礼芳轻按门铃，待业主开门后，他很有礼貌地说了句“您好”，并说明了身份和来意。取得业主同意后，刘礼芳穿上专用鞋套，在业主的带领下进入洗手间。在维修开始前，他再次确认了维修项目。维修时，摊开工作垫以便摆放工具、材料和防止渗水与垃圾撒落。

刘礼芳动作熟练，很快就更换好软管。维修完毕后，他还不忘用拖把擦去维修时渗到地面的水迹。待业主确认后，业主满意地填写好维修回执和服务评价。在离开前，刘礼芳总是不忘向业主确认“请问还有什么可以帮到您?”，确定帮业主解决好问题后才能放心与业主道“再见”并离开。

不知不觉，天色已经昏暗下来，刘礼芳还在苑区里忙碌着，处理着各种大大小小的维修单。刘礼芳对我们说：“今天的工作算轻松了，没有什么紧急的事情。像上个月，暴雨季节，为了防止地下车库进水，全体员工加班进行防洪排涝工作，有的维修工帮忙扛沙包堵水，有的维修工组装大型的管道排水，员工们衣服都湿透了，没日没夜地在干活，那才真叫累啊！还有一次，一个业主举行婚礼，让我们帮忙协助现场工作，整整忙活了一个晚上，业主的婚礼举办得很成功。看着业主们高兴的笑脸，虽然加班是很辛苦，但是也是值得的。后来业主还给我们工程部写了表扬信。”刘礼芳一脸自豪的样子。

没等刘礼芳说下去，又接到文员的工作通知，他说了句道别，转身又投入辛劳的工作。看着他辛勤的背影，不禁感叹，碧桂园物业能始终践行“给您一个五星级的家”的承诺，靠得正是背后每一位员工的共同努力。

水电维修工，对于很多人来说，熟悉又陌生。他们在我们的身边，默默无闻，但至关重要。刘礼芳说过，对于维修工而言，最好的状态就是只维护、不维修。希望每样设备都能顺畅运转，让业主住得顺心、住得舒心。而业主的理解和适当的尊重，对他们来说，就是最好的支持和回报。

【案例分析】 合格的物业维修工说起来容易，但做起来不容易。他们既不光鲜，也不高大。他们以单位为家，在一线摸爬滚打，整日灰头油脸，处处留有油污的邋遢。可对工作的需要、业主的需求，他们从来不分昼夜，哪怕是在疫情封闭期间，只要业主一个电话，无论是在吃饭还是在睡觉，总会第一时间出现在维修现场。他们用自己的色彩，描绘了一幅幅生动的图画。合格的物业维修工要具备的能力有很多：如较好的水暖、管道、基础机械的动手能力和故障分析能力；对设备的小改造、小发明、小创造能力；在维修的设备拆解、安装过程时遇到的突发事件和问题的应急解决能力；还要具备电气、仪表方面的基础知识等。总之，做一名合格的物业维修工很不容易。

知识准备

一、物业设备设施管理的概念

物业设备设施是建筑物附属设备设施的简称，包括室内设备与物业管辖范围内的室外设备与设施系统。它是构成物业实体的重要组成部分，也是物业运作的物质和技术基础。

我国城镇建筑的设备设施一般由给水、排水，供配电、照明，燃气供应、供暖，通风、空气调节，消防，电梯，通信网络及智能化系统等设备设施组成。这些设备设施构成了物业设备的主体，是物业全面管理与服务的有机组成部分。一般来说，建筑物等级越高，技术含量也会越高，其功能也会更加完善，承担以上功能的设备设施系统也就越复杂。

由物业设备设施管理的定义可知，物业设备设施管理应从技术层面、经济层面和管理经营层面三个要素及三者之间的关系来管理。

(1)技术层面。技术层面是对设备设施硬件所进行的技术处理，是从物的角度进行的管理控制活动。其主要组成因素有：设备设施诊断技术和状态监测维修；设备设施保养、大修、改造技术。

(2)经济层面。经济层面是对设备设施运行的经济价值的控制，是从费用的角度进行的管理控制活动。其主要组成因素有：设备设施规划、投资和购置分析；设备设施能源成本分析；设备设施大修、改造、更新的经济分析；设备设施折旧。其要点是设备设施寿命周期经济费用的评价。

(3)管理经营层面。管理经营层面是从管理软件的措施方面控制，是从人的角度进行的管理控制活动，其主要组成因素有：设备设施规划购置管理系统；设备设施使用维修系统；设备设施信息管理系统。其要点是建立设备设施寿命周期的信息管理系统。

二、物业设备设施管理的目标

科学的物业设备设施管理是对设备设施从购置、安装、使用、维护保养、检查维修、更新改造直至报废的整个过程进行技术管理和经济管理，使设备设施始终可靠、安全、经济地运行，给人们的生活和工作创造舒适、方便、安全、快捷的环境，体现物业的使用价值和经济效益。物业设备设施管理的根本目标是用好、管好、维护好、检修好、改造好现有设备设施，提高设备设施的利用率和完好率。

设备技术性能的发挥、使用寿命的长短，很大程度上取决于设备的管理质量，一般用设备的有效利用率和设备的完好率来衡量物业设备管理的质量。

对于评定为不完好的设备，应针对问题进行整改，经过维护、修理，使设备恢复到完好状态。对于经过维修仍无法达到完好的设备，应加以技术改造或做报废处理。

三、物业设备设施运行管理的内容

在物业设备运行管理中，必须取得两个方面成果：一是设备的运行在技术性能上始终处于最佳状态；二是从设备的购置到运行、维修与更新改造中，寻求以最小的投入得到最大的经济效益，即设备的全过程管理的各项费用最经济。因此，物业设备的运行管理包括物业设备技术运行管理和物业设备经济运行管理两部分。

1. 物业设备技术运行管理

物业设备技术运行管理主要任务是要建立合理的、切合实际的运行制度、运行操作规定和安全操作规程等运行要求或标准，建立定期检查运行情况和规范服务的制度，保证设备设施安全、正常的运行。

2. 物业设备经济运行管理

物业设备经济运行管理的主要任务是在设备安全、正常运行的前提下，节约能耗费用、操作费用、维护保养费用以及检查维修等方面的费用。其内容包括在物业设备运行管理过程中采取切实有效的节能技术措施和加强设备能耗的管理工作。

四、物业设备分类

通常，我国城市房屋的常用设备主要是由房屋建筑卫生设备和房屋建筑电气设备两大类组成的。

(一)建筑卫生设备

(1)室内给水设备：通常可分为生产给水设备、生活给水设备和消防给水设备。

(2)室内排水设备：通常可分为生活污水管道、工业区废水管道、室内雨水管道。

(3)热水供应设备：一般由加热设备、储存设备(主要指热水箱)和管道部分(热媒循环管道、配水循环管道、给水循环管道)组成。

(4)供热设备：包括热水供暖设备和蒸汽供暖设备两种。

(5)消防设备：目前，建筑物采用的消防设备仍然以水力灭火为主。如消火栓系统、喷淋系统，其他配套消防设备有温感器、消防报警系统、防火卷帘、防火门、排烟送风系统、通风系统中的防火阀、消防电梯、消防走道及事故照明等设备。

(6)通风设备：包括通风机、排气口及一些净化除尘设备等。

(7)空调设备：大型商业大厦、办公写字楼常用中央空调设备，小型商店或居住公寓楼通常采用分体式空调机。

(二)建筑电气设备

(1)供电及照明设备：变压器房内的设备、配电房内设备、配电干线和层配电箱。

(2)弱电设备：主要有通信设备、广播设备、共用天线设备及闭路电视系统、自动监控、报警系统及计算机设备等。

(3)电梯设备：主要有传动设备、升降设备、安全设备、控制设备和防雷装置。

五、物业设备的登记与建档

物业管理公司一旦开始接管物业，工程管理人员就应根据设备的分类和目录，对设备进行登记，建立设备台账，以便清查与核对。设备的登记主要是指填写设备登记卡和设备台账。其中设备登记卡包括设备质量、基本性能、设备附件的数量和名称、保养维修情况等，它是组织保养、维修计划的依据。

六、物业设备管理内容

设备管理工作，一般由物业管理公司工程设备部门主管负责。设备管理主要由设备运行管理和设备维修管理两大部分组成。运行和维修既可统一管理，也可分别管理。房屋设备管理主要包括使用管理、维修养护管理、安全管理、技术档案管理。

说说城市管廊工程

教学任务2　熟悉物业设备设施管理的组织框架

知识目标

了解物业设备设施维护与管理的机构、岗位职责和制度要求。

能力目标

能够在实践中运用岗位职责和规章制度开展工作。

案例引导

物业工程部优秀员工先进事迹简介

姓名：刘礼芳　部门：工程部　性别：男　年龄：33岁

岗位：工程主管　政治面貌：群众　入职时间：2002年9月9日

刘礼芳同志2002年入职，从一名普通的维修人员做起，兢兢业业开展工作，当年即被评为优秀新员工，2004年度被聘为电气设备专业技术负责人，负责电气维修班组的技术和管理工作，并再次被评为优秀员工，因工作得到公司领导和同事的肯定，2006年4月被提拔为工程部经理。

刘礼芳同志专业技术比较全面，水平较高。在工作中勤勤恳恳、兢兢业业、责任心强。在2006年，带领大家圆满完成了高、低压配电室清扫、保养，地库停车场设备升级改造及A座停车场设备安装等几项重要工作。在时间紧、任务重的情况下，不计较个人得失，利用"十一"放假三天时间为方庄售楼处整修完电话和网络系统，保证了售楼处通信设备的正常运转，得到售楼人员的高度赞扬，并且日后根据方庄项目售楼处的需要，随时配合销售人员解决强、弱电设备问题。完成了方庄项目售楼处设备的维护和改造工作，确保方庄项目在预定的时间顺利开盘、售楼。

刘礼芳同志在技术上不保守，通过传、帮、带的方式，带领大家共同进步。在同事中口碑较好，能起到一定的模范带头作用。

公司的每一个部门一提起刘礼芳时，无论是技能、工作态度还是思想品德，都会交口称赞，是每一位员工学习的榜样。

【案例分析】 工程部经理是物业设备设施维护与管理的一个重要岗位，负责对工程部所有人员、设备的全权管辖和调配，切实保障各种设备的安全运行和完好，尽最大努力，以最低的管理成本费用，保持公司各物业设备的高水准运行。一般的任职要求为电气、建筑工程等相关专业大专以上学历，中级及以上专业技术职称；5年以上物业工程管理或大型房地产企业工程管理等相关经验；熟悉建筑结构装修及各类建筑机电设备，熟练掌握至少3门建筑工程专业(电气、暖通、给水排水、楼宇智能化等方面)；熟练掌握计算机软件、Office办公软件；有大型商场、写字楼工程部同岗位工作经验者。

知识准备

一、物业设备设施管理机构

物业服务企业应根据具体情况建立自己的工程设备管理体系。一般来说，总工程师(或工程部经理)是物业设备设施管理的总负责人，在其领导下，要建立一个结构合理的管理机构，组织一支精干高效的工程管理队伍，才能较好地完成物业设备设施系统的管理工作。该组织机构应考虑物业规模和特点、物业所有者的组织形式、客户的组成、物业的用途和经营方式、物业安装设备的数量、形式及分布情况、物业的管理风格等因素。

物业设备设施管理机构一般是在总工程师的领导下设置工程部，工程部经理负责本部门职责范围内相关设备运行、保养、维护等管理工作。物业设备设施管理机构一般采用以下设置方案。

(1)按专业分工的组织构架，如图 1-1 所示。其特点是各设备主管处主任负责本处工作，配备人员能够完成全部运行、保养和小型维修工作，分工较细，各单位职责明确，业务职能基本上能独立完成，但配备人员较多，适用规模较大、专业技术人员充足、技术力量较强的物业服务企业。

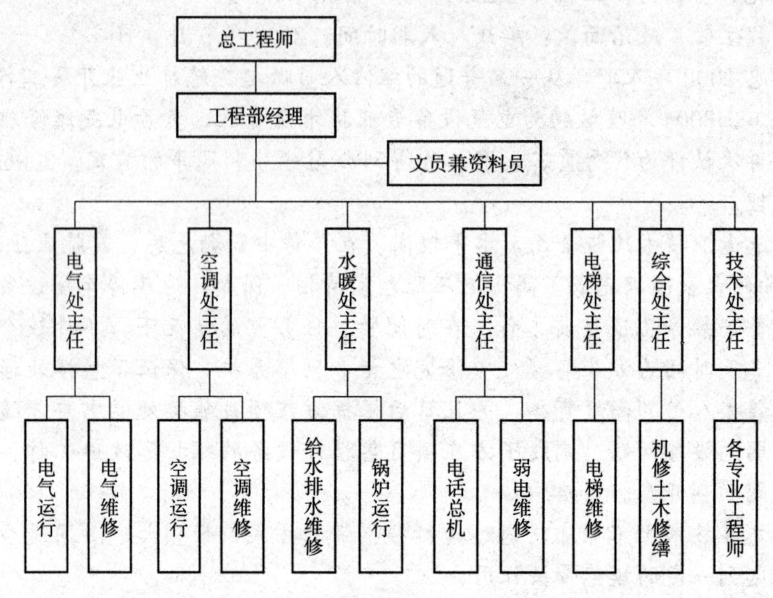

图 1-1 按专业分工的组织构架

(2)主管工程师负责的组织构架，如图 1-2 所示。其特点是各主管工程师负责本专业相关班组的工作，既分工又合作，消除了中间环节，人员配置少，管理费用低，技术指导直接可靠，维修质量较高，便于协调指挥，但是必须有一支技术熟练、业务能力较强的工程技术队伍。

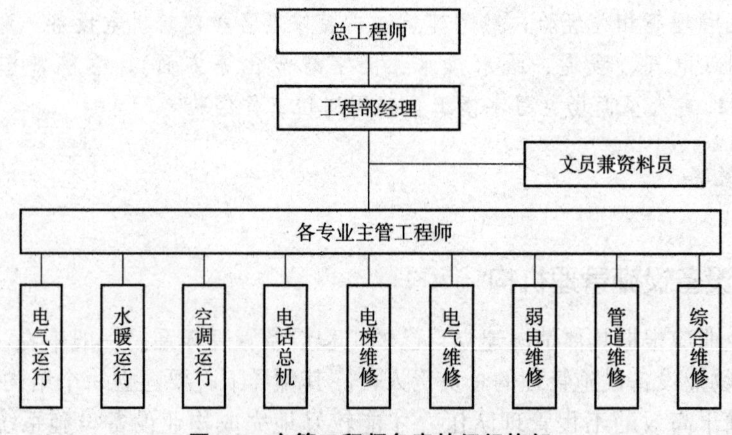

图 1-2 主管工程师负责的组织构架

(3)运行和维修分开管理的组织构架，如图 1-3 所示。其特点是：物业管理部只负责相关设备设施的操作运行，人员配置数量比较少，自身素质要求可以不太高，主要技术力量集中在各工程维修部，人力资源应用合理，维修质量有保障。管理的设备越多，优势就越明显。

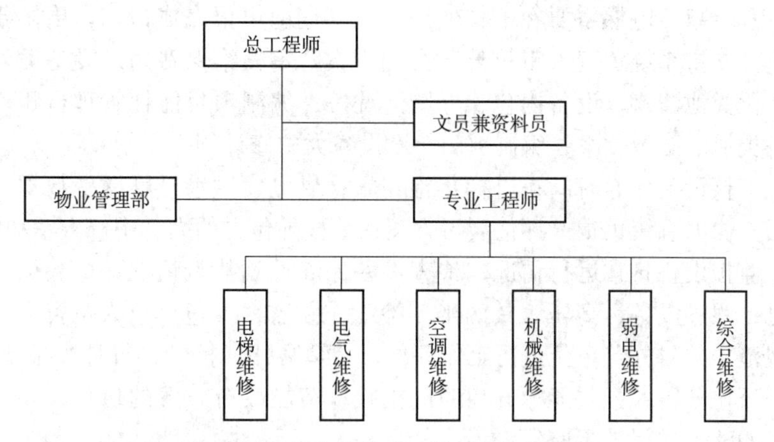

图 1-3　运行和维修分开管理的组织构架

(4)最简单的组织构架，如图 1-4 所示。其特点是适用建筑规模小、设备配置少、技术和管理要求不高的物业服务企业。工程部仅负责日常运行和一般故障处理，人员配置少，管理比较简单。重大设备的维护、保养和维修由专业的维修公司承包，设备维修保养费用较高。

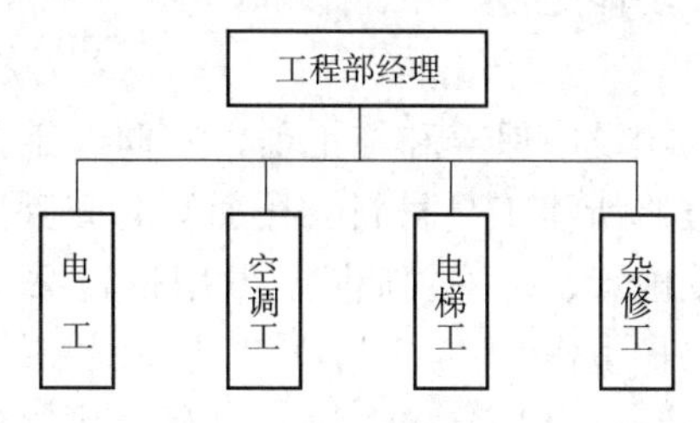

图 1-4　最简单的组织构架

二、物业设备设施管理人员岗位职责

(一)项目简化设置

1. 设备监控岗位

(1)设备监控岗位介绍。

①设备监控：设备信息维护，按周期工单标准检查设备运行状态，确保各类设备严格按周期开展维保工作达到预期保养效果，特别是特种设备按时年检。

②设备维保供方管理：核算工程量、协助招标投标，审核工作计划并通过周期工单进行定期维保派单，通过周期工单结合现场监控保养过程，检验保养结果，并填写评价报告。

③能耗管理：落实节能降耗措施，能耗分级管理，计量清晰准确，生成能耗报表，并及时上报异常数据。

④突发事件管控：事先预防、事中处理、事后总结。

⑤维修与翻新：大、中修方案审核、费用申请、协助招标投标、监控过程、验收评估与结算。

(2)设备监控岗的操作流程。

①编制：按《设施设备作业周期表》制订FM设备巡检保养计划工单并导入系统；编制《电梯年检管理清单》，电梯需要在电梯使用标志到期前申报完成检测，更换新的电梯使用标志；协助业务支持系统负责人审核外包合同方案，审核维保费用。设备类外包单位包括电梯、消防、化粪池清掏、设备内包、外墙清洗等；编制项目能耗管理台账，制订节能降耗方案；设备类风险防范预案；编制部门年度设备大中修计划。

②审核：审核设备保养时间；电梯年检需求；供电、供水月度缴费数据，外单位的用电、用水数据。协助系统负责人评估演习方案；审核外包方的大、中修方案和所需材料等。

③执行：监控设备日常运行情况；检查设备保养计划执行情况，检验保养结果；监控电梯维保情况；跟进设备、高压工具的半年检工作。监督外包单位人员资质、能力、到岗情况、行为规范，并对外包单位进行工作评价，并填写评估报告；每月按时抄录项目能耗，并进行同比、环比分析；公共能源开启时间把控；节能改造方案的执行，外部单位的能耗核查；对施工的整个过程进行监督。

④报告：提交月度能耗报表和分析报告；设备类突发事件的信息报送；工程质量验收并协助系统负责人结算工程费用。

2. 公共维修岗位

(1)公共维修岗位介绍。对房屋本体设施及共用设施进行周期性养护，对小型工程进行及时维修，保持其使用安全、功能完善、外观完好。

(2)公共维修岗位作业流程。

①保养前：对外公告。共用设施保养和施工前，应向施工现场周边及其他受影响的客户提前发出公告。提前准备维修所需工具材料，按通知时间到达维修现场。施工现场需设置对客户提示标识，说明施工内容、范围、期限。共用设施保养维护时警示标识和围栏/围挡，并做好毗连部位的成品保护工作。

②保养中：严格按照《共用设施保养流程》进行操作。控制施工时间，若与当地法规有冲突，以当地法规要求执行。非抢修类作业，如存在噪声干扰客户时，应调整作业时间。

③保养后：施工作业完毕后做到“工完场清”。

(二)大型物业项目行政岗位职责

1. 工程部经理岗位职责

工程部本身的工作及工程部与物业部、销售部、保安部等的横向联系与配合，对提高物业的整体服务质量至关重要。工程部经理是进行管理、操作、保养、维修，保证设备设施正常运行的总负责人。其主要职责包括以下几个方面：

(1)直接对企业总经理负责，在公司经理的领导下贯彻执行有关设备和能源管理方面的工作方针、政策、规章和制度，制定物业设备设施管理工作的具体目标和政策，并定期编写月、周报告，运行报表等，收集有关资料和数据，为管理决策提供依据。

(2)负责物业设备设施从规划和实施、运行和使用、维护和修理、改造和更新直到报废的全过程的技术与经济管理工作，使设备始终处于良好的工作状态。

(3)加强完善设备项目验收、运行、维修的原始记录资料；编制物业设备的保养、大修计划、预防性试验计划(月计划、年计划)，并负责有组织有计划地完成各项工作；控制费用，提高修理的经济效果。

(4)在安全、可靠、合理的前提下，及时供给各种设备所需要的能源(水、电、油、气等)，并做好节能工作。

(5)组织拟订设备管理、操作、维修等规章制度和技术标准，并监督执行。

(6)组织、收集、编制各种设备的技术资料，做好设备的技术管理工作。

(7)组织编制各种设备的保养、检修计划，并进行预算，在公司经理批准后，组织人员实施。

(8)组织人力、物力及时完成业主提出的报修申请，为业主提供良好的工作、生活条件。

(9)负责设备安全管理，组织物业设备的事故分析和处理；制订安全防火、事故防范措施并督促落实执行。

2. 专业技术负责人岗位职责

各专业技术负责人在部门经理领导下，负责所管辖的维修班组的技术和管理工作，负责编制所分管的机电设备的保养与维修计划、操作规程及有关资料，并协助部门经理完成上级主管部门布置的工作。具体职责如下：

(1)负责编制所管设备设施的年、季、月检修计划及相应的材料、工具准备计划，经工程部经理审批后负责组织计划的实施，并检查计划的完成情况。

(2)督导下属员工严格遵守岗位责任和规章制度，严格执行操作规程，检查下属岗位职责及操作规程、设备维修保养制度的执行情况，发现问题及时提出改进措施，并督促改进工作。

(3)熟悉所管系统设备设施的性能、通行状况、控制状态，制订合理的运行方案，研究改进措施，降低能耗，并能组织调查、分析设备事故，提出处理意见及措施，组织实施，以防止事故的再次发生。

(4)及时掌握本专业科技发展新动态，及时提出推广新技术、新工艺、新材料建议，报上级审批后组织贯彻实施。

(5)服从上级的调度和工作安排，及时、保质、保量地完成工作任务。

3. 领班岗位职责

(1)负责本班所管辖设备的运作和维护养护工作，严格做到设备、机房、工作场所干净，并且不漏电、不漏水、不漏油、不漏气，使用性能良好、润滑良好、密封良好、坚固良好、调整良好。

(2)带领并督促全班员工遵守岗位责任制、操作规程和公司制定的各项规章制度，及时完成上级下达的各项任务。

(3)负责本班的业务学习，不断提高自身素质，负责本班的日常工作安排。

(4)负责编制本班设备的检修和备件计划，报主管审核后组织实施。

4. 技术工岗位职责

(1)按时上班，不迟到，不早退，并认真执行公司制定的各种设备维护规程。

(2)定期对机电设备进行维护保养；认真完成设备的日常巡检，发现问题及时处理。

(3)认真完成公司安排的设备大检修任务。

(4)正确、详细填写工作记录、维修记录，建立设备档案。

(5)爱护各种设备、工具和材料，对日用维修消耗品要登记签认，严禁浪费。

(6)加强业务学习，认真钻研设备维护技术，并树立高度的责任心，端正工作态度。

5. 材料保管员岗位职责

(1)负责统计材料、工具和其他备件的库存情况，根据库存数量及其他使用部门提出的采购申请，填写采购申请表，报送经理审批。

(2)负责材料、工具和其他设备备件的入库验收工作，保证产品品种、规格、数量、质量符合有关要求。

(3)负责材料、工具和其他设备备件的保管工作，保证产品的安全和质量。

(4)负责统计库房材料的工作，按时报送财务部门。

(5)负责完成上级交办的其他任务。

6. 资料员岗位职责

(1)负责收集、整理工程部各种技术资料及设备档案。

(2)负责本部门各下属单位的各项工作报表的汇总、存档。

(3)负责能源、材料、人力等各项资源消耗的统计。

三、物业设备设施管理制度

(一)生产技术规章制度

生产技术规章制度包括设备的安全操作规程、验收制度、维修保养规程等。

1. 安全操作规程

“安全第一，预防为主，综合治理”，在安全管理备受重视的今天，设备设施的安全操作运行已成为物业管理的重要环节。专业技术人员在工作中应遵守专业技术规程，接受专业培训，掌握安全生产技能，佩戴和使用劳动防护用品，服从管理。

高低压配电、弱电、楼宇自控系统、电梯、计算机中心、水泵房、电梯等设备的运行都会形成一定的风险，若不按规程操作，轻则造成设备故障，重则造成机毁人亡。因违规操作造成事故的案例举不胜举，如某公司管理处维修技术员王某、李某对小区低压配电柜进行带电除尘作业，在施工作业中，王某认为使用手动除尘器的除尘效果不好，便改用毛刷进行除尘作业，但未对毛刷的薄钢板进行绝缘处理，刷子横向摆动时导致毛刷的薄钢板将C相母排与零排短接，造成相对地短路，联络断路器总闸保护跳闸。但瞬间短路产生的电弧使王某的手部和面部受到不同程度的烧伤。

2. 物业设备接管验收制度

物业设备设施的验收工作是设备安装或检修停用后转入使用的一个重要过程，做好验收工作对以后的管理和使用有着重要的意义。接管验收内容包括新建设备设施的验收、维修后设备的验收、委托加工或购置的更新设备的开箱验收等。

对初验发现的问题应商定解决意见并确定复验时间，对经复验仍不合格的应限定解决期限。对设备的缺陷及不影响使用的问题可作为遗留问题签订协议保修或赔款补偿。这类协议必须是设备可用、不能出现重大问题时方可签订。验收后的基础资料应妥善保存。

3. 物业设备维修保养规程

物业设备在使用过程中会发生磨损、松动、振动、泄漏、过热、锈蚀、压力异常、传动皮带老化断裂等故障，从而会影响设备的正常使用。设备故障会产生相应的管理风险，甚至会形成事故，如电路老化易造成短路甚至发生火灾。管理实践中应正确掌握设备状况，根据设备设施的运行管理经验及技术特点等情况，编制科学合理的预防性维修保养计划，按照预定计划采取设备点检、养护、修理的一系列预防性组织措施和技术措施，防止设备在使用过程中发生不应有的磨损、老化、腐蚀等现象，保证设备的安全运行，降低修理成本，充分发挥设备潜力和使用效益。

(二)管理工作制度

物业设备设施管理工作制度包括责任制度、运行管理制度、维修制度及其他制度等。

1. 责任制度

责任制度一般包括各级岗位责任制度、报告制度、交接班制度、重要设备机房(变配电房、发电机房、空调机房、电梯机房、卫星机房、给水泵房、电信交换机房)出入安全管理制度、重要机房(锅炉房、变配电房)环境安全保卫制度等。交接班制度的内容包括以下几项：

(1)接班人员必须提前10 min做好接班的准备工作并穿好工作服，佩戴好工号牌，准时交接班。

(2)接班人员要详细阅读交接日记和有关通知单，详细了解上一班设备运行的情况，对不清楚的问题一定要向交班者问清楚，交班者要主动向接班者交底，交班记录要详细完整。

(3)交班人员要对接班人员负责，要交安全情况、交记录、交工具、交钥匙、交场所卫生情况、交设备运行动态，且双方签字确认。

(4)如果在交班时突然发生故障或正在处理事故，应由交班人员为主排除，接班人员积极配合，待处理完毕或告一段落，报告值班工程师，征得同意后交班人员方可离去。其交班者延长工作的时间，视事故报告分析后再做决定。

(5)在规定交班时间内，如接班者因故未到，交班者不得擅自离开岗位，擅自离岗者按旷工处理，发生的一切问题由交班者负责；接班者不按时接班，直接由上级追查原因，视具体情节做出处理；交班者延长的时间除公开表扬外，并发给超时工资(可在绩效工资中体现)。

(6)接班人员酒后或带病坚持上岗者，交班人不得擅自交接工作，要及时报告当班主管统筹安排。

2. 运行管理制度

运行管理制度主要有巡视抄表制度、安全运行制度、经济运行制度、文明运行制度等。特殊设备还需另行制定制度，如电梯安全运行制度、应急发电运行制度等。

3. 维修制度

维修制度包括日常巡视检查及保养制度、定期检查及保养制度、计划检修制度、备品配件管理制度、更新改造制度、维修费用管理制度、设备报废制度等。

4. 其他制度

其他制度包括承接查验制度、登记与建档制度、节能管理制度、培训教育制度、设备事故管理制度、员工奖惩制度、承租户和保管设备责任制度、设备清点和盘点制度等。物业服务企业必须根据承接查验物业的状况，逐步完善各项管理制度，从而有效地实现专业化、制度化的物业设备设施管理。

(三)培养高素质的管理团队

管理和服务是物业设备设施管理的基本内容，两者的良好实现必须以高素质的技术人员为基础。

(1)克服“短板”现象，提升员工技能。管理学中有一个“木桶理论”，木桶盛水的多少不是取决于最长的那块板，而是取决于最短的那块板。在管理实践中，可通过“传帮带”、定期培训、理论考核、实操大比武等多种方式让“短板”消失，从而使团队整体技能水平得以保持和提升。实践中应注意：择优的目的不在于淘汰，而在于整体提升。

(2)技术人员要“一专多能”。住宅小区(大厦)内配套的机电设备很多，有些是 24 h 运行，因此，机电人员随时要处理机电设备出现的故障。有些设施专业性强、技术要求高，需要不同专业的技术人员来承担。在实践中，机电人员一方面要受数量定编的限制；另一方面需要处理的事情又不确定，所以，经常出现“时忙时闲”工作量不平衡的现象。要克服这一现象，除做好计划管理外，还必须实行“一专多能”的用人制度，在保持核心技术专长的同时，培养多种技能，使管理团队达到精干高效。需要注意的是，在采用“一专多能”的工作方式时，切忌无证上岗，避免造成安全事故和其他损失。

(3)熟悉物业设备，强化规范管理。住宅小区(大厦)设备设施种类多、数量大，人员相对集中，增加了管理的难度。为了更好地做好物业服务，工作人员必须熟知住宅小区(大厦)的物业情况和各项管理规定，在实践中，做到“勤查、多思、善断”，对不规范使用设备的行为做到有效制止、纠正，发现设备运行不正常时，立即通知有关部门停机检修，并迅速查明原因。

拓展阅读

工程部的七言诗——工作目标和职责

01 部门工作目标

基础设施维正常，公共区域皆熟知。全面优质又及时，优质服务是宗旨。
百分比率九十八，完成项目有标志。设备完好要保持，维修完成达标值。
报修要有工作单，处理事件要及时。投诉处理速消逝，及时满百率才是。
责任事故无重大，所指设备和设施。

02 部门工作职责

大厦设备和设施，接管验收要及时。跟进工程抓整改，维修保养兼落实。
设备设施建台账，值班管理不松弛。负责系统供水电，正常运行和控制。
中央空调和电梯，同样看守不失职。严格控制程序办，定期维保要坚持。
范围包括若干项，全部完好状态止。供配电有各系统，公共照明到处是。
系统供水和消防，保安设备监控室。中央空调和电梯，系统有线连电视。
设备广播交换机，综合布线有方式。设备自控子系统，维修检查皆所致。
引进技术重实际，经济适用条款适。提高效能和效率，节约成本高效值。
计量控制设施处，检测设备要务实。维保计划要编制，计量设备保优质。
安全管理有根据，重大事故要防止。应急准备和响应，安全预防有措施。
预防事故人伤亡，控制程序度安日。过程特殊和关键，参与确认各个识。
设备性能熟掌握，突发事故挽损失。施改方案细审核，预算合同实行之。
维修材料报采购，按照计划不误迟。工具保管和维护，规定原则有限制。
技术业务方法高，员工培训找优势。包商评价重反馈，备品备件选择是。
控制能耗降成本，提高效益无休止。材料库房严管理，物品做到相符实。

（一）工程部经理岗位职责

项目经理领导下，责任范围来负责。设备运行和维护，保养检修代维做。
更新改造和添置，全权执行及贯彻。人事安排讲科学，合理调配和考核。
品质时间和费用，降低成本有突破。综合效能求最佳，计划内容不打折。
技术管理有衔接，环环过程有紧迫。设备设施有计划，选型订购验细节。
安装使用和维护，维修改造时间夺。一旦报废不蹉跎，新的配件更换妥。
技术档案图纸全，查找参照不可缺。工作规范和操作，审定各类督查曰。
节约能源是原则，三防工作密配合。本部范围遇投诉，处理及时善调节。
排除事故亲指挥，坚持三个不放过。现场抽查要坚持，一手材料要掌握。
对照能耗找规律，运行报表要审核。监测记录盖审阅，若不规范有取舍。
巡查岗位多包括，工作状况等系列。劳动态度和纪律，能力品质效率荷。
设备运行查隐患，故障原因查症结。组织力量来处理，维修改造抓特别。
工作效率和进度，重点检查有着落。公共设备和设施，区域卫生查保洁。
综合培训有印可，总体素质皆升格。服务质量和技能，工作水准看综合。
关心下属抓教育，团队情况要了解。崇高企业好道德，员工团结促和谐。
代维合同严履行，物业权益更获得。

注：“三防”：防火、防盗、防人身安全事故。

“三不放过”：事故原因不清不放过；责任者未处理，全体人员未受教育不放过；未提出防范措施不放过。

（二）工程主管岗位职责

管辖调配和指挥，完善制度和规程。贯彻岗位责任制，确保设备好运行。
维修保养要实际，年季月度计划定。能源控制和跟踪，认真执行不陌生。
培训二次计划要健全，掌握技术和技能。装修严审核，图纸资料内容清。
每日安排监督查，工程装修管始终。施工合同洽谈好，有关批件看提供。
设备运行方案定，时间表列有开停。研究改进新措施，降低损耗和节能。
跟进日常派工单，管理工作不放松。维修投诉迅解决，妥善处理不盲从。
设备系统备品件，定期上报待审定。管理规程严执行，日巡检查各系统。
巡检记录加分析，及早发现隐患病。组织维修要及时，确保设备稳运行。
资料图纸做整理，存档借阅保密性。其他事宜有交代，积极负责满完成。

（三）领班岗位职责

调度方面负全责，工程报修抓正确。落实维保善沟通，维保完成报结果。
协助编制各计划，维保检修和操作。日常管理按规程，监督执行并调节。
紧急情况有危险，立即处理不延拖。及时处理和消灭，并且上报等决策。
更新改造提方案，新增设备严选择。把关验收做指导，工作交底无差错。
发挥特长重互补，监督检查及考核。督促落实巡视事，发现问题速解决。
操作规程依条例，严禁违章含一切。统计分析能物耗，节能节支有举措。
维保需要报计划，认真填报有详说。记录报表加统计，技术资料要审核。
发现隐患和问题，轻重缓急认真做。处置措施懂原则，分析意见求正确。
职责范围有三防，时时处处预防着。严深细字来要求，代维合同为准则。
发现问题及时报，确保权益都愉悦。其他任务委派多，积极完成认真做。

(四)强电工岗位职责

服从领班守制度，努力学习满需求。专研知识和技术，工作水平有造就。
日常工作按计划，电气设备管维修。电气设备分布熟，掌握大厦电结构。
控制范围要清楚，低压电器线路走。各级开关位置晓，电气原理背如流。
清楚机房的位置，管理范围知祥周。各种供用电设备，基本性能了解透。
接到通知要维修，到达现场快步走。工作完成填好单，交由领导去存留。
设备保养和检查，完成任务不脱白。执行制度和规程，按时按质丝不苟。
设备保养有记录，记事登载不遗漏。其他任务完成好，员工手册要遵守。

(五)电梯维修工岗位职责

提高素质努力学，新知技术要掌握。工作主动有服从，电梯巡查不耽搁。
出现故障和隐患，通知维保快解决。监督代维去处理，协助防险做抉择。
电梯扶梯开关用，负责管理不松懈。若遇故障停电等，导致困人解如何。
电梯钥匙保管好，机房设备管一切。电梯值班填日志，电梯巡查填表册。
其他任务积极做，员工手册为准则。

(六)弱电工岗位职责

坚守岗位守规章，负责维修和保养。弱点系统都负责，电视电话门禁岗。
楼宇自控和广播，消防报警监控网。熟悉系统的分布，工作原理懂内行。
安装位置皆清楚，控制关系线走向。弱电信号要检测，系统操作要妥当。
设备如果出故障，迅速排查不断档。原因弄清定位准，快速维修转正常。
工作完成添好单，清洁维护和保养。机房卫生要整洁，工具仪器不乱放。
专业钥匙使用后，妥善保管不失常。员工手册认真学，以老带新学榜样。
其他工作有成效，尽职尽责不走样。

(七)空调给排水工岗位职责

设备设施保运行，操作程序看效应。冷冻机组及排水，空调采暖设备等。
按时按质和按量，维修保养节效能。岗位安全责任制，上岗严格来执行。
人身设备保安全，一切事故免发生。运行数据准确性，定期巡查按规定。
故障排除要及时，严格操作按规程。完成编写报告呈，因果原因要述清。
接到维修通知单，尽快检修速完成。恢复正常做记录，如实上报此行动。
开闭设备按要求，不得私自去调整。运行状态和方式，控制参数值设定。
管线走向和状态，正常运转各系统。设备运行深巡视，发现异常报实情。
巡检记录要做好，一切工作努力中。其他事宜不怕增，员工手册座右铭。

(八)合维修工职责

维护维修范围广，共用部位和设备。公共建筑有所指，公用设施区域内。
楼梯门和各通道，电梯屋面防损毁。地砖玻璃和天花，门窗墙面抑险危。
共用水箱和水池，避免裂缝堵漏水。加压水泵和设备，五金配件修到位。
更换设备磨损件，消防设施也针对。严格执行责任制，循蹈守矩不推诿。
检修完毕记好录，及时上报听指挥。工作注意保现场，环境整洁习可贵。
业主报修按程序，有偿服务诚信给。员工手册作指南，提高素质增智慧。
其他任务完成好，主动自觉承担累。

摘自中国物业管理协会微信公众号 2016-04-07 14：32

教学实训1　编写物业设备维护与管理某一岗位的工作日志

实训室的介绍

一、实训目的

(1)熟悉物业设备维护与管理的岗位设置。

(2)结合实际了解各岗位的职责。

二、实训注意要点

请各小组的每位同学分别设定为“工程部经理、各专业技术负责人、领班、维修人员和保管员”其中一个岗位，根据各岗位职责的描述，必要时可以网上搜索资料，完成该岗位一天的工作日志。日志中应阐述一天中主要的工作内容，对重点工作内容详细记录。

结合岗位设置，侧重某一个或几个方面的职责，展现岗位的工作场景，如会议、布置任务、设备现场管理，故障排除、年度工作总结汇报等。

岗位工作日志

岗位名称：	日期：	姓名：

教学实训2　物业设备维护与管理制度案例排演

物业设备维护与管理的相关制度

一、实训目的

(1)熟悉物业设备维护与管理的相关制度。

(2)结合实际了解相关制度的应用。

二、实训注意要点

(1)案例完整，情节设计合理。

(2)结合相关制度，突出案例中违反相关制度的细节，以3～5个细节为宜，细节太少相应扣分。

(3)各成员的任务分配均衡，语言表达清晰，声音洪亮，言谈举止符合设定的身份。

(4)案例排演时间为5～10 min，时间太短相应扣分，如3 min最高得60分，自备一些简单道具。

三、实训内容、步骤

(1)每组抽签确定排演的制度案例，然后完成小组讨论记录，排演时首先介绍各个成员的任务或角色分配，然后完成角色排演。

(2)每组的同学在听的时候找出其他组案例中违反相关规定的细节，在后面的空白页中写明。

(3)观看排演案例时，给其他小组评分(百分制)，不给各自小组打分。对每一小组的所有评分求平均值，得出该小组的最后得分。教师评分和小组互评各占50%。

小组讨论记录

小组名称：　　　　　　　　　　　　　　　　　　年　　月　　日

讨论主题：围绕制度排演展开讨论
讨论内容： 先写上抽签确定的小组排演制度名称 1. 大家角色分配情况 2. 案例介绍 3. 自己小组设定的错误之处分别是什么 4. 记录其他各小组的错误之处

模块2　熟悉物业设备设施管理的日常工作

学习要求

通过本模块的学习，结合实训，了解入户维修的定义、流程；掌握入户维修的步骤和技能及其他要求；掌握物业工程库房物资盘点的要点、流程；掌握工器具盘点的要点，为开展实际工作做好技能准备。

教学任务1　学习入户维修服务规程

知识目标

1. 了解入户维修的定义、流程。
2. 掌握入户维修的步骤和技能及其他要求。

能力目标

能够配合完成入户维修服务。

案例引导

“今年，您回家过年吗?”“不回了，去年疫情防控期间好多小区需要维修，幸好我坚守在武汉，今年我还是选择坚守。”公益服务部班长黄林贵回答。

黄林贵告诉长江日报—长江网记者，这几天真是忙得马不停蹄，现在在107街帮居民抢修下水管道，马上还要赶到另一个小区维修单元门。公益服务部的报修量特别大，忙得很，累是肯定的，但每次居民一声感谢，就觉得再累也值了。“春节期间，我要保证24 h手机畅通，社区、居民打来的电话我都会第一时间接听，并尽快赶往现场确定问题原因并安排维修。所以只有就地过年，守在武汉，才能第一时间解决社区居民的需求。”

黄林贵正在107街坊抢修下水管道。

“我老王闲不住，没事干才是真的着急。”公益服务部一组维修员王克力说，这么多年，自己一直没有什么放假的概念，不管是春节还是平时的节假日，自己都坚守岗位。“也是得到家里人的支持，老婆说，家里老人有她照顾，让我安心值班。”

王克力正在青山广场大厅粉刷屋顶。

20名应急小分队成员24 h值班保维修。

“不能回家团圆是有点遗憾的，但不后悔，公益服务部也给我们留下来过年的人都准备了春节大礼包，大家都挺开心。”公益服务部三组周良俊师傅老家是荆州石首的，“我打算就地过年了，节省出的时间又能多帮几个小区解决问题。”

周良俊正在武东社区更换井盖。

兴城物业副总经理黄斌介绍，春节即将临近，为应对春节期间小区内应急事件的发生，兴城物业发挥“公益服务部”专业优势，组建了由20名专业维修人员组成的应急小分队。应急小分队成员均积极响应“就地过年”的号召，主动放弃回老家与家人团聚的机会。兴城物业也做好留汉员工劳动报酬、调休、福利等多项保障，同时还采购一批防疫物资，保障员工日常需求，让大家感受到温暖和安心。“我们特别为大年三十晚上仍坚守在岗位，无法与家人团聚的员工，每人准备了一份春节慰问包，尽力为员工留汉过年做好保障。

【案例分析】 2020年，持续近5个月的新冠肺炎疫情，不仅是对我国医疗体系的一次大考验，对物业管理体系也是一场历史性考验。社区防控的好坏成为打赢疫情防控阻击战的决定因素，而物业部门是社区防控的第一道防线。疫情期间，物业管理企业一方面要承担工作量巨大的防控任务；另一方面还要确保公司内部管控有序进行。

因为物业维修内容很多，所以物业公司当然希望物业维修工一专多能，会的工作越多越好。但并没有规定必须会干什么工作。物业维修是指物业自建成到报废为止的整个使用过程中，为了修复由于自然因素、人为因素对物业造成的损坏，维护和改善物业使用功能，延长物业使用年限而采取的各种养护维修活动。物业维修有狭义和广义之分。狭义的物业维修仅指对物业的养护和维修；广义的物业维修则包括对物业的养护、维修和改建。根据损坏程度的不同进行不同程度的养护维修，才能保证物业的正常使用和安全，延长其使用年限。物业维修是物业简单再生产在流通领域中的继续和价值的追加，维修不仅是物业服务公司为住户服务的重要内容，也是保护城市房产的基本途径。

知识准备

一、入户维修的定义

入户维修是指业主家中出现维修问题，指未在物业服务合同约定的维修范围之内但需要物业维护部人员进行的维修。

每一次入户维修的机会，都是向业主展示维修人员专业技能和优质服务的机会，带给业主良好的客户体验。对于入户维修人员的要求是：熟悉居家各类设备设施的性能原理，能对设备设施进行安装调试、维修，清楚设备设施在运行中的缺陷和隐患并进行预防性处理；在无法完成该项工作时，需配合住房联系外部技术维修，必须是全程跟进处理情况；在出现利益冲突或突发事件时，应该站在住户的利益角度去考虑和处理问题。

二、入户维修的流程

(一)入户维修各环节的职责归属

(1)小区前台接待员负责对业主报修问题的分析，并与业主预约服务时间，开具派工单及收据。

(2)物业维护部负责室内有偿服务的实施，并对维修结果负责。

(3)客服助理负责对维修效果的回访、沟通。

(二)方法与过程控制

在接到业主报修时，首先前台接待员要明确业主信息，判断业主报修是否在有偿服务范围之内。

(1)若属于物业维修范围之内，应立即联系物业维护部并派发工单；

(2)若业主报修属于精装修遗留问题，应立即通知维修办公室人员组织人力维修，并跟踪落实问题处理进度，直到问题彻底解决。

(三)信息的传递跟踪

前台接待员判定为物业维修范围之内的报修，应根据《有偿服务收费标准》耐心向业主解释说明。

(1)如果业主拒绝收费服务，应耐心听取业主诉求(注意中间要应答，让业主知道你在听)，并本着解决问题的原则与业主沟通，征得业主同意上门，接受入户维修服务。

(2)在征得业主同意之后，与业主约定维修时间，开派工单通知维修人员准时入户维修，并在维修完成后1个工作日内跟踪回访业主使用情况，是否满意维修服务，业主是否有意见或建议，应耐心倾听并记录，将业主反馈的意见或建议汇总后进行分析。

(四)对业主信息进行分析

维修人员接到客服前台或客服助理下发的派工单，首先要分析派发工单的内容，根据用户反映的问题进行分析可能的故障原因、维修措施及所需备件。确定入户维修人员的数量，如果维修量及难度比较大，需要及时增加一名或两名维修人员，避免入户后再联系其他维修人员。

三、开展入户维修的步骤

(一)维修准备入户

确认派发工单准确无误后，准备各种服务工具、备件、派工单、收费标准、工牌等(鞋套和垫布为必带用品，以免弄脏业主家中的地面)，按照约定时间准时入户维修(入户前应再次电话联系业主，确认业主家中有人)。

(二)入户服务

维修人员在进门前，应检查自己的仪容、仪表是否符合公司规定标准，工装正规整洁，仪容、仪表清洁、精神饱满，眼神正直，面带微笑。

维修人员平时要注意自己的形象，另外每天上班前要对自己的仪容、仪表进行检查，在敲业主家门前，要首先对自己的仪容、仪表进行自检，直到符合服务规范方可敲门。

(三)敲门、按门铃

(1)到达业主家门口，先轻轻按一下门铃，如无反应，应间歇10 s后再按第二次，不要连续按或按住不放，发出“叮叮当当”的声音，且避免按坏业主家门铃。

(2)如无门铃，敲门应轻轻地敲，标准动作为连续轻敲2次，每次连续轻敲3下。第一次敲门如无反应，间歇10 s再轻敲3下；维修人员敲门前稍微稳定一下自己的情绪，防止连续敲不停，敲的力量过大。

(3)如果业主听不见，或有其他事情无法脱身或业主家无人，维修人员应每隔30 s重复1次；5 min后再不开门则电话联系；若电话也联系不上，给业主门上或显要位置贴留言条，等业主回来后主动电话联系，同时通知客服前台。

(四)进门

业主开门后，应招呼一声“您好!”说明自己的身份，告诉业主：“我是来修什么东西的”，在业主的认可下：

(1)如果业主本人不在家(在家的是保姆、孩子等)，而不让进门，维修人员应亮出自己工牌，向对方说明事由，请对方马上联系业主进行确认，特殊情况下改约。

(2)若业主对上门维修人员资格表示怀疑甚至不让进门，维修人员应首先亮出工牌，向业主证明是受过正规培训的；把维修人员的投诉、监督电话告诉业主；通过规范的咨询语言，熟练的维修技术来赢得业主的信任；如业主还是不同意进门，则同业主改约时间，由客服助理亲自上门。

(3)如果遇到业主临时有事出门，在征得业主同意的前提下改约时间。

(4)如果业主正在吃饭，维修人员应等业主吃完饭再上门。

(5)如果业主家中有客人，要先征求业主的意见，也可按业主的意见办理。

(五)穿鞋套，放置工具包

(1)维修人员穿鞋套时，先穿一只鞋套，踏进业主家，再穿另一只鞋套，踏进业主家门。

(2)如果业主不让穿，维修人员要向业主解释为工作纪律，原则上必须穿；特殊情况下可按业主的意见办理，或穿上业主指定的鞋套进入。

(3)如果维修人员穿鞋套站在门外，进门前要擦干净鞋套。为了预防鞋套太脏、破损、太旧等，工具包内要预备一副鞋套。

(4)放置工具包时，要找到一个靠近维修设施的合适位置，在保证工具包不弄脏地面的前提下放好工具包，取出垫布铺在地上，然后将工具包放在垫布上。

(5)维修时，用盖布盖在附近可能因安装而弄脏的物品上。维修人员出发前一定要自检，以防止工具包、垫布太脏，工具包内工具不整齐、零乱，零部件放置杂乱、脏等，给业主造成坏印象，影响公司形象。

(六)开始服务

在业主带领下进入维修房间，不随意走动，走动时要紧随业主其后，不得走在业主的前面。

(七)耐心听取业主意见

(1)维修人员要耐心听取业主意见，消除业主烦恼，维修人员服务语言要规范，我们要求维修人员的语言文明、礼貌、得体；语调温和，悦耳、热情；吐字清晰，语速适中。

(2)如果业主恼怒，情绪激动，维修人员要耐心、专心听取业主诉求，眼睛注视业主并不时应答，让业主知道你在认真听。

(3)若业主拒绝修理，应问清楚业主不让修理的原因，从业主角度进行解答，打消业主顾虑，让业主接受检修服务。

(4)如果业主有强烈要求维修工休息、喝水、抽烟等违反服务规范的行为，维修人员要详细讲解物业公司服务宗旨及服务纪律，取得业主理解。

(八)问题判断

维修人员应准确判断维修问题的原因及所需更换的零部件，并向业主讲明维修属于收费服务，征得业主同意并出示收费标准。

(1)如果维修人员对故障原因判断不准确，维修人员应向业主表示歉意，说明原因，若属于精装修的问题，现场记录下来，转发前台接待员联系装修单位，切不可盲目维修，造成维修不合格。

(2)维修人员要严格按公司规定，迅速排除故障。如果业主意见违背维修规范或如果业主小修不让换件，维修人员要向业主耐心解释；向业主说明可能会出现的隐患，请业主再斟酌，但最后的意见一定要由业主来确定。

①在业主家言行一定要规范：工具、工具包、备件等维修时用的或拆卸的一切物品必须放在垫布上；尽可能不借用业主的东西，特殊情况下如需借用，则必须征求业主同意。

②如需移动业主家摆放的物品时，必须事先向业主说明，并征求业主同意；要借用业主家的凳子或其他物品时，必须事先征得业主同意，踩踏时必须用垫布防护；绝对禁止在业主家抽烟、喝水、吃饭、留宿；绝对禁止使用业主家的洗手间和毛巾等。

③需要移动家具或电器时，不允许在地板或地毯上推来拖去，损坏业主家东西应照价赔偿，并表示歉意。

④如果维修人员在业主家服务时接到另一入户维修信息，需马上入户处理，要向业主解释，需打电话(不准使用业主家电话)向前台接待员讲明现正在业主家服务及尚需的时间，由前台接待员根据业主的轻重缓急程度改派其他维修人员或同业主改约时间。

⑤如果在维修时遇到业主家正在吃饭而一时又不能修复，原则上在征得业主同意的前提下继续维修，如确有不便则清理现场，与业主约定等业主吃完饭再来，明确再来的时间(不能在业主家吃饭)；若业主强烈要求维修人员吃饭，则婉言谢绝。

⑥维修人员如果遇到业主以其他提出的条件没有得到满足为由，扣押维修人员或扣押维修人员工具，或业主态度蛮横，对维修人员打骂等情况，不要与业主发生正面冲突，电话通知前台接待员，由客服助理出面处理。

⑦讲解问题产生的原因及清理现场。维修人员完成维修后，要向业主说明正确的使用常识及保养常识与问题产生的原因，告知业主避免的方式方法，对于业主不会使用等常见问题进行耐心讲解。

(九)清场要求

在修理过程中，为防止渗水、垃圾散落，应事先铺上自己带来的报纸、毛巾，防止渗水、灰尘散落。

电工必须随身携带刷子，把散落在地上、踢脚线上的墙粉、线头清扫干净。

维修完毕后，维修人员要将物品恢复原位，用自带干净抹布将物品内外清擦干净，并清擦地板，清理维修工具。让业主签意见之前，自己要对物品及现场自检一遍，整理工具包，对工具包自检一遍，防止物品清擦不干净或现场清理不干净、工具遗漏在业主家等；如果物品搬动复位时将地板、家具碰坏，需要照价赔偿。

(十)收费

业主无任何要求的情况下，告知业主在派工单上签字确认，将第三联交给业主，向业主收取费用。

(1)业主要求开具专用收据或发票时，现场维修人员需及时记录下来，并告知需由前台接待员直接开具，待 15 min 后由客服助理主动送达。

(2)完成后，将第一联返回客户服务部并赋在《前台接待记录表》后，第二联统一交至财务部结账。

(3)《前台接待记录表》《派工单》每月 28 日之前由客户服务部汇总，有偿维修费用及第二联派工单交至财务部。

若业主无任何要求且不同意签字的，将信息报回客户服务部，由客服助理首先给业主出示收费标准和服务政策。

(1)如果使用零配件，要给业主出示零配件费用，维修人员要给业主讲明服务收费标准及公司规定，按标准收费。

(2)如果收费业主不交或要求减免费用，维修人员要详细向业主解释公司管理规定，以真诚打动业主，让业主明白收费的合理性。

(3)如果业主一再坚持，则将信息处理结果报回客户服务部，根据客户服务部指示处理，特殊情况向客户服务部领导汇报，请求批示。

(十一)服务完毕

无论修水、修电，修理完毕必须请业主验收，取得业主认可，否则不能认为已修好。

(十二)征询业主意见

维修人员在维修完毕后要让业主对产品的维修质量和服务态度进行评价并在派工单上签字认可。如果业主不填写意见和签名，不要强迫业主签名；业主不满意则跟踪服务，直至业主满意为止。

(十三)向业主道别

同业主道别时，维修人员要走到门口时先脱下一只鞋套跨出门外，再脱下另一只鞋套，站到门外，最后再次向业主道别。如果在业主家中脱了鞋套，维修人员要用抹布将地擦拭干净，并向业主道歉。

(十四)回访与信息反馈

对没有彻底修复把握的业主信息，维修工 2 h 后回访(正常情况下由前台接待员统一回访)，若回访业主不满意，则重新入户服务直至业主满意为止。

维修人员要将维修派工单当天反馈至客户服务部，如果派工单中“满意”非业主所签，客服助理每日与维修人员对单，若弄虚作假则按公司规定处理，并及时回访业主采取补救措施，直至业主满意。

四、入户维修的技能及其他要求

(一)入户维修应知应会

入户提供维修时，按约定时间入户维修，提前不能超过 5 min，迟到不能超过 2 min。按门铃或敲门 3 下(敲门声音应适中)，然后稍微退后，端正面向户门站立，等候业主应答。若无应答，应等候 5～10 s 进行第二次和第三次按门铃或敲门。如果业主无人在家，应电话沟通另行预约时间。业主应门后应微笑行礼并自我介绍，“您好，我是服务中心家政维修员，请问是您家预约了家政维修服务吗?”对客人要多用尊称，不用贬称，禁用鄙称，服务语言必须讲得出就做得到，不能为了一时讨好客人而随意承诺。征得业主同意后穿戴鞋套进入。

(二)入户维修的红线标准和黄线标准

(1)私自收受业主赠与的金钱、物品或其他报酬且未在 1 个工作日内报备或上缴；

(2)未经申请擅自减免或折扣家政维修费用的行为；

(3)未通过系统派单、私自接受委托为业主提供家政维修服务，获得报酬的行为。

(三)入户维修岗位着装要求

穿着应该干净整洁，入户穿鞋套，举止大方得体，符合工作需要及安全规则；着装应干净、平整。正确佩戴工牌，制服外不得显露个人物品。衣、裤口袋整理平整，勿显鼓起；头发要保持整齐清洁、自然色泽，切勿标新立异，前发不过眉、侧发不盖耳、后发不触衣领；保持指甲干净，每日剃刮胡须，班前不吃异味食物，保持口腔清洁。

(四)入户维修操作规范

与业主确认服务内容，检查需要维修的部位，分析故障原因。评估工时及所需材料，并向业主告知维修方案和收费标准，获得业主认可后，使用工作地垫，根据维修方案开始维修作业，维修完成后，反复试用 3 次，并等待业主验收。

入户维修常见工具及配件如图 2-1 所示。

图 2-1　入户维修常见工具及配件

(五)入户维修底线标准

(1)移动业主物品时，应征得业主同意并轻拿轻放；

(2)业主询问时，应礼貌作答，不得随意到维修现场以外的房间参观；

(3)在维修过程中，均不得食用业主的饮料、食品、香烟等，不得收受业主的礼物、小费。

(六)入户维修系统负责人管控要点

(1)每日班前检查家政维修人员的行为(BI)规范，并定期抽检家政维修人员服务礼仪；

(2)定期抽检家政维修操作单，核实收费情况；

(3)每月对家政维修人员进行一次培训，包括服务礼仪、维修流程、服务规范、技术能力的提升等；对于员工在工作中遇到的难题予以解答、解决或协助。

入户维修现场如图 2-2 所示。

图 2-2　入户维修现场

五、物业设备设施的保修期限

物业设备设施根据不同的种类保修期限各不同，在正常使用下，房屋建筑工程的最低保修期限如下：

(1)地基基础和主体结构工程，为设计文件规定的该工程的合理使用年限；

(2)屋面防水工程、有防水要求的卫生间、房间和外墙面的防渗漏，为 5 年；

(3)供热与供冷系统，为 2 个采暖期、供冷期；

(4)电气系统、给水排水管道、设备安装为 2 年；

(5)装修工程为 2 年；

(6)其他项目的保修期限由建设单位和施工单位约定。

聊聊未来社区

课堂练练手

了解入户维修的基本内容

上传到 App 作业(学习通)：了解入户维修的基本内容。

在物业设备维护与管理中，有些维修工作需要来到业主家里进行，其中有些属于收费范围，请从网上查找资料：

(1)添加查找的图片。

(2)分类说明有哪些常见的服务类别？

(3)你认为哪些服务项目频次比较多且比较常见？

教学任务 2　物业工程库房物资盘点

知识目标

1. 了解物业工程库房物资盘点的要点、流程。
2. 掌握工器具盘点的要点。

能力目标

能够完成物业工程库房物资盘点工作。

案例引导

物业打来电话问　你爸爸借的梯子用好了吗？

某天 13:34，南先生来电："我说一个笑话给你们听听。我住在城北的一个小区，因为是夜班，我上午还在睡觉，早上 8 点多，一个电话打进来，说他是物业的，问我昨天晚上借了一部梯子，有没有用好。

我说我没有借过梯子呀，他说是你爸爸借的。我心里咯噔一下。我爸爸两年前就去世了，怎么会跑到这里来借梯子呢？因为我还要睡觉，就没再说下去。

中午，我特意跑到物业办公室，找到了打电话给我的师傅。他还是坚持是我爸爸借的梯子。我再次跟他讲，我爸爸两年前就去世了，不会来借梯子的。他说昨天晚上 8 点多亲眼见到我爸爸的……我心里真是有说不出的味道啊！

后来我说，你再看看我的手机号是登记在哪个门牌下的，他去看了下，原来是 601 和 602 搞错了。一字之差真让人哭笑不得"。

【案例分析】 通常这种类似借梯子、螺钉旋具等工具之类的，都属于便民服务，基本是无偿的。最好是有个登记本，说明借出时间、名称、借用人、联系电话、预计归还时间等。视情况押证件或是物品大概费用的押金。事先说明损坏、丢失赔偿标准。当然也要看物业公司的服务，拉近与业主的关系也是客户关系管理的一部分。借用要及时归还，不能影响物业公司的正常使用。正在工作或是接下来工作需要，最好予以说明。

知识准备

一、物业公司物资库房管理要点

物业公司物资库房管理程序提要：仓库每月对库房存放的物资进行检查，对发现的问题进行处理，并记录检查结果。

(1)目的。通过对物资的储存、防护、交付工作、工具借用，确保物资、工具以完好状态交到使用部门手中。

(2)使用范围。适用本公司物资的储存、防护和交付工作及工具借用。

(3)相关标准要素。《质量管理体系 GB/T 19001—2016 应用指南》(GB/T 19002—2018)。

(4)相关文件。质量手册。

(5)职责。保管员按仓库管理规程做好物资库存管理工作，保证库存物资的完好和物资库存处于管理受控状态。

(6)实施程序、采购物资的验收。采购员对采购的物资应按采购单的要求验证采购物资的数量、规格，验收合格后采购人员填写入库单，经签字后在仓库办理入库。

二、物业公司物资库房管理流程

(1)仓库保管员根据入库单认真核对入库物资的数量、型号、规格和物资外观检查完整无损、无缺。如发现物资的型号、规格、数量及质量有问题，应记录在《入库不合格记录表》中，说明处理的方式并报项目经理批准，批准后由仓库保管员进行处理。

(2)保管员在物资入库单上签字，入库的物资由保管员进行账簿登记，做到账、物、卡相符。

(3)物资办理入库手续。

(4)物资办理入库手续后，将物资存放在合适的环境内，物资排列要利于存入及发放，物资存放处上货物纸牌标记，注明货物名称、数量、日期。

物资存放期间进行适当防护。需防潮的物资存放在铁架的上层，需防鼠、防虫的物资存放在铁轨内，需防锈的物资油封后存放在铁架上。防止物资交付前损坏，发现问题应及时向领导和有关部门报告。

仓库每月对库房存放的物资进行检查，对发现问题的进行处理，并记录检查结果。

(5)物资办理出口手续。

①领用物资由领用人填写领料单，填写用途，经班组长或主管技术员签字及领用人签字。

②保管员必须根据批准后的领料单，发放物资。

③物资发放时，保管员应先进先出的原则进行。

④物资发放后，保管员应在领料单上签字，并进行账簿登记。

(6)工具借用归还。

①工具借用由借用人填写借用单，签字，保管员凭借用单发放。

②工具归还时保管员根据借用单核对借用工具、型号、规格、数量、质量。

(7)相关文件。物资的入库单、建卡、台账、定期检查记录、材料领借用单。

三、工器具管理要点

物业工程部库存物资盘点的步骤

目的：规范维修工具、器具管理及操作要求，确保工具、器具完好，操作安全。

住宅小区项目中主要用到的工器具包括各类水电维修工具(电工钳、锤、冲击钻、手电钻、梯等)、材料(各型号灯具、PVC 管、电工胶布、生料带、各种型号的螺钉等)。

根据维修工具、计量器具管理规范的要求，由各项目业务支持系统负责人负责建立维修工具、器具管理台账；组织维修工具年度安全检查；对维修人员进行工具操作要求培训及监督；并对维修工具定期检测。根据维修的具体内容填写工具和材料领用单。

课堂练练手

工程库房盘点我来做

图 2-3 所示的图片拍摄于某小区的工程仓库，请认真观察，注意照片中单据的前后联系，完成以下作业：上传到 App(学习通)。

(1)说明工程库存物资盘点的详细流程。

(2)依次填写哪些表格?

(3)这些表格相互之间有何逻辑关系?

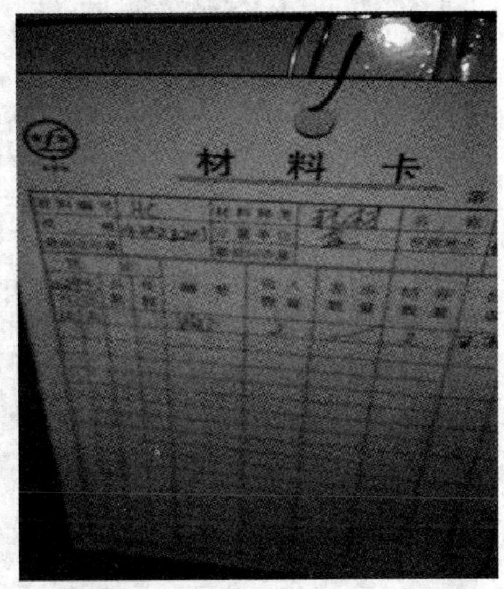

图 2-3　物业工程库房盘点系列表格

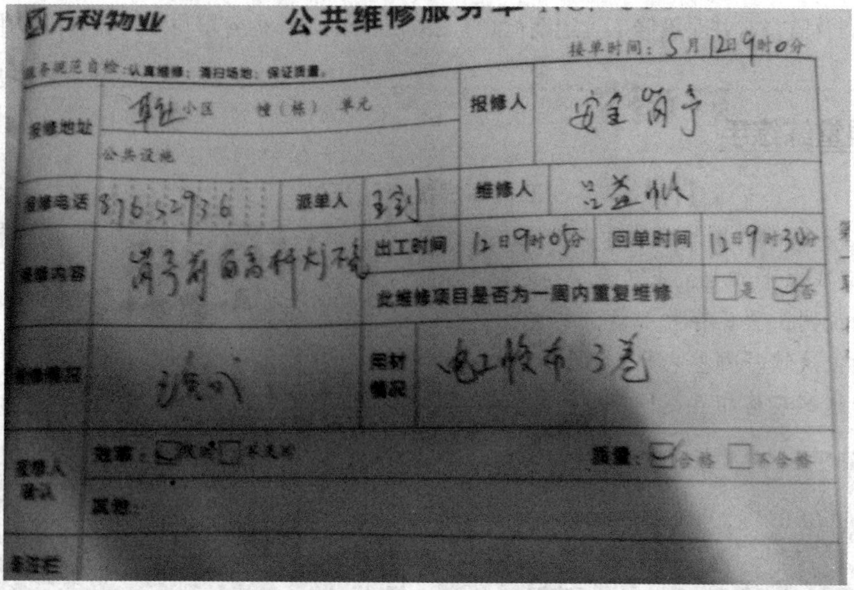

万科物业 公共维修服务单

接单时间：5月12日9时0分

服务规范自检：认真维修；清扫场地；保证质量。

报修地址：草庄小区 幢（栋） 单元 公共设施

报修人

报修电话

派单人：王剑

维修人

报修内容

出工时间：12日9时05分

回单时间：12日9时30分

此维修项目是否为一周内重复维修 □是 ☑否

维修情况：完成

用材情况

报修人确认 效率：□及时 □不及时 质量：☑合格 □不合格

其他：

备注栏

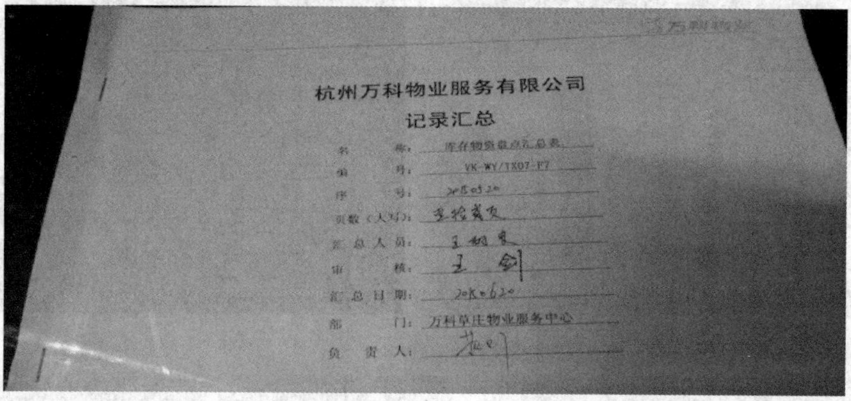

杭州万科物业服务有限公司

记录汇总

名　　称：库存物资盘点汇总表

编　　号：VK-WY/TX07-P7

序　　号：

页数（大写）：

汇总人员：

审　　核：王剑

汇总日期：

部　　门：万科草庄物业服务中心

负 责 人：

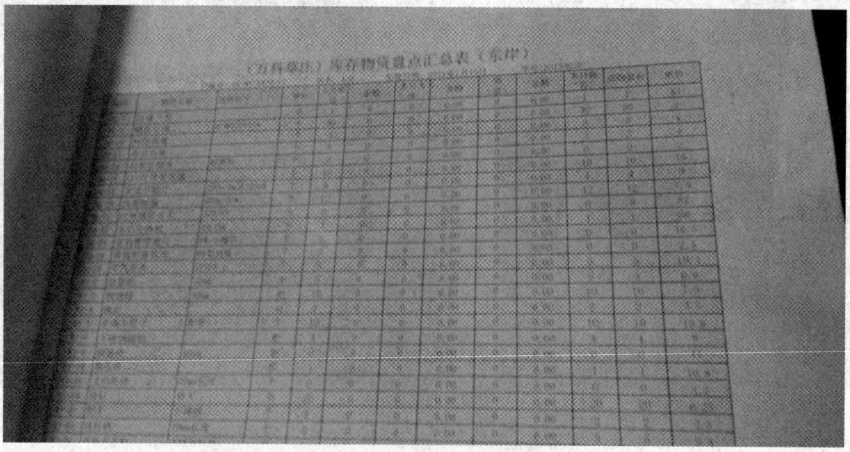

（万科草庄）库存物资盘点汇总表（东岸）

图 2-3　物业工程库房盘点系列表格(续)

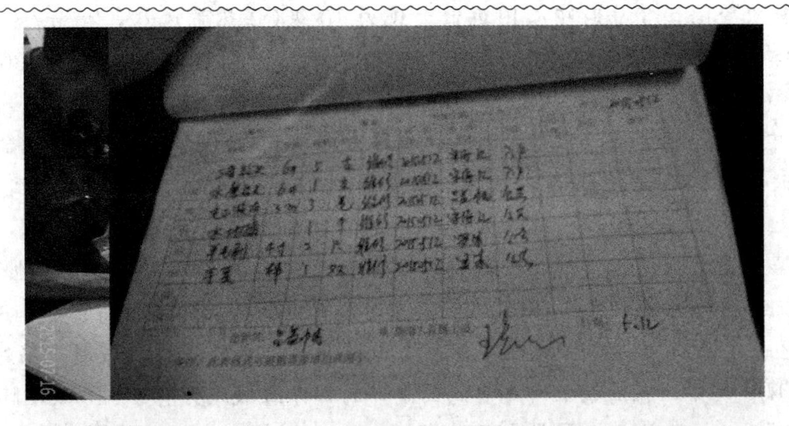

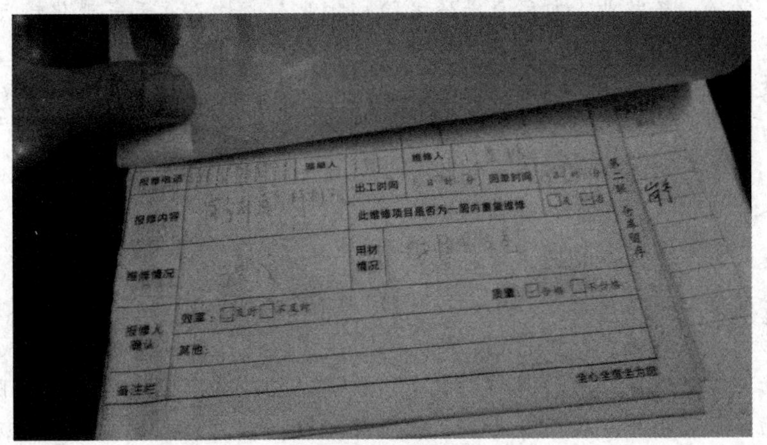

报事电话　接单人　维修人
出工时间　完工时间
报障内容　此维修项目是否为一周内重复维修　是　否
维修情况　用材情况
质量：合格　不合格
报修人确认　效率：及时　不及时
其他：
备注栏　全心全意全为您
第二联　仓库留存

图 2-3　物业工程库房盘点系列表格(续)

教学任务 3　突发事件或极端情况下的应急处置

知识目标

掌握台风暴雨灾害、严寒冰冻天气、暴雪、其他气象灾害及突发停水停电应急处理工作开展要点。

能力目标

能够协助完成突发事件或极端情况下的应急处置工作。

案例引导

这个夏天，物业人辛苦了!

据中央气象台消息，2021 年 7 月 26 日 9 时 50 分前后，第 6 号台风“烟花”在浙江嘉兴平湖市沿海再次登陆，登陆时中心附近最大风力10级(强热带风暴，28 m/s)。预计，“烟花”强度将逐渐减弱，今天夜间移入江苏境内，28日将转向东北方向移动，30日移入黄海海面。

10时，中央气象台发布台风黄色预警，继续发布暴雨橙色预警。中央气象台预计，26日14时至27日14时，浙江中北部、上海、江苏中南部、安徽中南部等地有大到暴雨，其中，浙江北部、上海、江苏东南部、安徽东南部等地的部分地区有大暴雨。目前，浙江、上海、江苏、安徽等地台风雨仍在持续，“烟花”外围云系还将给山东日照、临沂等地带去降水。

受台风“烟花”影响，26日14时至27日14时，台湾海峡北部、黄海中部和南部、东海大部、长江口区、杭州湾、山东半岛南部沿海、江苏东部、上海、浙江东部、福建北部沿海将有6～8级大风，其中，东海西北部和黄海西南部的部分海域风力有9～10级，阵风11级。

台风来势汹汹，给物业人员带来严峻考验。物业人密切关注天气变化情况，提前部署、积极备战、全面排查安全隐患、组织防台防汛应急演练，杜绝高空坠物危险发生，确保防台防汛工作落实到位，切实做好防御工作，全力以赴迎战台风，保障业主的生命和财产安全。

上海市物业管理协会：为全力防范和应对台风“烟花”对上海市带来的影响，保障社区居民群众生命财产安全，上海市物协呼吁切实做好台风“烟花”防御工作的部署要求，积极做好台风引发的各类突发事故的应对处置工作。

台风预警发布后，物业服务企业针对登陆“烟花”台风的防汛防台工作做动员部署，积极筹措防汛物资、认真排查各类隐患、疏通沟管修剪树枝、全力以赴迎战台风。

杭州市物业管理协会：面对“烟花”来袭，杭州市物业管理协会及时发布防汛抗台倡议书，倡议：物业服务企业积极投身防汛抗台服务行动，制订相应的防范措施及应急处置方案，检查各项设备，积极做好各项隐患排查、做好排水设施维护和排水管网清理疏通。明确处理方案、安全防范、过程进展、风险评估等，做好相关应急处置保障和营造防汛抗台良好氛围等。

万科物业：万科物业提前配置好足量的防汛沙袋、挡水板等物资；针对小区的树木、集水井、排水泵、调节泵、电控箱及设施设备，皆进行了加固及检测工作；模拟强降水情况进行提前演练，保障事发第一时间工作人员能够及时进行防汛动作。

绿城服务：接到台风预警后，绿城服务立刻启动抗台预警，工作人员严密部署、物资迅速到位。防水沙袋、抽水泵机各点集结，排水管道清理畅通，工程排查彻底，树木加固，外立面巡查，业主提示温馨到位……众志成城、不放过任何一点防范的细微之处，全力做好各项抗台工作。

南都物业：南都物业成立抗台专项工作组，数千名员工全员坚守岗位，以项目为家全天候值守，24 h开展防护抢险工作。此外，部分项目还为周边工地的工友专门设置了临时避难所，并免费提供饮用水、速食面、八宝粥等基础生活物资。

中海物业：第一时间提醒业主，注意汛期将至，要做好防御准备工作；随时警戒，开启备战状态，检查防汛物资，扎实做好防汛挡板安装，无惧风雨，坚守抗台最前线；对空置房入户排查，对楼宇、窗户等公共区域进行全方位检查，确保门窗无松动，及时排查安全隐患。

保利物业：面对台风，保利物业上海公司公共服务项目团队“闻汛而动”，在台风中勇敢逆行、严阵以待！全面落实防汛责任，团队员工各司其职、相互配合，全力以赴筑牢公服项目的安全屏障。

科瑞物业：科瑞物业上海各单位立即启动防台防汛应急预案，密切关注台风动向，积极筹备各类防台防汛物资，组织防台防汛应急演练，及时通告防风防雨措施，充分做好台风来临前的各项防御工作。

世茂服务：为快速应对台风“烟花”，世茂服务长三角区域、杭州中心城市，高端服务公司分别对“烟花”可能波及的小区、案场提前启动应急预案，开展防台防汛演练，提高一线的防汛应急处理能力，全力以赴确保防汛工作落到实处，为居民构筑起防汛“保护墙”。

新城悦服务：台风来袭，新城悦服务江浙沪区域各项目全体人员，客服、秩序、工程、保洁闻令而动，全力投入防汛工作，为业主的安全出行，业主的财产不受损失保驾护航。

阳光智博服务：面对台风烟花来袭，全员紧急出动，清点防台防汛物资并运输到位；检查园区各处排水口、水泵，保证通水顺畅；排查园区，提醒业主收入窗台物品、空置房关窗；树木加固防护！

这个夏天，物业人冲锋在前，抗疫、抗洪、抗台风！用实际行动筑牢防台防汛防疫安全屏障，尽显“硬核”担当，你们辛苦了！

【案例分析】 台风来了，物业人员怎么办？俗话说，物业好不好，一场台风见分晓。台风驾到，物业人员该如何接洽？物业人员需要根据台风的发展过程分成台风前、台风中、台风后 3 个阶段，针对这 3 个阶段制订相应措施，有效防范台风，将损失降到最低。防范风险，有备无患。

知识准备

一、台风暴雨灾害的应急处理

确保小区在发生暴雨灾害时能够及时有效地采取紧急防范措施，在第一时间内控制因暴雨造成的公司及业主的财产损失，提高处理突发自然灾害的综合能力。

（一）控制中心

(1)控制中心接到台风或暴雨信号时，及时打电话到本地气象中心予以确认，并保持 30 min 与气象中心联系 1 次，确认台风暴雨的升降趋势。

(2)控制中心应做好专门的记录，及时通知在岗安全员做好防范措施。

(3)通知物业服务中心信息员编辑信息发送相关领导，并及时跟进台风暴雨的恶化情况。

(4)通知物业服务中心部门负责人及各班组负责人做好紧急抗灾的物资准备及灾前的防范工作。

（二）部门值班经理

(1)值班经理组织物业服务中心各业务块负责人对现场进行安全巡视。现场总指挥，值班经理负责组织与协调所有应急工作开展，并对最终结果负责。

(2)管家负责人负责安排将灾前预警信息及时通过电子显示屏、宣传栏、微信、短信等予以告示，提示业主做好灾前自防工作，灾后及时安抚受灾业主，并及时将相关的数据上报部门负责人。

(三)业务支持

(1)供电设施、供水设备的正常运行，启动水泵与排洪系统的工作安排和调度。技术负责人负责供电设施、供水设备的正常运行，如在夜间务必保障灾难现场有足够的灯光照明，并根据灾难现场的实际情况及时启动排洪系统的工作安排与调度。

(2)业务支持负责人负责组织技术人员检查供电设施，切断户外广告灯、霓虹灯及有危险的室外的电源；检查排水、排污系统(沟、井、管道、地漏)是否畅通，排污系统性能是否完好，为抗灾做好一切充分准备。

(四)秩序维护

秩序负责人负责组织在台风袭击前加固户外设施(广告牌、路灯架、树木、雨篷等)、收回公共设施(太阳伞、临时指示牌、娱乐设施)、安排人员检查管理服务区域房屋的门、窗、阳台、天台的情况、组织抢险队伍、准备好抢险物资(沙袋、手电、潜水泵、铁锹、绳子、斗车等)。

(五)环境监控

(1)环境负责人负责组织环境组人员检查各样板房、销售大厅及办公场所的安全隐患，并予以做好防范措施。

(2)环境负责人负责现场所需应急救援物资的及时供应运输、紧急救护、灾难现场的人员疏散、物资转移及灾害后的消杀工作。

(六)对应检查内容

(1)对各排水管道进行检查。

(2)对广告牌、路灯架、树木、雨篷、太阳伞、临时指示牌、娱乐设施。

(3)沙袋、手电、潜水泵、铁锹、绳子、斗车、排污泵。

(七)防御措施

(1)保证各排水管道畅通。

(2)对各广告牌、路灯架、树木、雨篷、太阳伞、临时指示牌、娱乐设施进行加固。

(3)对抗洪物资的数量及准备情况，具体要求可参照表 2-1。

表 2-1 防汛工作检查验证表

地点	应急工具	10 万 m^2 以下项目	10 万～30 万 m^2 项目	30 万 m^2 以上项目	备注
		数量	数量	数量	
—	柴油水泵	1 台	2 台	3 台	需测试正常；柴油储量需满足24 h 运转
	电动水泵	1 台	2 台	3 台	需测试正常；柴油储量需满足24 h 运转
	电缆线	100 m (50 m/台)	200 m (50 m/台)	400 m (50 m/台)	$(3\times4)\ mm^2+(2\times2.5)\ mm^2$
	铁锹	4 把	8 把	16 把	

续表

地点	应急工具	10万m^2以下项目	10万～30万m^2项目	30万m^2以上项目	备注
		数量	数量	数量	
—	井盖沟	4根	4根	8根	—
	撬棍	2根	4根	8根	—
	强光手电	10把	20把	30把	—
	普通手电	20把	40把	50把	—
	雨衣、鞋	10套	20套	30套	—
	备用编织袋	300条	500条	800条	每个防洪沙池须配置编织袋100个；防洪沙包需每年更换，避免氧化腐烂
	斗车	2部	3部	4部	—
地库出入口	沙袋	—	—	—	1. 装袋标准：以沙袋容积的2/3为标准装沙。 2. 摆放高度：3袋叠放(50 cm左右)，不高于1.5 m；摆放宽度：以车库出入口宽度为准，不超过2 m；摆放长度：不超过3 m；摆放位置：车库出入口不影响车辆进出的位置，即车道外
	帆布	—	—	—	遮盖好沙袋，起防水保护作用。临时情况可用彩条布或广告布替代。注意，需预留开启封口，每避免紧急情况耽误时间。每月检查沙袋完好情况，雨季期间定期检查
	警示标识	—	—	—	制作“防洪物资，非紧急情况下请勿动用”标识
	防洪闸	1个/车库出入口	1个/车库出入口	1个/车库出入口	置于车库出入口不影响车辆进出的位置，即车道旁；高度不低于80 cm(其中防洪闸地脚高度20 cm)；且选择合适位置打好插孔，插孔洞深度不少于25 cm，定期清理洞中杂物
消防沙池	沙袋	50包	50包	50包	沙袋装袋整齐堆放在沙坑；每个车库进出口必须配置一个防洪沙池
	消防铲	2把	2把	2把	—
	消防桶	2个	2个	2个	—
	消防沙	装满沙池	装满沙池	装满沙池	制作“消防物资，非紧急情况下请勿动用”标识
重要部位(设备房、资料室、仓库等)	沙袋	—	—	—	参照地库出入口要求

因台风暴雨恶劣天气致使小区智能化不能正常使用时，可采取以下措施应对处理：

(1)前期收集到恶劣天气信息后传达到服务中心全体，随时关注了解自然灾害天气信息的最新动态，及时向小区业主朋友圈、公告栏、微信电话通知业主注意防患，及时将阳台上的花盆、杂物放置安全地带；

(2)必要时关闭智能化系统、拆除道闸；提醒员工和业主避免、减少在室外活动，特别是大树和金属架附近；

(3)若是人行道闸或车辆道闸故障，行人凭业主卡进出，经保安核实身份后予以放行。若是车辆进去，需人工发放纸质进出凭证，车辆驶出时再收回。

二、严寒冰冻天气的应急处理

(一)事前预防

(1)随时关注天气预报，提前做好对于寒潮极端天气的预判，定期向业主宣传防寒工作。

(2)对业主居家防寒保暖进行温馨提醒。

(3)空巢老人、伤残人士等特殊群体进行上门拜访，协助检查居家防寒保暖情况，并提示出行安全。

(二)准备防寒物资

(1)建立防寒防冻物资清单，每年入冬前对库存物资进行盘点与补充，寒潮来临前完成相关物资的补充。

(2)设立应急物资仓库，位置尽可能选择便于物资搬运。

(3)防寒物资不限于麻袋、防滑垫、工业盐、保湿棉、伴热带、水表、水管、阀门、消火栓头、喷淋头等。

(三)事中应对

(1)随时关注天气预警，提前做好对寒潮、极端天气的预判，充分做好应对措施、应急处理办法。

(2)建立重点防寒防冻区域巡查机制，管理人员定期检查防寒措施实施情况。

(3)及时清理道路、出入口、大堂积水，必要时铺设防滑垫设立提示牌。

(4)对园区内的水景，湖泊易结冰的位置放置提示牌。

(5)对小区内的生活设备设施及时检查，发现问题及时整改处理。

(6)应对寒潮预警时要有明确的分工，遇到突发事件时启动应急预案处理。

(四)事后总结

(1)冬季过后，分析、总结经验。完善处理措施，方法和应急预案的处理。

(2)面积为10万～30万 m^2 项目应急物资清单：消防斧1把、腰斧1把、消防扳手1把、消防撬棍4根、防毒面具6个、消防服4套、消防靴4双、安全绳2套、强光手电5个、消防手套4双、带探照灯头盔4个、消防水带2根、消防水枪头2根、开门器1个、担架1个、医药箱1个、毛巾10条、饮用水1件、灭火弹10个、消防工具箱1个、背负式细水雾灭火枪1个、2.5寸柴油消防泵1台。

三、暴雪的应对处理

2018年年初，江浙大雪物业应对处置的相关案例：收集天气情况预报、暴雪蓝色预警信号、暴雪黄色预警信号、暴雪橙色预警信号、暴雪红色预警信号。通过管家微信、短信实时推送发布提醒小区广大业主，提前做好防护注意安全。应采取措施、对小区的树木进行加固支撑架、露天停车场车辆用彩条布保护、树下有车位的禁止停放车辆，同时准备必要的物资包括铁锹、扫把、毛毯、斗车、推雪板等，如图 2-4 所示。

图 2-4　暴雪时物业现场工作场景

(一)组织分工

(1)成立管理中心、阵地经营体、服务中心灾害处理小组，统筹开展防御和应对处理工作。

(2)建立应急预案，做好物资准备、人员组织安排，做好对业主沟通与提示。

(二)事前预防

(1)编制应急预案：应急处理小组成员及各行动小组的组成、职责。

(2)应急设备、工具及物资的配置与管理。

(三)事中应对

(1)当气象台发布气象灾害预警信号时，指定专人负责收集最新消息，按照要求发布相关信息。服务受影响部门应立即启动应急预案，落实各项应急措施。

①做好对业主消息沟通与提示：通过管家微信、短信、广播、电子显示屏、住这儿App、出入口岗、上门等有效方式提醒客户做好预防措施。

②现场应对措施：根据现场降雪量，在斜坡、室外放置提示标识，业主必经之路放置防滑垫，并及时清除积雪。

③做好对露天车场车辆的除雪工作，对主要区域道路积雪进行清理并做好现场指引。

④加固被积雪压垮的棚架，妥善安置易受积雪影响的物品。

⑤预防因暴雪引起的停电、停水相应应急物资准备充分。

(2)现场岗位提示：岗位人员注意添衣保暖，在室外远离广告牌等建筑物，避免砸伤。

四、其他气象灾害应急处理

(1)收到恶劣天气的消息后，首先通过气象台、媒体、各种渠道收集最新消息更新通知服务中心全体员工和所有业主；

(2)大风、暴雨、雷电天气首先做好自身防护，巡查加固室外广告架、灯箱，通知住户及时清理天台、阳台上的花盆、杂物，检查门窗关闭情况，通知指挥中心做好防雷措施，必要时关闭智能化系统；

(3)高温天气情况，首先做好防暑降温的准备工作；午后尽量避免和减少户外工作与活动时间；有条件的情况下给岗位人员或业户派送降温的凉茶或解暑饮品；检查机房线路，避免电力负荷过大引发火灾。

五、突发停水、停电应急处理

停电应急措施：接到停电信息后，首先在岗人员确认电梯是否困人，若有困人，要及时通知维保单位；当班技术员查明高压进线开关柜带电指示灯有无指示，以及进线真空开关的开合状况，确认是否供电部门电网停电；确认自备发电机已正常启动，各双电源柜(箱)、设备控制柜(箱)切换正常；检查发电机各项运行数据，运行负荷在额定范围内；确认电梯是否已恢复正常运行；业务系统负责人联络供电部门，判明系统停电原因、预计来电时间，并汇报突发事件，说明故障原因，以及临时处理措施，同时通知管家，由管家做好对业主的沟通解释工作。

停水应急措施：接到停水信息后，首先业务支持系统负责人根据停水范围来判断停水原因，若是市政停水，需要打电话给水厂，询问原因及预计恢复供水时间；检查水泵房水池是否正常补水。若是园区爆水管，需要关闭爆水点前后两端的水阀，还要通知电梯维保单位来检查是否有水流入电梯底坑。停水信息及时汇报突发，并由管家做好对业主的沟通解释工作，提供临时取水点供业主取用。

课堂练练手

撰写一篇物业公司抢险抗洪的推文

学习一以下抗洪应急处理的步骤流程，以 2017 年杭州魅力之城(小区地势低)抗洪案例：由管家以此为主题按照统一格式撰写一篇推文，及时上报公司并发布在 App(住这儿)。

(1)制定项目抗洪应急预案(应急预案内容包括应急处理小组及各行动小组的组成、责任范围、应急设备及应急工具物资配置与管理)。

(2)按预案组织培训抗洪应急队伍责任分工，确保员工熟练掌握应急处理流程及自身责任范围。

(3)抗洪应急物资设备准备工作(应急物资包括但不限于：应急车辆、燃油抽水泵、潜水泵、柴油、电缆、水袋、防洪闸、沙袋、散装沙及蛇皮袋、沙铲、应急灯、手电等)。

(4)现场组织指挥应急处理、抢险救援。

项目小结

本项目主要介绍了物业设备设施管理的基础知识，说明了物业设备维护与管理的概念、目标和运行管理的内容，阐明了物业设备设施管理工作开展的组织框架，通过教学实训让学生掌握不同岗位的主要工作内容，熟悉相应的规章制度内容。同时又通过一些具体的工作内容让学生熟悉物业设备设施管理的日常工作，主要包括学习入户维修服务规程、开展物业工程库房物资盘点及突发事件下的应急处置。

课程思政

通过观看《第一道防线》所讲述的中国物业人抗疫故事，梳理物业人员参与疫情防控的案例，强调责任心的重要性，感悟同为物业人的自豪感，激发学生的爱国情怀和民族自豪感。

基础知识练习

一、单选题

1. 房屋设备管理是对房屋设备的(　　)与更新的管理。

A. 使用、日常养护　　B. 使用、零星养护、维修

C. 使用、零星养护　　D. 使用、日常养护、维修

2. 住宅小区物业管理应当以(　　)。

A. 专业化管理为主　　B. 自治自律为主

C. 行政化管理为主　　D. 分散化管理为主

3. 房屋维修管理的基本原则是(　　)。

A. 经济、合理、安全、实用的原则　　B. 区别对待的原则

C. 服务原则　　D. 有偿服务的原则

4. 安全管理在房屋设备管理中占有很重要的位置，国家对安全性能要求高的设备实行(　　)。

A. 上岗证制度　　B. 合格证制度

C. 控量准入制度　　D. 定期培训制度

二、多选题

1. 房屋设备、设施管理内容(　　)等。

A. 基础资料管理　　B. 设备运行、维修管理

C. 设备能源管理　　D. 文明安全管理

2. 下列设备中，属于房屋建筑设备的是(　　)。

A. 供水泵　　B. 通风管　　C. 电梯　　D. 消防箱

3. 房屋建筑电气工程设备主要包括(　　)。

A. 供电及照明设备　　B. 弱电设备

C. 电梯设备　　D. 防雷装置

4. 房屋设备管理有(　　)等基本内容。

A. 使用管理　　B. 维修养护管理

C. 安全管理　　D. 技术档案资料管理

5. 设备维修管理的主要内容包括(　　)。

A. 设备一级维修保养　　B. 设备二级维修保养

C. 设备大修与更新改造　　D. 改造

6. 房屋附属设备的使用管理制度，主要有(　　)等。

A. 设备运行值班制度　　B. 交接班制度

C. 技术档案管理制度　　D. 设备操作实用人员岗位责任制度

7. 物业维修技术管理是指物业企业对房屋(　　)各个环节的技术活动和技术工作的各种要素进行科学管理名称。

A. 开发、建设　　B. 出售、租赁

C. 查勘、鉴定　　D. 维修、使用

8. 房屋附属设备管理的基本内容包括(　　)。

A. 使用管理　　B. 维修养护管理

C. 安全管理　　D. 卫生管理

9. 对房屋设备管理的基本要求包括(　　)。

A. 良好的服务质量　　B. 经济的管理费用

C. 及时的维修　　D. 确保设备完好与使用安全

10. 房屋附属设备维修类型包括(　　)。

A. 零星维修工程　　B. 中修工程

C. 大修工程　　D. 设备更新和技术改造

11. 对房屋设备应做到“三好”“四会”“五定”。其中“三好”是指(　　)。

A. 买好　　B. 用好　　C. 修好　　D. 管理好

12. 对房屋设备应做到“三好”“四会”“五定”，其中“四会”是指物业维修人员对房屋设备要(　　)。

A. 会使用　　B. 会保养　　C. 会检查　　D. 会更新

三、判断题

1. 物业设备的运行管理包括物业设备技术运行管理和物业设备经济运行管理两部分内容。(　　)

2. 与业主确认服务内容，检查需要维修的部位，分析故障原因。评估工时及所需材料，并向业主告知维修方案和收费标准。(　　)

3. 电气系统、给水排水管道、设备安装为3年。(　　)

4. 管家负责人负责安排将灾前预警信息及时通过电子显示屏、宣传栏、微信、短信等予以告示，提示业主做好灾前自防工作，及时安抚受灾业主，并及时将相关的数据上报部门负责人。(　　)

5. 业务支持负责人负责组织技术人员检查供电设施，切断户外广告灯、霓虹灯及有危险的室外的电源；检查排水、排污系统(沟、井、管道、地漏)是否畅通，排污系统性能是否完好，为抗灾做好一切充分准备。(　　)

6. 保修期满后业主承担物业自用部位和自用设备维修责任。(　　)

项目 2

室内外给水排水系统的维护与管理

☞思维导图

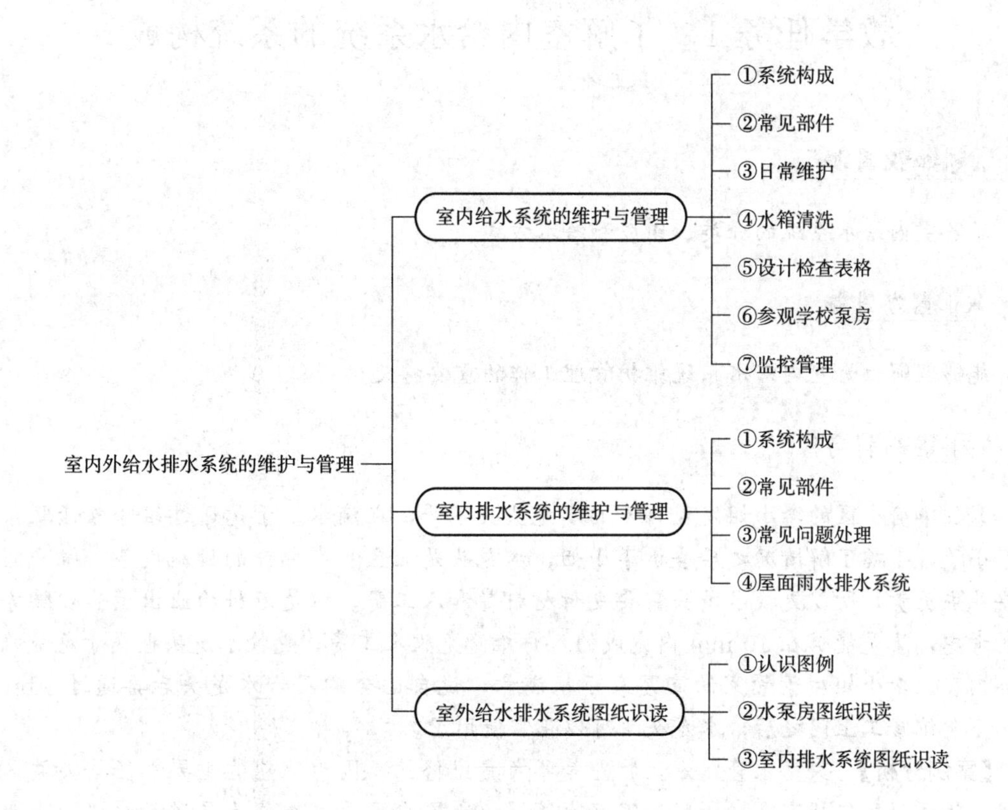

模块3　室内给水系统的维护与管理

学习要求

通过本模块的学习，了解室内给水系统的分类、组成和给水方式；掌握室内给水系统的不同管材、管件和给水附件；了解物业设备设施维护与管理的标准和要点；了解做好室内给水系统维护管理工作的重要意义；了解室内给水的各类典型案例分析及处理方法。

教学任务1　了解室内给水系统的系统构成

知识目标

了解室内给水系统的分类、组成和给水方式。

能力目标

能够理解做好室内给水系统维护管理工作的重要意义。

案例引导

家住华府小区的李小姐发现自家的水龙头关不严，在滴水。于是通过维修电话联系到管家小魏，小魏了解情况之后告诉李小姐，水龙头是业主私有部分的设施设备，维修问题需要业主负责，所以更换水龙头需要支付材料费和人工费。但是万科物业出于尽心服务业主的考虑，凡是能够在10 min内完成的入户维修免收人工费，更换水龙头也属于免费维修服务内容。李小姐对于管家的回复表示很满意，说自己会购买好水龙头后再通过App报修。下午维修工上门之后，水龙头又可以正常使用了。

【案例分析】 家庭水管漏水，物业是不负责维修的。因为物业的主要责任是公共区域的维护管理，不包括家庭。所以，家庭水管漏水需要自己联系维修人员进行维修。当业主因为此类问题报修时，物业公司相关员工应该向业主说明维修的设备材料及可能产生的人工费需由业主承担，避免产生纠纷。

知识准备

一、室内给水系统的分类

建筑室内给水系统是指将城镇(或小区)给水管网或自备水源的水引入室内，经室内配水管网送至生活、生产和消防用水设备，并满足各用水点对水量、水压和水质要求的冷水供应系统。

建筑室内给水系统按用途可分为以下 3 类。

1. 生活给水系统

生活给水系统为人们提供饮用、洗涤、淋浴和烹饪等方面的生活用水，除给水量、水压应满足要求外，其水质必须符合国家规定的饮用水质标准。

2. 生产给水系统

生产给水系统提供生产设备冷却、原料和产品洗涤及各类产品制造过程中所需的生产用水。生产用水应根据工艺要求，提供符合水质、水量和水压条件的用水。

3. 消防给水系统

消防给水系统提供各类消防设备灭火用水，主要包括消火栓和自动喷淋系统。消防用水对水质要求不高，但必须按照《建筑设计防火规范(2018 年版)》(GB 50016—2014)保证供给足够的水量和水压。

上述 3 类给水系统不一定要独立设置，可根据实际条件和需要组合成同时供应不同用水量的生活—消防、生产—消防、生活—生产和生活—生产—消防等共用给水系统，或进一步按供水用途的不同和系统功能的差异分为饮用水给水系统、杂用水给水系统、消火栓给水系统、自动喷水灭火系统和循环或重复使用的生产给水系统等。系统的选择应根据生活、生产、消防等各项用水对水质、水量、水压、水温的要求，结合室外给水系统的实际情况，经过技术、经济分析确定。

二、室内给水系统的组成

一般情况下，室内给水系统主要由引入管、水表节点、给水管道、给水附件、升压和储水设备及消防设备几部分组成，如图 3-1 所示。

给排水管路认知

1. 引入管

引入管又称进户管，是将室外给水管的水引入到室内的管段。引入管根据建筑物的性质、用水要求可有多根，但至少应有一根。

2. 水表节点

在引入管和户支管上均应设置计量用水量的仪表——水表。引入管上的水表及其前后设置的阀门和泄水装置统称为水表节点。图 3-2 所示的节点一般设置在水表井中。

3. 给水管道

给水管道是指室内给水水平或垂直干管、立管、横支管等组成的配水管网系统。单向供水，给水干管应尽量靠近用水量最大的设备或不允许间断供水的用水处，以确保供水的可靠性，同时减少管道传输流量，使大口径管道长度最短。室内给水管道宜明设，如建筑有特殊要求时可以暗设，但应便于安装和检修；给水水平干管宜敷设在地下室、技术层、吊顶或管沟内；立管可敷设在管道井内，从水平干管上分出立管。支管则由立管分出，供给每一层配水装置的用水。

4. 给水附件

给水附件是指给水管网上的闸阀、止回阀等控制附件，淋浴器、配水龙头、冲洗阀等配水附件和仪表等。

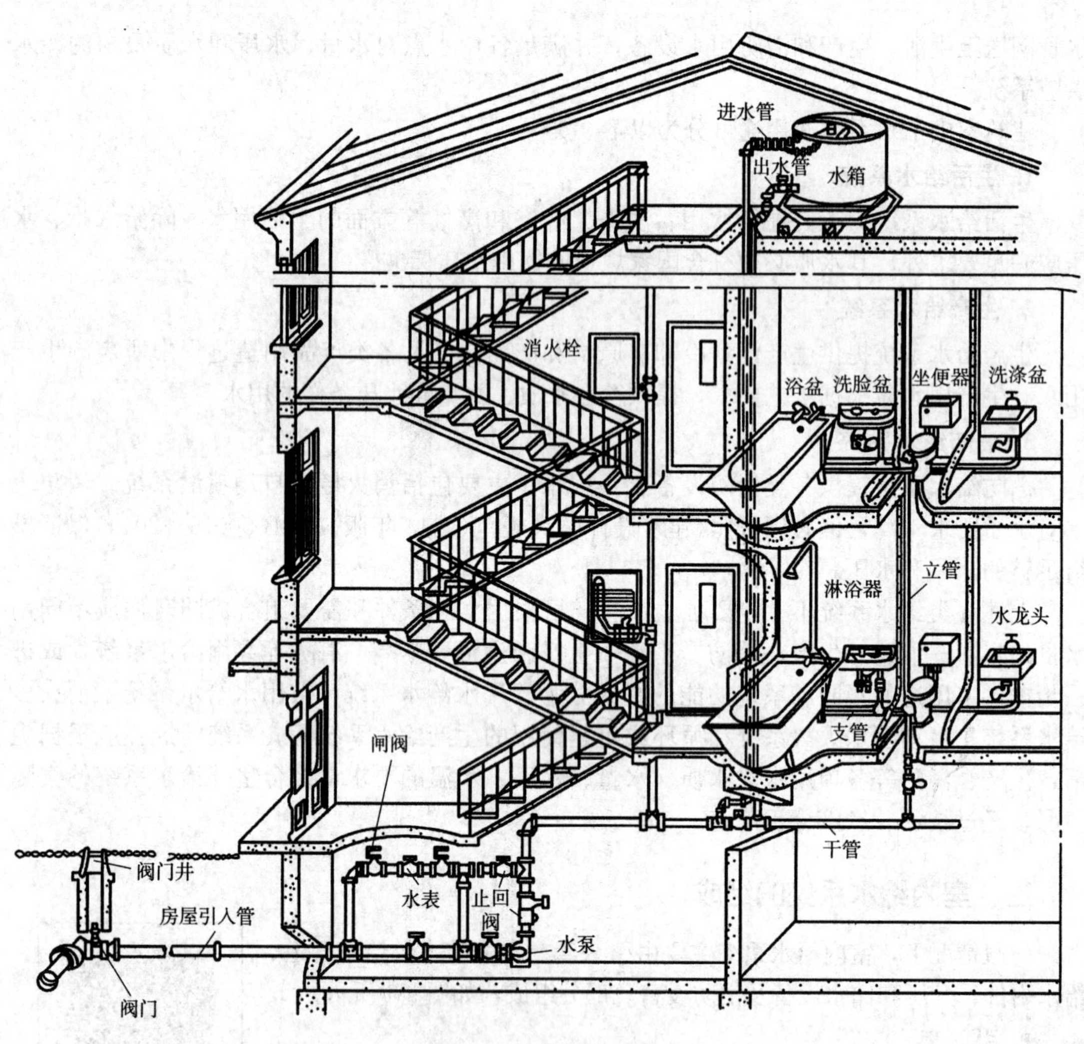

图 3-1　室内给水系统

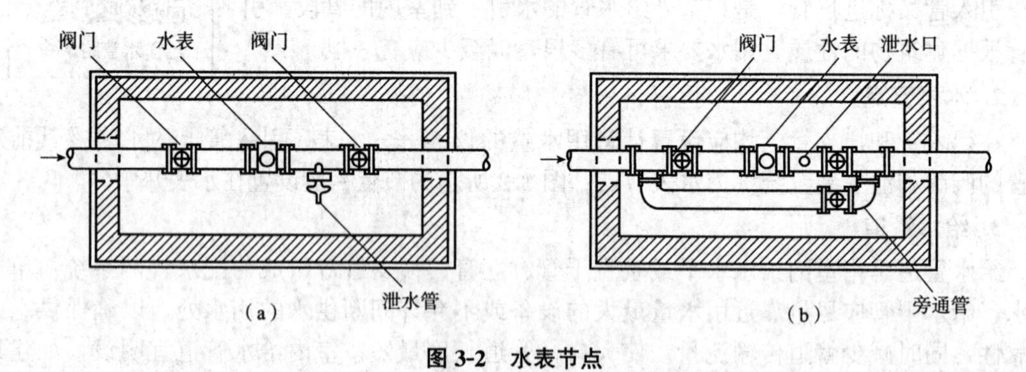

图 3-2　水表节点

(a)有泄水管的水表节点；(b)有旁通管的水表节点

5. 升压和储水设备

升压设备是指用于增大管内水压，使管内水流能达到相应位置，并保证有足够的流出水量、水压的设备，如水泵、气压给水设备等；储水设备用于储存水，同时也有储存压力的作用，如水池、水箱和水塔等。

6. 消防设备

室内消防设备是按照《建筑设计防火规范(2018 年版)》(GB 50016—2014)的规定，在建筑物内设置的各种消防设备。在设置消防给水时，一般应设消火栓消防设备、自动喷淋消防设备等。

三、室内给水系统的给水方式

室内给水系统的给水方式必须根据用户对水质、水压和水量的要求，室外管网所能提供的水质、水量和水压情况，卫生器具及消防设备等用水点在建筑物内的分布及用户对供水安全要求等条件来确定。

室内给水系统的给水方式主要有以下几种。

1. 直接给水

由室外给水管网直接供水，是最简单、经济的给水方式，如图 3-3 所示。水从引入管、给水干管、给水立管和给水支管由下向上直接供到各用水或配水设备。该方式适用室外给水管网的水量、水压在一天内均能满足用水要求的建筑。

2. 水箱供水

室外管网直接(或由水泵)向顶层水箱供水，再由水箱向各配水点供水；当外网水压在短时间内不足时，由水箱来调节用水量，如图 3-4 所示。水箱供水系统具有管网简单、投资少、运行费用低、维修方便、供水安全性高等优点。

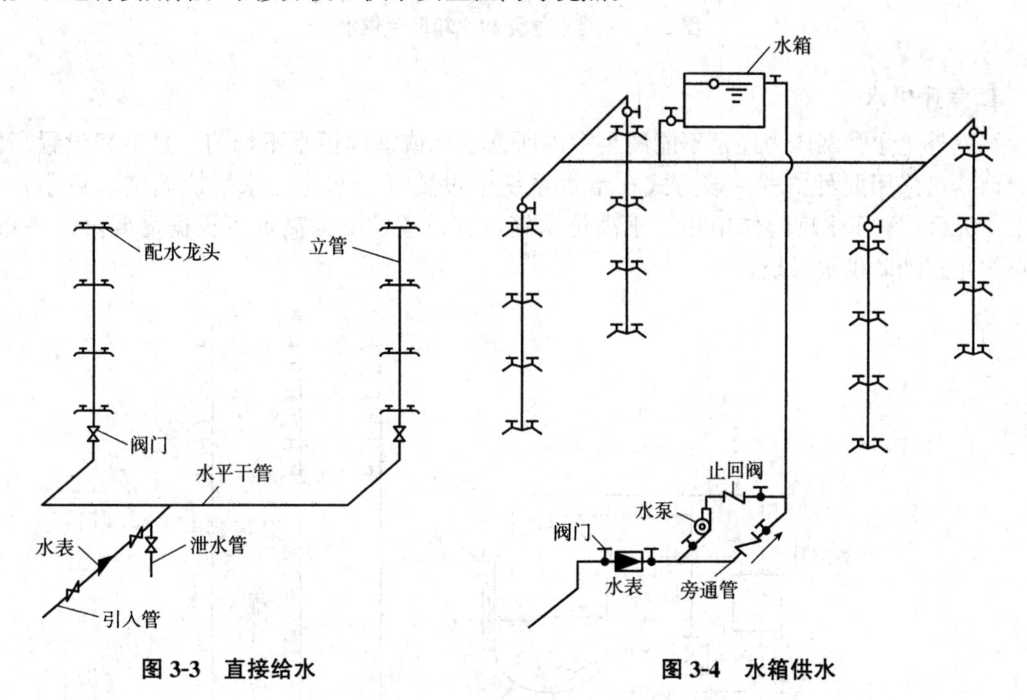

图 3-3 直接给水　　　　图 3-4 水箱供水

3. 水池、水泵和水箱联合供水

当市政部门不允许从室外给水管网直接供水时，需要增设地面水池，此系统增设了水泵和水箱。室外管网水压经常性或周期性不足时，多采用此种供水方式，如图 3-5 所示。这种供水系统技术合理、供水安全性高，但因增加了加压和储水设备，系统会变得复杂，且投资及运行费用高，水易被二次污染，一般用于多层和高层建筑。

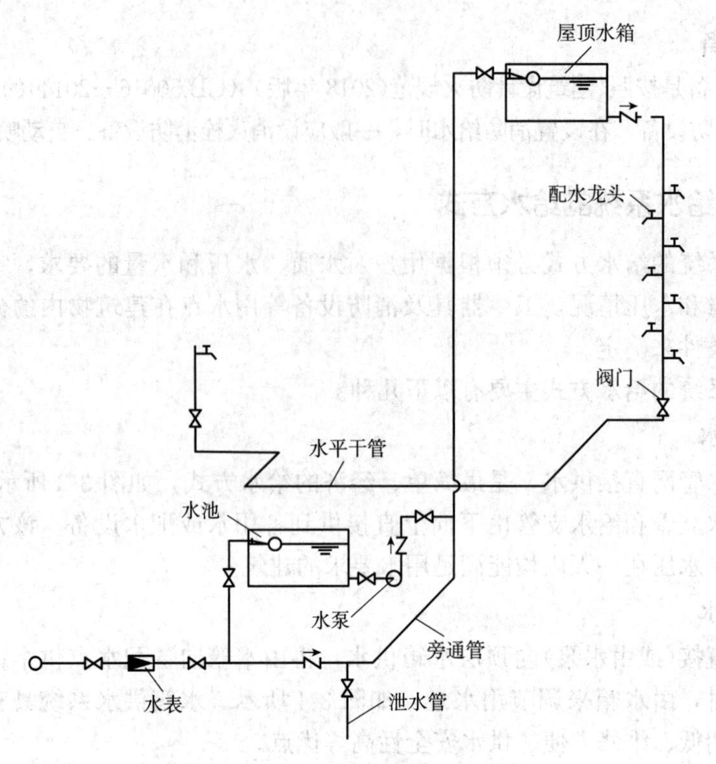

图 3-5　水池、水泵和水箱联合供水

4. 气压供水

当室外给水管网压力经常不能满足室内所需水压或室内用水不均匀，且不宜设置高位水箱时，可采用此种方式。该方式在给水系统中设置气压水罐与水泵协同增压供水，如图 3-6 所示。气压水罐的作用相当于高位水箱，其设置位置的高低可根据需要灵活考虑，目前多用于消防供水系统。

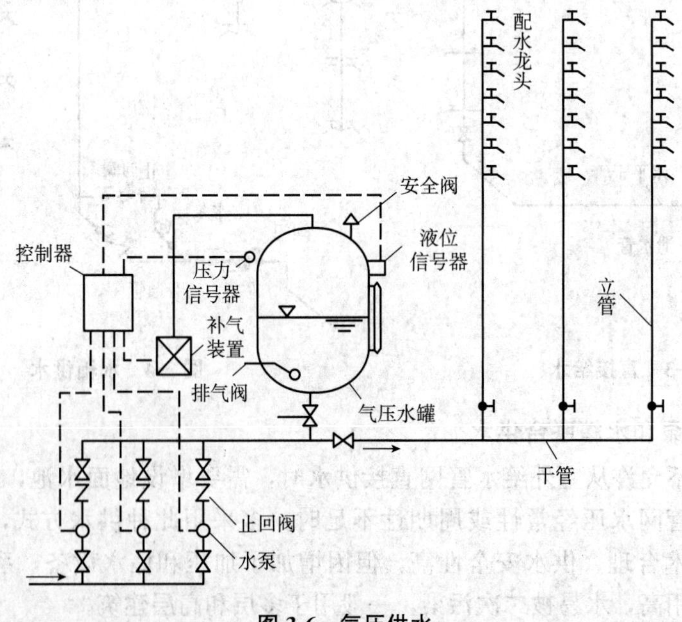

图 3-6　气压供水

5. 分区给水

当室外给水管网的压力只能满足建筑下层供水要求时，可采用分区给水方式。如图 3-7 所示，室外给水管网水压线以下楼层为低区，由外网直接供水；水压线以上楼层为高区，由高区升压储水设备供水。可将两区的一根或几根立管相连，在分区设置阀门，以备低区进水管发生故障或外网压力不足时，可以打开阀门由高区水箱向低区供水。这种给水方式对建筑物低层设有洗衣层、浴室、大型餐厅等用水量大的建筑物更有作用。

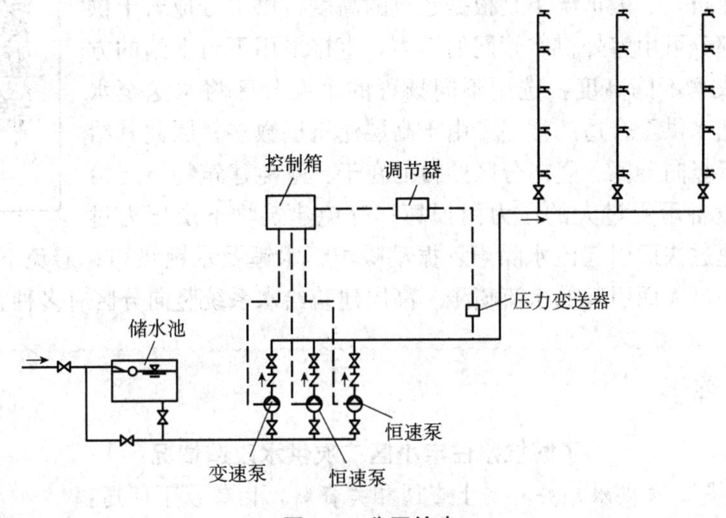

图 3-7　分区给水

6. 变频调速供水

变频调速供水系统的工作原理如图 3-8 所示。当供水系统中扬程发生变化时，压力传感器即向控制器输入水泵出水管压力的信号；当出水管压力值大于系统中设计供水量对应的

变频恒压供水系统

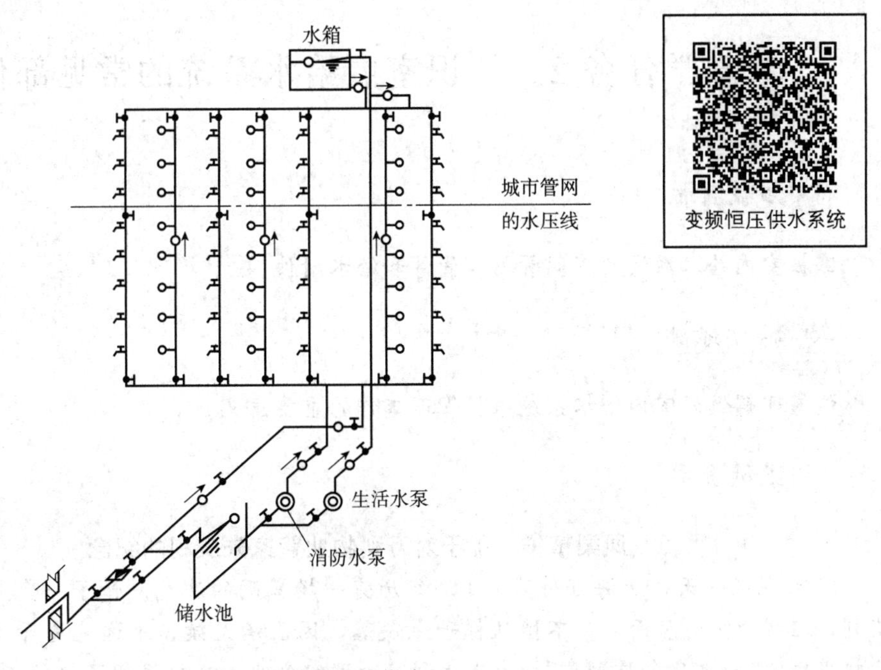

图 3-8　变频调速供水

压力时，控制器即发出降低电源频率的信号，水泵转速随即降低，使水泵出水量减少，水泵出水管的压力降低；反之亦然。变频调速供水的最大优点是效率高、能耗低、运行安全可靠、自动化程度高、设备紧凑、占地面积小(省去了水箱、气压水罐)及对管网系统中用水量变化适应能力强，但它要求电源可靠且所需管理水平高、造价高。目前，这种供水方式在居民小区和公共建筑中应用广泛。

7. 高层建筑的室内给水方式

对于高层建筑，一般情况下是根据建筑的高度将供水分成若干供水区段，低层部分可由室外供水管网的压力，直接采用下行上给的方式供水；上层依据不同高度，选用不同扬程的水泵分区将水送至水箱，再从水箱把水供至合适的楼层。由于高层建筑层数多，因此其给水系统必须进行竖向分区。竖向分区的目的在于：避免建筑物下层给水系统管道及设备承受过大的压力而损坏；避免建筑物下层压力过大，管道内流速过快而引起流水噪声、振动噪声、水锤及水锤噪声；避免下层给水系统中水龙头流出水头过大而引起的水流喷溅。高层建筑给水系统竖向分区有多种方式。

从一户一表改造到二次供水改造

课堂练练手

了解杭州住宅小区二次供水改造情况

明确什么是二次供水，并在网上查阅相关资料，回答以下问题：

1. 简要说明什么是二次供水？
2. 改造的小区有什么特点？什么建筑适用此类改造？
3. 为什么要进行二次供水改造？具体如何实施？包括步骤和费用如何分担？

教学任务 2　认识室内给水系统的常见部件

知识目标

掌握室内给水系统的不同管材、管件和给水附件。

能力目标

能够理解做好室内给水系统维护管理工作的重要意义。

案例引导

凤梨精神，源于对万科物业管家朱庆利的纪念

2016 年的一天，上海万科蓝山小城经历完一场暴雨的洗礼。忙了一晚上排水的管家朱庆利，在帮业主看屋面时，不慎从梯子上跌落，因医治无效，永远地离开了我们。万科物业把当年的“知更鸟金质勋章”授予朱庆利。为了纪念他，公司保留了他的工作微信“凤梨”，并由管家学院每年组织一次“嗨，凤梨”管家系统业主服务事迹分享大赛。

【案例分析】 朱庆利用自己的生命将万科物业的“员工四铭记”升华为“凤梨精神”。我是眼睛，随时都在发现问题；我是耳朵，随时都在倾听业主的声音；我是嘴巴，会把需求和问题快速传递；我是手，力所能及的事马上处理。

知识准备

一、室内给水管材

(一)管材的分类

给水管材应具有足够的强度，具有安全可靠、无毒、坚固耐用、便于安装加工等特点。常用的给水管材有钢管、铸铁管、塑料管等。管材的选用应根据所输送的介质要求的水压、水质等因素来确定。

1. 钢管

钢管过去是给水排水设备工程中应用最广泛的金属管材，多用于室内给水系统。钢管可分为焊接钢管和无缝钢管两种。给水系统通常采用镀锌焊接钢管。焊接钢管的优点是强度高，承受流体的压力大，抗震性能好，长度长，接头少，加工安装方便；缺点是造价较高，抗腐蚀性差。由于钢管易锈蚀、结垢和滋生细菌，且寿命短(一般仅8～12年，而一般的塑料管寿命可达50年)，因此，世界上不少发达国家早已规定在建筑中不准使用镀锌钢管。

2. 铸铁管

给水铸铁管是使用生铁铸造而成的，与钢管相比具有耐腐蚀性强、造价低、耐久性好等优点；缺点是质脆、质量大、单管长度短等。我国生产的给水铸铁管有低压管(≤0.44 MPa)、中压管(≤0.736 MPa)、高压管(≤0.981 MPa)三种。给水管道一般使用低压给水铸铁管。在管径大于75 mm埋地敷设管道中广泛采用给水铸铁管。

3. 塑料管

塑料管管材有硬聚氯乙烯塑料(UPVC)管材、聚乙烯(PE)管材、三型聚丙烯(PPR)管材和ABS管材等。塑料管有良好的化学稳定性，耐腐蚀，不受酸、碱、盐、油类等物质的侵蚀；其物理性能也很好，不燃烧、无不良气味、质量小，运输、加工、安装方便；管内壁光滑，水流阻力小；容易切割，还可制成各种颜色。

4. 复合管材

近年来，我国的给水管材的开发与应用的工作取得了很大进展，如开发出了兼有钢管和塑料管优点的钢塑复合(SP)管材及以铝合金为骨架的铝塑复合(PAP)管材。它们除具有塑料管的优点外，还有耐压强度好、耐热、可曲挠和美观等优点。现已大量应用于给水支管的安装。

(二)管材的选择

新建、改建及扩建城市供水管道(ϕ400 mm以下)和住宅小区室外给水管道应使用硬质聚氯乙烯、聚乙烯塑料管；大口径城市供水管道可选用钢塑复合管；新建、改建住宅室内给水管道、热水管道和采暖管道优先选用铝塑复合管、交联聚乙烯管等新型管材，淘汰镀锌钢管。

二、室内给水管件

管道配件是指在管道系统中起连接、变径、转向和分支等作用的零件，简称管件，如图3-9

所示。不同管道应采用与之相应的管件。常用的管件有金属管件、塑料管件和铝塑复合管件等。

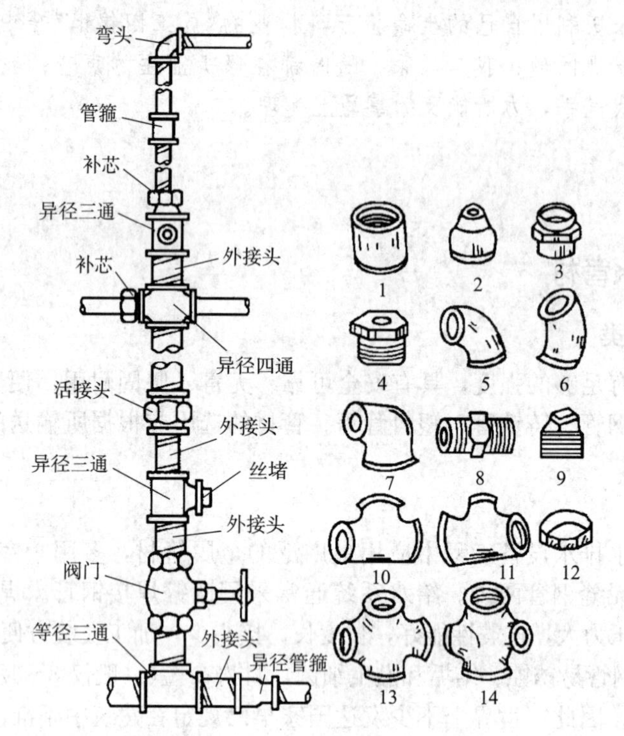

图 3-9　常用的金属螺纹连接管件

1—管箍；2—异径管箍；3—活接头；4—补芯；5—90°弯头；6—45°弯头；7—异径弯头；8—外接头；9—丝堵；10—等径三通；11—异径三通；12—根母；13—等径四通；14—异径四通

(一)给水管件的分类

根据用途不同，管件可分为以下几类。

(1)用于管子互相连接的管件有管箍、外接头、活接头、法兰、卡套等。其中，管箍(又称管接头、内螺纹、束结)两端均为内螺纹，分为同径及异径两种；活接头(又称由任)用于需经常装拆或两端已经固定的管路上；外接头又称双头外螺纹、短接，用于连接很短的两个公称直径相同的内螺纹管件或阀件。

(2)改变管子方向的管件有弯头、弯管。常用弯头有 45°和 90°两种，有等径和异径之分。

(3)改变管子管径的管件有变径(异径管)、异径弯头、补芯等。其中，补芯又称内外螺纹管接头，一端是外螺纹；另一端是内螺纹，外螺纹一端与大管径管子连接，内螺纹一端则与小管径管子连接，用于直线管路变径处的连接。

(4)增加管路分支的管件有三通、四通。两者均有等径及异径两种形式。

(5)用于管路密封的管件有垫片、生料带、麻丝、法兰盲板、丝堵、盲板、封头。

(6)用于管路固定的管件有卡环、拖钩、吊环、支架、托架、管卡等。

(二)给水管道的连接

管材不同往往与之对应的连接方式也会不同。现对几种常用的连接方式做简要介绍。

1. 螺纹连接

螺纹连接是在管子端部按照规定的螺纹标准加工成外螺纹，然后与带有内螺纹的管件或给水附件连接在一起，具有结构简单、连接可靠、装拆方便等优点，适用于 $DN \leqslant 100$ mm 的镀锌钢管和普通钢管及铜管的连接。

螺纹连接处要加填充材料，既可以填充空隙又能防腐蚀，维修时也容易拆卸。对于热水供暖系统或冷水管道，常用的填料是聚四氟乙烯胶带或麻丝沾白铅油(铅丹粉拌干性油)；对介质温度超过 115 ℃的管路接口则采用黑铅油(石墨粉拌干性油)和石棉绳等。

2. 法兰连接

法兰连接是管道通过连接件法兰及紧固件螺栓、螺母的紧固，压紧中间的法兰垫片而使管道连接起来的一种连接方法，常用于需要经常检修的阀门、水表和水泵等与管道之间的连接。法兰连接的特点是结合强度高、严密性好、拆卸安装方便，但耗用钢材多、工时多、成本高。

3. 焊接

焊接是用焊接工具将两段管道连接在一起，是管道安装工程中应用最为广泛的连接方法。其适用非镀锌钢管、铜管和塑料管。当钢管的壁厚小于 5 mm 时可采用氧-乙炔气焊；壁厚大于 5 mm 的钢管采用电弧焊连接。而塑料管采用热空气焊。焊接具有不需配件、接头紧密、施工速度快等特点；但需要专用施工设备，接口处不便拆卸。

4. 承插连接

承插连接是将管子或管件的插口(小头)插入承口(喇叭口)，并在其插接的环形间隙内填以接口材料的连接。一般铸铁管、塑料管、混凝土管都采用承插连接。

5. 卡套式连接

卡套式连接的连接件由锁紧螺母和螺纹管件组成，连接时先把管道插入管件，而后拧动锁紧螺母，把预先套在管道上的金属管箍压紧，以起到管材与管件密封和连接作用。卡套式连接适用复合管、塑料管和薄壁铜管的连接。

6. 热熔连接

当相同热塑性能的管材与管件互相连接时，采用专用热熔机具将连接部位表面加热，使连接接触面处的本体材料互相熔合，冷却后成为一体的连接方式，适用 PPR、PB 和 PE 等管材、管件的连接。

7. 沟(滚)槽式连接

沟槽连接也称卡箍连接，其施工方法：在管材、管件平口端的接头部位按照技术标准用滚槽机压出符合深度和宽度要求的凹槽后(如连接的是三通或四通，则需要用专用开孔机在钢管上挖出符合技术要求的孔)，在相邻管端套上橡胶密封圈后，再用拼合式卡箍件紧固好从而形成连接。这种连接方式具有操作简单、管道原有特性不受影响、施工安全、系统稳定性好、维修方便等优点。《自动喷水灭火系统设计规范》(GB 50084—2017)规定，系统管道的连接应采用沟槽式连接件或螺纹、法兰连接；$DN \geqslant 100$ mm 的管道，应分段采用法兰或沟槽式连接件连接。

三、室内给水附件

给水管道附件是安装在管道及设备上的启闭和调节装置的总称。一般可分为配水附件和控制附件两类。

(一)配水附件

配水附件就是安装在卫生器具及用水点的各式水龙头，也称为配水水嘴，用以调节和分配水流。常见水龙头有以下几种：

(1)球形阀式水龙头。水流经过此种龙头因改变流向，故阻力较大。其最大工作压力为0.6 MPa，主要安装在洗涤盆、污水盆、盥洗槽上。

(2)旋塞式水龙头。旋塞式水龙头旋转90°即完全开启。其优点是水流直线通过，阻力较小，可短时获得较大流量；缺点是启闭迅速，容易产生水锤，使用压力宜在0.1 MPa左右，目前已基本不用。

(3)盥洗龙头。盥洗龙头为单放型，装设在洗脸盆上单供冷水或热水使用。其形式很多，有莲蓬头式、鸭嘴式、角式、长脖式等。

(4)混合龙头。混合龙头可以调节冷、热水的流量，进行冷、热水混合，以调节水温，供盥洗、洗涤、沐浴等使用。

(二)控制附件

控制附件是指用来开启和关闭水流，控制水流方向，调节水量、水压的各类阀门。常用的阀门有以下几种。

1. 截止阀

截止阀用于启闭水流，这种阀门关闭严密，但水流阻力大，一般适用$DN \leqslant 50$ mm的管道上。截止阀安装时有方向要求，应使水低进高出，防止装反，一般阀上标有箭头指示方向。

2. 闸阀

闸阀用于启闭水流，也可以调节水流量。全开时水流呈直线通过，阻力小，但水中有杂质落入阀座后易产生磨损和漏水，一般适用$DN \geqslant 70$ mm以上的管道。

3. 旋塞阀

旋塞阀用于启闭、分配和改变水流方向。其优点是启闭迅速；缺点是密封困难。一般安装在需要迅速开启或关闭的地方，为了防止因迅速关断水流而引起水击，适用压力较低和管径较小的管道。

4. 蝶阀

蝶阀的阀瓣绕阀座内的轴在90°范围内转动，可起调节、节流和关闭的作用，操作扭矩小、启闭方便、结构紧凑，适用室内外较大的给水干管。

5. 球阀

球阀主要用于切断、分配和变向。球阀操作方便，流体阻力小。

6. 止回阀

止回阀又称单向阀或逆止阀，是一种用以自动启闭阻止管道中水的反向流动的阀门。其主要有旋启式止回阀、升降式止回阀两种。另外，还有消声止回阀和梭式止回阀等。

(1)旋启式止回阀，一般直径较大，水平、垂直管道上均可装置。

(2)升降式止回阀，安装于水平管道上，水头损失较大，只适用小管径。

7. 液位控制阀

液位控制阀是一种自动控制水箱、水池等贮水设备水位的阀门。其包括液压水位控制阀和浮球阀。

(1)液压水位控制阀。水位下降时阀内浮筒下降，管道内压力将阀门密封面打开，水从阀门两侧喷出，水位上升，浮筒上升，活塞上移，阀门关闭停止进水，是浮球阀的升级换代产品。

(2)浮球阀。当水箱充水到设计最高水位时，浮球浮起，关闭进水口；当水位下降时，浮球下落，开启进水口，于是自动向水箱充水。

8. 安全阀

安全阀是一种为了避免管网、设备中压力超过规定值而使管网、用水器具或密闭水箱受到破坏的安全保障器材。其工作原理：当系统的压力超过设计规定值时，阀门自动开启放出液体，直至系统压力降到允许值时才会自动关闭。一般有弹簧式和杠杆式两种。

教学任务3　室内给水系统的日常维护与管理

知识目标

了解物业设备设施维护与管理的标准和要点。

能力目标

能够了解室内给水的各类典型案例分析及处理方法。

案例引导

铭记凤梨精神，服务历久弥新

11月11日，由青岛万科物业主办的“嗨，凤梨”主题演讲比赛在城阳区如期举行。参赛管家讲述的和业主间一个个的暖心故事，引发了在座同侪的共鸣。

“原来真心付出，真的可以换来业主的真心。”生态城管家王砚砚在演讲中说道。从初出茅庐的大学生，到成功转化业主的95后网格管家“含笑”，4个多月的工作体验带给她的是满满的成就感。

王砚砚手机中有近1 500户业主的微信，经常接到一些意想不到的工作任务：接孩子、送外卖、给老人做饭，甚至接送宠物狗。刚任管家时，在管网格中一位79岁的独居老人成为她重点关注的对象。那天上午她定期登门拜访老人，可敲门、打电话均迟迟未有回应。考虑到平常老人作息很规律，此状况实属不对，王砚砚当机立断叫来了开锁师傅，一进门就见到老人晕倒在地。所幸120急救及时赶到，经救治后老人并未有大碍。

自此，老人与她建立了深厚的感情，逢年过节都会叫王砚砚去家里分享自己做的菜，“她让我想起了自己的奶奶，真心付出也会换来真心的对待。”她腼腆地笑着说道。

【案例分析】“嗨，凤梨”管家演讲比赛活动不仅是对4年前因工作而逝世的上海万科物业管家朱庆利的纪念，更是对山东省物业服务品牌提升年“最美物业人”风采展示的有效实践，有效地激发了广大物业职工的使命感和自豪感，一批批像王砚砚一样的大学生加入物业行业，更是给整个行业注入了新鲜血液。2020年入职青岛万科物业的大学毕业生中有超过半数担任社区网格管家，这些年轻力量在不断努力，用心做好业主服务，将种子播撒到更多人的心中，也让更多业主体验物业服务的美好。

知识准备

一、明确给水系统设备的管理标准

(1)水泵运行无异响，无异常振动。水泵轴润滑油无泄漏(正常机密封泄漏应小于 3 滴/min，填料密封泄漏应小于 10 滴/min)。润滑油箱内不能混入水分，油位在油标范围内。电动机运行电流在额定范围内，温升符合要求，如图 3-10 和图 3-11 所示。

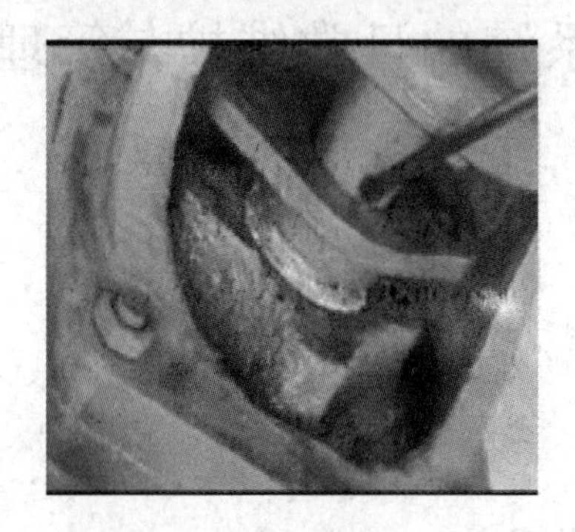

图 3-10　泵壳检查

图 3-11　观察电流表读数

(2)采用变频供水系统的，变频器、压力调节器、控制柜应保持干燥、无灰尘、通风良好、接线紧固。变频供水压力波动范围在±0.03 MPa 范围内。变频器控制多台电动机的，电动机需要交替启动，如图 3-12 所示。

图 3-12　变频供水系统及其监控界面

(3)有新增无负压供水设备，老系统每周需要运行 2 h 以上。新增无负压供水需要设计成新旧系统故障时自动转换，如图 3-13 所示。

无负压供水设备工作原理：无负压供水设备进水管与自来水管网直接相连，水在自来水管网剩余压力驱动下压入设备进水管，设备的加压水泵在进水剩余压力的基础上继续加压，将供水压力提高到用户所需的压力后向出水管网供水；当用户用水量大于自来水管网供水量时，进水管网压力下降，当设备进水口压力降到绝对压力小于 0(或设定的管网保护压力)时，设备中的负压预防和控制装置自动启动工作，对设备运行状态进行调整直至设备停机待命，确保进水管网压力不再降低而对自来水管网造成不利影响；当自来水管网供水能力恢复，进水管网压力恢复到保护压力以上时，设备自动启动，恢复正常供水；当自来水管网剩余压力满足用户供水要求时，设备自动进入休眠状态，由自来水管网直接向用户供水，供水不足时设备自动恢复运行；当用户不用水或用水量很小时，设备自动进入停机休眠状态，由设置在设备出水侧的小流量稳压保压罐维持用户数量用水及管网漏水，用户用水稳压保压罐不能维持供水管网所需压力时，设备自动唤醒，恢复正常运行。设备在运行过程中充分利用自来水管网的剩余压力，始终既不对自来水管网造成不利影响又最大限度地满足用户需求，降低供水能耗，实现供水系统最优运行。

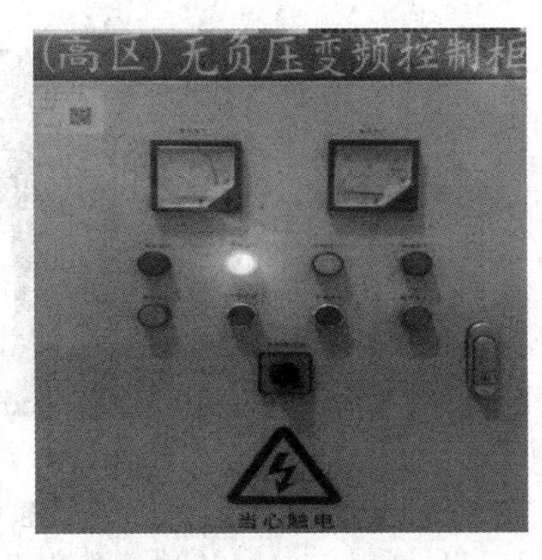

图 3-13　无负压变频控制柜

(4)水箱(池)加盖上锁，钥匙由安全控制中心统一管理。在通气口和溢流口安装防虫网。

水箱(池)有液位显示，箱体表面张贴总容积标识。水箱(池)设置有高、低水位报警引至控制中心或就近固定岗位。水箱(池)每年清洗两次(或依据当地规定执行)，水质符合国家要求并附有检测报告，如图 3-14 所示。

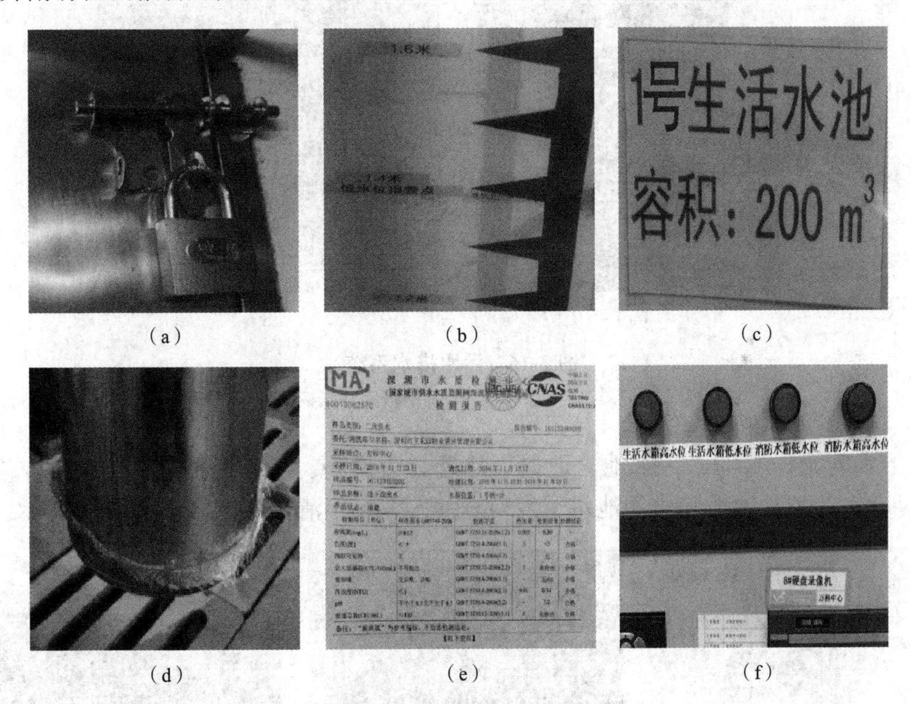

图 3-14　水箱的维护管理要点

(a)水箱上锁；(b)水箱液位指示；(c)水箱容积标识；(d)水箱泄水管；(e)水质监测报告；(f)水箱液位指示灯

(5)管网上有明显用途和流向标识(如喷淋、消火栓、给水)。管网不得有锈蚀造成漏点。各种管道软连接无老化，无裂纹。采取防止软连接破裂后水喷射到控制柜的防护措施。止回阀、蝶阀、闸阀、自动控制阀门动作灵敏可靠。减压阀减压范围合理。管道压力表指示正常，压力控制表能正确动作，如图 3-15 所示。

（a）　　（b）　　（c）

图 3-15　供水管网标识及附件

(a)水管用途标识及闸阀；(b)橡胶柔性接头；(c)管网压力表

(6)排水系统有自动启动装置。排水系统故障后可能引起其他损失的集水坑应安装超高水位报警装置，报警信号传输至控制中心或固定岗位，如图 3-16 所示。

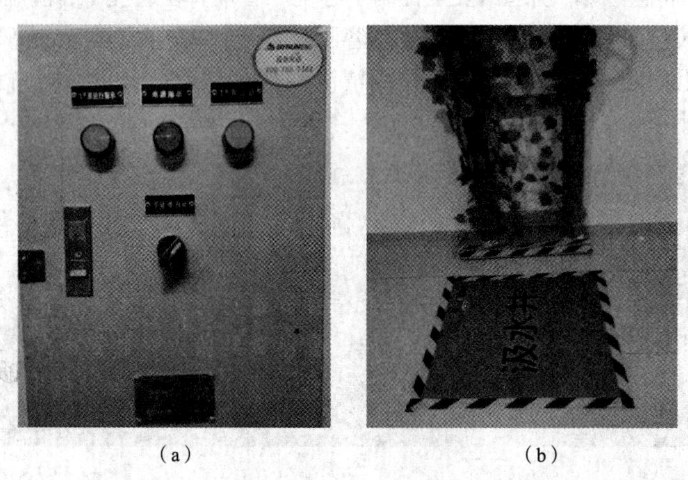

（a）　　（b）

图 3-16　污水排水系统

(a)排污系统控制柜；(b)汲水井标识

(7)下水管道、水沟、污水池、地漏无堵塞、无淤积。各种井盖的面板完好，安装牢固，无晃动。各类隔油池和化粪池每季度检查一次，每年清掏一次，如图 3-17 所示。

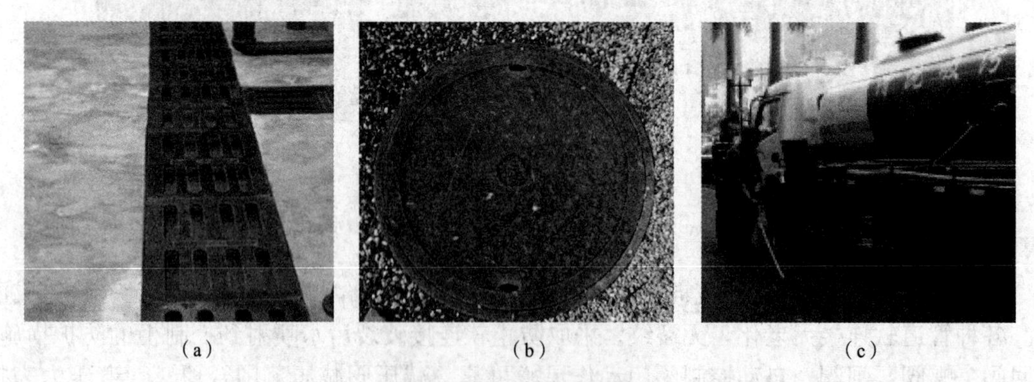

（a）　　（b）　　（c）

图 3-17　室外排水系统

(a)排水沟；(b)污水井盖；(c)化粪池清掏车

二、各类典型案例分析及处理方法

1. 水管爆裂和水浸事故处理方法

接到水管爆裂的消息后，相关负责人应立即组织维修工以最快的速度赶到现场进行处理。检查喷水部位，区别爆裂水管的类型，以采取相应的处理方法，关闭相应的阀门进行抢修处理。

2. 楼上楼下漏水纠纷

漏水有两种情况：一种是能直接找到漏水点；另一种是漏水点不明确的。

第一种情况：漏水点在谁家找到，就由谁家负责费用，如图 3-18 所示。

图 3-18　墙面漏水示例

楼上楼下漏水调解案例：告诉被投诉的楼上住户，根据《中华人民共和国民法典》相邻权的有关条款，应由楼上住户承担全部维修责任。楼上住户如果不承担维修责任，楼下可向法院起诉，楼上将承担败诉后果。

第二种情况：漏水点不明确的情况，这需要邻里配合。楼上要配合楼下，可以事先规定，费用可以先由楼下负责，一旦查明漏水点是楼上的责任，可要求楼上承担费用；反之由楼下承担费用。

注：《中华人民共和国民法典》第 288 条：不动产的相邻权利人应当按照有利生产、方便生活、团结互助、公平合理的原则，正确处理相邻关系。

注：中华人民共和国建设部发布的《住宅室内装饰装修管理办法》第 5 条第 2 款住宅室内装饰装修活动，禁止下列行为：将没有防水要求的房间或者阳台改为卫生间、厨房间。第 38 条第 1 款住宅室内装修活动有下列行为之一的，由城市房地产行政主管部门责令改正，并处罚款：将没有防水要求的房间或者阳台改为卫生间、厨房间的，或者拆除连接阳台的砖、混凝土墙体的，对装修人处 500 元以上 1 000 元以下的罚款，对装饰装修企业处 1 000 元以上 10 000 元以下的罚款。

3. 墙面渗水、屋面渗水处理

(1)墙体渗水的原因：

①墙体外冷内热。由于内墙面的温度偏高，使墙面形成冷凝水，从而导致墙体的湿润，这样的情况下一般出现在冬季，夏季就会好一些，但是墙面将会留下许多霉斑，影响墙面

的美观度。

②墙内水管渗漏。通常墙内预埋的水管渗漏出现墙体湿润，这种情况大多数会出现在卫生间或是顶棚及墙面上，这种情况通常是预埋的水管接头出现了渗漏现象。

③防水办法欠佳。如果楼上业主的地面防水工程没有做好，也会导致墙体的渗漏，导致渗水的原因包括邻居卫生间或楼上业主的卫生间的地面防水措施没有做好，一旦楼上的卫生间使用水的时候，就会慢慢地浸透到墙面上。

④防水涂料涂刷不妥。墙面渗水的原因还包括在涂刷墙面的时候，在涂刷第一遍的防水涂料时没有干透，就开始进行第二遍的涂刷了，这样会使墙里面的水蒸气不能散发出来，从而致使墙面的湿润。

(2)处理方法与步骤：

①查找墙面现有渗水点和外墙裂缝，顺裂缝整条凿除砌体与结构梁接口处外墙抹灰层、女儿墙开裂抹灰层及外墙大面积开裂裂缝，在凿除前应用手持切割机将抹灰层切割开，防止凿除抹灰层时因振动产生新的空鼓。

②凿除抹灰层后，清理干净基层，然后在砌体与结构梁之间，张铺一层钢丝网，防止抹灰层再次开裂。

③修补抹灰层，抹灰层分两到三次修补完毕，并在修补砂浆中掺入一定计量的微膨胀剂，减少新旧抹灰层的接口裂缝。待抹灰层干燥后再做外墙面漆，最后待墙面漆干燥后，涂刷一到二层防水涂膜。

④如果是水管的原因，可以更换水管，或者是先利用修补水管的专用胶布做临时修补。具体操作方法：先关闭阀门、断掉水源后，将水龙头打开至适当位置，以泄去水管内的大部分压力，然后使用专用胶布捆住漏水的部位，或使用环氧树酯胶粘剂将其封住。

三、水箱清洗工作的计划及具体实施

1. 清洗、消毒的目的

二次供水设施经过一段的使用后，难免有淤泥、水垢生成，造成微生物的滋生、繁殖。清洗、消毒的目的就是要排除这些对水质有影响的隐患因素，保证供水水质达到《生活饮用水卫生标准》(GB 5749—2022)。

2. 清洗、消毒卫生许可的法律、法规依据

清洗、消毒的单位必须取得当地人民政府卫生行政部门的卫生许可证书。

清洗、消毒人员必须经过卫生知识培训和健康检查，取得体检合格证方可上岗。

3. 清洗、消毒人药剂与设备

(1)清洗、消毒药剂：一般为含氯消毒药剂。

(2)机械设备包括高压水枪、潜水泵、清洗机等。

(3)清洗工具具体有伸缩式清洁刷、除垢铲、垃圾桶。

(4)防护工具：长筒胶鞋、长筒塑料手套、防毒面具。

(5)余氯比色计，用于快速检测水中余氯。

4. 清洗、消毒的步骤

作业人员按规定携带清洗、消毒工具、设备和有关药剂准时进入施工现场，按以下程序作业：

(1)清淤除垢：开启泄水闸并用潜水泵抽吸设施内积水，用伸缩杆式清洁刷、除垢铲和垃圾清运设备清除设施内淤泥及表面积垢。

(2)精细清洗：开启进水阀，关闭泄水阀，用高压水枪、清洁刷和除垢铲进一步对设施进行清洗。开启泄水闸并使用潜水泵排除污水(连续进行两次)。

(3)消毒：开启进水阀，使设施内进水，然后加入含氯消毒剂使其浓度达到100～200 ppm，浸泡或用高压水枪使消毒水与供水设施表面解除 30 min 以上，已达到杀菌目的。放掉消毒水并用清水清洗设施。

(4)储水并放入持续消毒器：开启进入阀放入市政供水并加入持续消毒器使其游离余氯达到 0.4 ppm 左右。

(5)清理施工现场：清洗消毒施工结束后，及时清理二次供水设施周边环境保证其卫生整洁。

(6)清洗消毒质量验收：清洗消毒工作完成后到卫生监督所登记，提出检验申请，由卫生监督所指定的有检验资质的单位进行水质检验，合格后由卫生局发放二次供水许可证。

四、给水系统常见问题及解决方法

给水系统常见问题及解决方法见表 3-1。

表 3-1　给水系统常见问题及解决方法

故障现象	原因分析	处理方法
水管或配件破裂	(1)水压过高。 (2)水管或配件缺陷。 (3)接口脱节	(1)迅速关闭对应漏水点的上级供水阀。 (2)立即通知给水排水设备责任人赶到现场，组织人员抢修，并做好现场防护工作。 (3)铸铁管、PVC 管破裂须更换新管，或组织专业技术人员及时焊补(接)。 (4)无缝钢管可用水中胶修补、焊补或重新更换。ϕ50 mm 以下镀锌钢管、钢塑管不允许焊补，尤其是生活饮用水管。 (5)ABS 供水管破裂、漏水需更换新管，用快干胶粘结 24 h 后方可通水。 (6)PPR 供水管破裂、漏水，用热熔机维修或更换，冷却后可以通水使用
阀门漏水	盘根密封松动或损坏	检查阀门盘根，需紧固压盖螺栓或关闭阀门后更换密封填料
	阀门压盖破裂	更换压盖
	阀门破裂	重新更换
	阀门无法关闭	重新更换修复漏水阀门
喷淋头跑水	喷淋头破裂	(1)关闭报警信号蝶阀及支管阀门，在末端进行泄水。 (2)通知设备责任人将消防泵房控制柜打到手动。 (3)做好故障点的电器设备的保护措施。 (4)更换后，试水、排空气、并通知消防中心值班员复位

续表

故障现象	原因分析	处理方法
水泵运转，但不出水	水箱缺水	水箱或水池是否有足够的水源，高层楼房应检查减压阀的旁通阀是否打开，减压阀是否锈死或杂物堵塞
	水泵内有残留空气、泵体逐渐发热，电流没有达到额定值	旋开水泵出水口侧放气螺钉将泵体内空气排放掉，直到电动机工作电流达到额定值
	泵的前后阀门未打开	完全打开阀门
	泵过滤网堵塞	清洁过滤网
	叶轮脱落	重新安装叶轮
	水泵反转	调换电动机两根接线，改变水泵旋转方向
水泵不运行	泵被卡住	清除障碍物
	电源不正常	检查电源
	热继电器脱扣或接触器损坏	检测继电器、接触器
	电动机线圈绝缘损坏	检测绝缘
水压不够	水龙头过滤网或水管阻塞	清理阻塞物
	阀门开启不到位	开启阀门
	高层稳压泵异常	检查稳压泵或管道外网的渗漏点、减压阀堵塞或者损坏
	电动机故障。	如果电动机启动方式是三角启动电路，检查是否正常转换
	叶轮松动或严重磨损	检修或更换叶轮
	供水压力设定较低	调整压力设定值
	远程(电接点)压力表损坏	检测压力表
雨水、污水排水不畅	雨水、污水泵的电气线路故障	检查、检测线路
	潜水泵叶轮有杂物堵塞	清除阻塞物
	排水管阀门未全开或浮球工作异常	开启阀门及调整浮球位置
	备用泵止回阀损坏	检查止回阀

五、住宅小区游泳池管理要点

游泳池是外包，在管理上要求外包方在开放时间段上，一定要有专人值班，随时查到游泳池的异常情况，值班经理要定时巡视游泳池。定期对水质进行检测。室内游泳池使用的时间没有限制，水处理设备是一定要安装的，前提是有恒温的设备，但是室内游泳池如果没有做好除湿，感官效果不会太好，室外游泳池主要看使用季节，一般水处理设备也会安装，但是由于是开放的，恒温可根据使用要求设置。

六、住宅小区项目省水的具体措施

(1)定期检查管路阀门、水压、管路接头，防止跑、冒、滴、漏现象。

(2)推广使用节水型器具，根据用水场合的不同，选用延时自动关闭式、感应式、手压式、脚踏式、停水自动关闭式水龙头及陶瓷片防漏等节水龙头。

(3)绿化及清洁用水应设置独立水表，每月至少抄表分析一次，以核实异常用水情况。定期检查绿化及清洁水管无损坏、跑水现象，杜绝使用消防水，绿化浇灌宜配置花洒喷雾水龙头，针对季节浇水制定明确要求。

(4)水景和游泳池用水，应采用药剂、水循环过滤系统和净化设施，延长使用时间。

(5)办公区域、食堂等用水处应张贴节约用水提示牌，并确保人员离开后各用水设施工作正常，无漏水现象。

教学实训1　配合完成生活水箱清洗工作

一、实训目的

认识水箱的结构

(1)熟悉生活水箱的内部结构；

(2)了解生活水箱清洗的重要意义，并掌握水箱清洗的步骤流程。

二、实训注意要点

(1)网上查找资料要多做比较，要找出内容最全面的资料，截图要清楚，可同时附上一份文件的多张截图，但每份文件都要有编号和标题，不能同时简单上传多张照片。

(2)对查找的资料仔细阅读，从合同、程序要求和记录表格中梳理出物业公司在其中承担的工作内容，并按照水箱清洗前、中、后不同阶段进行总结归纳。

三、实训内容、步骤

根据生活水箱的内部结构和用途，完成以下三部分作业：

(1)拍照上传。将实训室水箱中的进水管、泄水管、出水管、信号管、溢流管拍照并在照片上标注名称后上传。

(2)在网上查找以下资料：

①生活水箱清洗合同。

②生活水箱清洗记录表(在网络上查找资料要多比较，可以把相关的文字或表格截图附上)。

(3)文字说明在水箱清洗工作开展前后，物业公司要做哪些配合工作

教学实训2　设计水泵房的巡视检查记录表

一、实训目的

(1)熟悉水泵房的主要设备部件；

(2)了解水泵房巡视检查的重要意义，并掌握水泵房巡视检查的要点和标准。

二、实训注意要点

水泵房的巡视检查

(1)网上查找资料不一定符合本次作业要求，要以本项目教学任务3室内给水系统的日常维护与管理为参考资料，详细解读。

(2)熟悉Word或Excel的基本的表格编辑功能，如单元格的拆分与合并。

三、实训内容、步骤

以水泵房维护与管理的标准作为完成本次作业的参考，设计一个用于水泵房巡视检查记录的记录表，提交Word或Excel形式的文件。

教学实训3　参观学校水泵房

一、实训目的

(1)熟悉水泵房的主要设备及其功能；

(2)了解水泵房的规章制度；

(3)了解水泵房的工作要点；

(4)会填写水泵房的巡视检查记录单。

二、实训注意要点

(1)请勿大声喧哗，勿随手丢弃垃圾；

(2)认真听讲解，仔细做笔记，并且不懂就问。

三、实训内容、步骤

1. 要求

以学校水泵房为工作场景，以PPT模拟介绍的形式模拟进行水泵房的巡视检查，要求：

(1)检查水泵房的主要设备，确保设备处于完好状态；

(2)关注一些设备部件的细节，将检查的点位情况落实清楚(零部件应该是怎样的，实际是怎样的)；

(3)翻看检查记录表格，阅读水泵房的规章制度并看遵守情况，关注水泵房的环境卫生条件是否符合要求。

2. 考核标准

(1)以小组采用PPT文档形式上交，随机抽查两个小组制作PPT汇报，PPT质量占50%，PPT要图文并茂，图片配以文字说明，具体汇报内容参见实训目的；

(2)填写实训报告，占50%；

(3)由教师根据PPT制作质量、汇报质量及照片质量对参与本次任务的同学评分。

3. 实训报告

(1)设计表格，表格中应包括水泵房有哪些设备及数量，各个设备的功能；
(2)记录教师现场介绍的要点；
(3)谈谈你对水泵房巡视检查工作的认识及建议。

教学实训4　变频供水系统的监控管理

一、实训目的

(1)认识变频供水系统中的变频器、水泵机组、压力传感器等主要部件；
(2)掌握变频供水系统的监控要点。

二、实训注意要点

(1)请勿大声喧哗，勿随手丢弃垃圾；
(2)认真听讲解，仔细做笔记，并且不懂就问。

三、实训内容、步骤

观看教学视频，如有条件以学校水泵房为工作场景，完成以下作业：

一个大型物业项目新来了一名员工，假设你的身份是工程部主管，由你向这位新来的员工介绍下，什么是变频供水系统(图3-19)？为什么要用这种系统？对于变频供水系统监控管理的要点是什么？

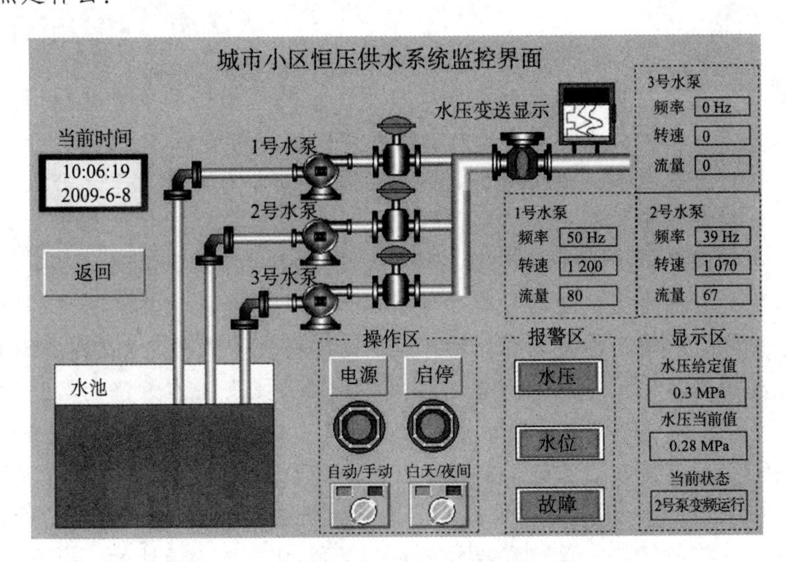

图3-19　住宅小区变频供水系统监控界面

模块4　室内排水系统的维护与管理

学习要求

通过本模块的学习，了解室内排水系统的分类和组成；了解做好室内排水系统物业设备维护与管理工作的重要意义；了解屋面雨水外排水系统的结构特点和适用场合；掌握屋面雨水排水系统的维护与管理要点。

教学任务1　了解室内排水系统的系统构成

知识目标

了解室内排水系统的分类和组成。

能力目标

能够理解做好室内排水系统物业设备维护与管理工作的重要意义。

案例引导

王女士最近很心烦，自己房屋漏水漏到楼下了，她从厨房的装修找原因，但是发现这个问题好像又不该自己来负责。王女士住在大渡口江上新都小区30层。一个月前，楼下的邻居告诉他说，厨房在漏水。楼下漏水，自然应该由楼上来负责。王女士找来工人师傅查看厨房的装修，检查漏水原因。经过师傅慢慢检查后发现是整栋楼主落水管漏水。为了尽快解决楼下漏水的问题，王女士自己买来材料，对这段破损的管道进行了更换。但王女士说，如果是自家的管道发生了泄漏，那肯定该由自己来负责，但公共排水管道漏水就不应该由她一家来负责了，为了修复漏水，还产生了施工材料等费用。那这笔账该怎么计算呢？从小区物管处了解到，他们对此不负责任。主要是因为王女士在装修的时候把管道进行了封闭包装。

【案例分析】 管道漏水物业是否有赔偿责任，需要先确认主管道漏水的原因。根据《物业管理条例》供水、供电、供气等单位应当依法承担物业管理区域内相关软件和设备设施的维修、养护责任。前款规定的单位需要临时占用，挖掘道路、场地的，应当及时地恢复原状。由此条例可知，如果因装修造成漏水，那就是装修公司的责任；如果不是装修的原因造成的漏水，责任应在物业，此时如果没有超过主管道的两年保质期，物业可以找施工单位来追责，如果过了保修期，那只能是业主自行承担赔偿责任。

知识准备

一、室内排水系统的分类

建筑室内排水系统的作用就是把建筑内的生活污水、工业废水和屋面雨、雪水收集起来，有组织地、及时畅通地排至室外排水管网、处理构筑物或水体，并可以防止室外排水管道中的有害气体和害虫进入室内。按系统排除的污、废水种类的不同，建筑室内排水系统可分为以下 3 类。

1. 生活排水系统

生活排水系统排除住宅、公共建筑及工厂生活间的污(废)水，按照排水污染程度不同又可分为生活污水排水系统(如粪便污水，此类污水多含有有机物及细菌，污染较重)和生活废水排水系统(如洗涤污水，污染较轻，可回收利用)两类。

2. 生产排水系统

生产排水系统排除在生产过程中产生的生产污水和生产废水。因工业生产的工艺、性质不同，其所产生的废水所含杂质、污染物的性质也不同。考虑工业废水的处理和利用情况，可将生产排水系统分为生产污水排水系统和生产废水排水系统。

3. 屋面雨雪水排水系统

屋面雨雪水排水系统收集排除降落到多跨工业厂房、大屋面建筑和高层建筑屋面上的雨、雪水。

二、室内排水系统的组成

建筑室内排水系统的组成应能满足以下 3 个基本要求：

(1)排水系统能迅速畅通地将污(废)水排除到室外。

(2)排水管道系统气压稳定，使有毒有害气体不能进入室内，保持室内环境卫生。

(3)管线布置合理，简单顺直，工程造价低。

由上述要求可知，建筑室内排水系统的基本组成包括卫生器具或生产设备的受水器、排水管道、清通设备和通气管道等，如图 4-1 所示。在有些室内排水系统中，根据需要还设有污(废)水的抽升设备和局部处理的构筑物。

1. 卫生器具或生产设备的受水器

卫生器具或生产设备的受水器是用来承受水或收集污(废)水的容器，如洗脸盆、洗涤盆、浴盆等。它们是建筑室内排水系统的起点，污、废水经器具内的存水弯或与器具排水管连接的存水弯排入横支管。存水弯内经常保持一定高度的水封。

2. 排水管道

排水管道包括器具排水管(指连接卫生器具和横支管的一段短管，除坐式大便器外，其间含有一个存水弯)、横支管、立管、埋地干管和排出管。

3. 清通设备

清通设备是为疏通建筑内部排水管道而设置的，主要包括检查口、清扫口和检查井。立管上应设置检查口，其间距不宜大于 10 m，在建筑物的最高层和底层均必须设置。当采

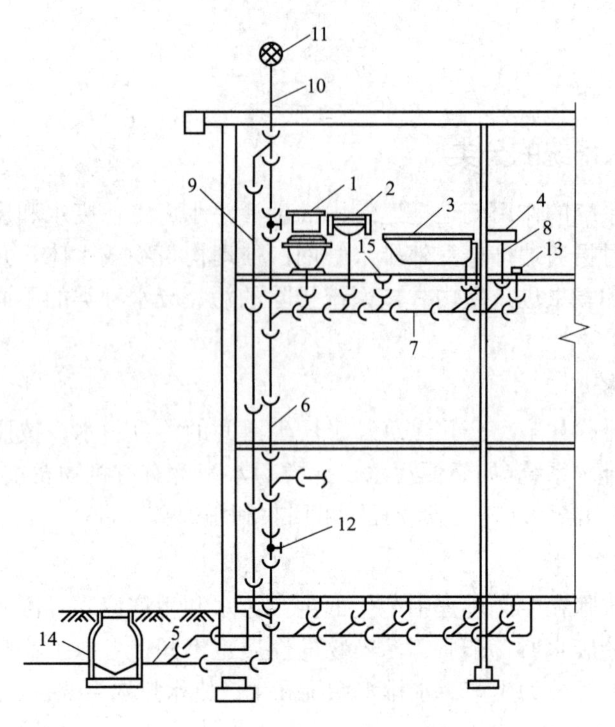

图 4-1　建筑室内排水系统的组成

1—坐便器；2—洗脸盆；3—浴盆；4—洗涤盆；5—排水管；6—立管；7—横支管；
8—支管；9—专用通气管；10—伸顶通气管；11—网罩；12—检查口；13—清扫口；
14—检查井；15—地漏

用乙字弯接上下层位置错开的排水立管时，应在乙字弯的上部设置检查口。

4. 通气管系统

为使建筑排水管道与大气相通，要尽可能使管内压力接近于大气压力，防止管道内压力波动过大，以保护水封不受破坏。同时，也可使管道中废水散发出的有害气体不会滞留在管道内，使管道内常有新空气流通，减缓管道腐蚀，延长管道使用寿命。

5. 抽升设备

在地下室、人防工程、地下铁道等处，污水无法自流到室外，必须设置集水池，通过水泵把污水抽送到室外排出去，以保证室内良好的卫生环境。建筑物内部污水抽升需要设置污水集水池和污水泵房。

6. 污水局部处理的构筑物

当建筑物排出的污水不允许直接排到排水管道时(如呈强酸性、强碱性或含大量杂质的污水)，则要设置污水局部处理装置，使污水水质得到初步改善后，再排入室外排水管道，一般有隔油池、降温地、化粪池。

课堂练练手

对照室内给水系统和排水系统的组成

将室内排水系统的组成与室内给水系统的组成进行对照分为两类：

(1)第一类是室内排水系统和室内给水系统共有的有哪些组成部分；
(2)第二类是哪些是室内排水系统所特有的。

教学实训1　观看给水排水系统视频完成学习笔记

一、实训目的

(1)熟悉给水排水系统的组成。
(2)掌握给水排水系统的日常管理要点。

给水系统的组成与管理

排水系统的组成与管理

二、实训要求

认真观看视频"给水排水系统的组成与管理"，完成视频学习笔记。

三、实训安排

(1)观看视频时认真听讲，完成视频学习笔记。
(2)小组成员可以讨论，但不同小组之间的笔记不能交换、摘抄。
(3)观看结束后，整理笔记。

教学实训2　排水系统常见问题的应对处理

一、实训目的

(1)熟悉排水系统的常见设备。
(2)能够完成排水系统的维护与管理。

二、排演题目

(1)业主家水管漏水。
(2)业主家水管爆裂。
(3)业主反映楼上洗手间漏水。
(4)雷雨季节楼房天台积水。
(5)业主反映家里停水。
(6)业主家坐便器堵了。
(7)小区室内公共部位排水管堵了。
(8)业主家小朋友的玩具掉入排水管。

(9)暴雨时地下停车库积水。

(10)物业公司工程部需配备的专业疏通工具(PPT 展示并介绍)。

三、实训内容和要求

(1)各小组抽签确定排演案例；并要求案例完整，情节设计合理。

(2)各成员的任务分配均匀，语言表达清晰，声音洪亮，言谈举止符合设定的身份。

(3)每组首先介绍各个成员的任务或角色分配，然后完成角色排演。

小组讨论记录

抽签结果：　　　　　　　　　　　　　　　　　　　　　　　　年　　月　　日

讨论主题：对抽到的任务如何设计案例？如何安排角色？	
主持人：	记录人：
讨论结果记录： 角色分配： 剧本：	

教学任务2　认识屋面雨水排水系统并进行维护与管理

知识目标

了解屋面雨水排水系统的结构特点和适用场合。

能力目标

能够掌握屋面雨水排水系统的维护与管理要点。

案例引导

屋顶漏水　住户遭殃

住在顶楼的业主邓先生家的部分顶棚和墙壁有大片浸泡的痕迹，墙皮脱落，此外卧室、厨房也都未能幸免。原来，在他装修入住之后大概不到两个月就开始漏水了。隔壁刘先生的问题和邓先生一样，刘先生说因为之前不知道漏水的原因，年年都在补，结果年年补年年漏，到最后就放弃了，现在情况是一下雨，外面大雨，家里小雨。而且在邓先生、刘先生所在的顶楼过道里，顶棚已经变形，里面的管道也露出来了。业主们说，之所以漏水，是整个顶楼的防水出现了问题。另一户业主孙先生已经忍不住自己动手开始维修。雨季即将来临，住在顶楼的业主们越来越担心，大伙儿每天最希望看到的就是晴天，然而解决漏水问题不能只看着。漏水的地方如此之多，需要彻底地进行解决。那么，为什么如此长的时间都没有维修呢？物业公司负责人表示屋顶属于公共区域，解决屋面漏水问题需要动用公共维修基金，然而，这需要2/3业主签字通过。目前小区租户太多，想找到2/3的业主并不容易，所以问题一直拖到现在也没有很好的解决。

【案例分析】　物业公司应当协助相关业主来联系失联的业主。之后需要启动维修资金的业主，也可以通过其他方式，如要求物业公司提供真正业主的联系方式，或者是通过租户来联系到真正的业主来行使他们的权利，也就是说现在要解决这个问题，首先还得由物业来牵头，并积极地解决这个事情。

知识准备

降落在屋面的雨水和冰雪融化水，尤其是暴雨，会在短时间内形成积水，为了不造成屋面漏水和四处溢流，需要对屋面积水进行有组织、迅速和及时地排除。坡屋面一般为檐口散排，平屋面则需要设置屋面雨水排水系统。根据建筑物的类型、建筑结构形式、屋面面积、当地气候条件等要求，屋面雨水排水系统可分为多种类型。

一、外排水雨水排除系统

外排水雨水排除系统(外排水系统)是指屋面有雨水斗，建筑内部没有雨水管道的雨水排放形式。外排水系统又可分为檐沟外排水系统和天沟外排水系统。

(1)檐沟外排水系统又称普通外排水系统或水落管外排水系统，它由檐沟和水落管组成，如图 4-2 所示。降落在屋面的雨水由檐沟汇水，然后流入雨水斗，经连接管至承水斗和外立管(雨落管、水落管)，排至地面或雨水口。檐沟外排水系统适用普通住宅、一般公共建筑和小型单跨厂房。

(2)天沟外排水系统由天沟、雨水斗和排水立管组成，如图 4-3 所示。

天沟设置在屋面的两跨中间并坡向端墙，排水立管连接雨水斗洞外墙布置。降落到屋面的雨水沿坡向天沟的屋面汇集到天沟，沿天沟流至建筑物两端(山墙、女儿墙)进入雨水斗，经立管排到地面或雨水井。天沟的排水断面形式根据屋面的情况而定，一般多为矩形和梯形，适用长度不超过 100 m 的多跨工业厂房。

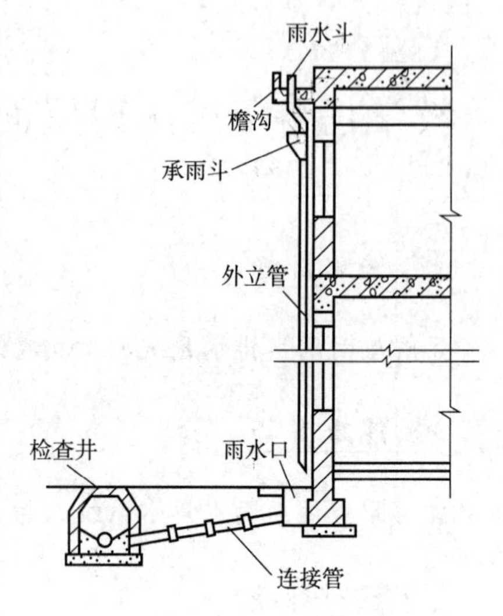

图 4-2　檐沟外排水系统

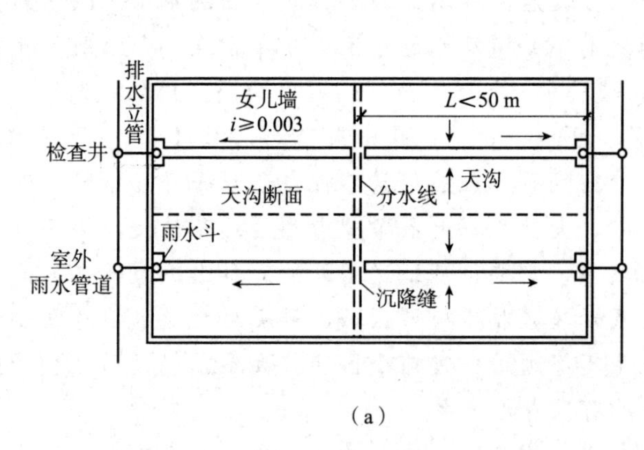

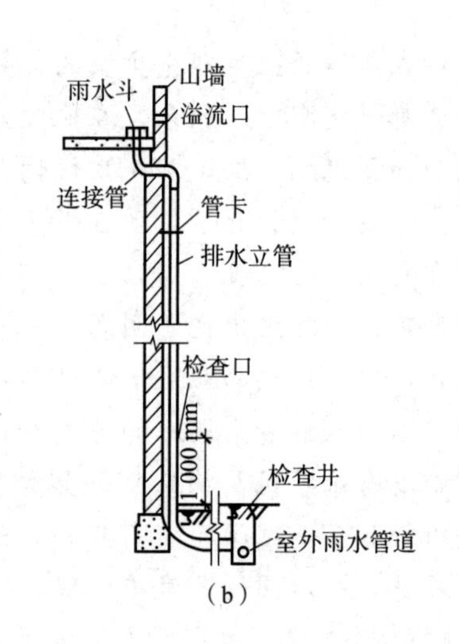

图 4-3　天沟外排水系统

(a)平面；(b)剖面

二、内排水雨水排除系统

内排水雨水排除系统(内排水系统)是屋面设有雨水斗，室内排水设有雨水管道的雨水排水系统。内排水系统常用于跨度大、特别长的多跨工业厂房，以及屋面设置天沟有困难的壳形屋面、锯齿形屋面、有天窗的厂房。建筑立面要求高的高层建筑、大屋面建筑和寒冷地区的建筑，不允许在外墙设置雨水立管时，也应考虑采用内排水形式。内排水系统可分为单斗排水系统和多斗排水系统，敞开式内排水系统和密闭式内排水系统。

(1)单斗排水系统一般不设悬吊管，雨水经雨水斗流入室内的雨水排水立管排至室外雨水管渠。

(2)多斗排水系统中设有悬吊管，雨水由多个雨水斗流入悬吊管，再经雨水排水立管排至室外雨水管渠，如图 4-4 所示。

(3)敞开式排水系统，雨水经排出管进入室内普通检查井，属于重力流排水系统。其特点：因雨水排水中负压抽吸会挟带大量的空气，若设计和施工不当，突降暴雨时会出现检查井冒水现象，但可接纳与雨水性质相近的生产废水。

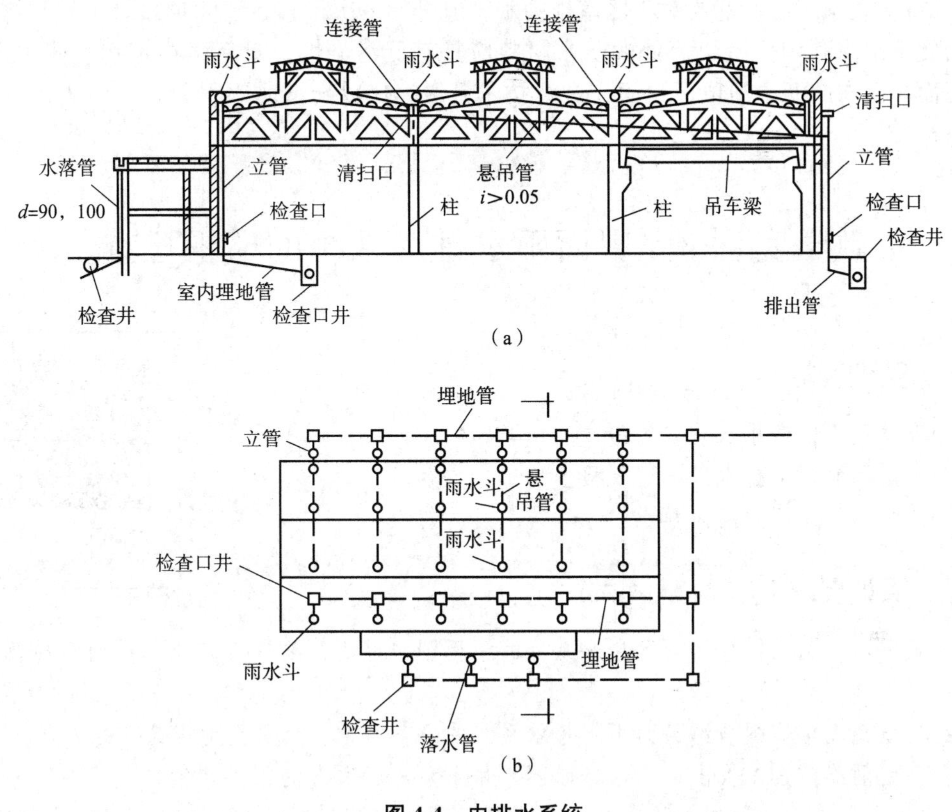

图 4-4　内排水系统

(a)剖面；(b)平面

(4)密闭式排水系统，雨水经排出管进入用密闭的三通连接的室内埋地管，属于压力排水系统。其特点：雨水排泄不畅时，室内不会发生冒水现象，但不能接纳生产废水。对于室内不允许出现冒水的建筑，一般宜采用密闭式排水系统。

三、屋面雨水排水系统管理

屋面雨水排水系统的管理目的是迅速排放屋面、地面积留的雨水，保证人们的正常工作和生活。为此，必须定期对雨水系统入口部位的周边环境进行检查、清洁，保证雨水能够顺畅地流入雨水管。对屋面雨水排水系统的日常检查一般结合对小区室外排水系统的检查同时进行，类似故障的处理方法基本相同。针对屋面雨水排水系统的管理与维护的内容有以下几条：

(1)每年对屋面至少进行一次清扫，一般是在雨季来临前，清除屋顶落水、雨水口上的积尘、污垢及杂物，并清除天沟的积尘、杂草及其他杂物，对屋面及泛水部位的青苔杂草均应及时清除。同时，检查雨水口、落水管、雨水管支(吊)架的牢固程度。

(2)对内排水系统，要做一次通水试验，重点检查雨水管身及其接头是否漏水，并检查检查井、放气井内是否有异物。

(3)室外地面要定期冲洗，小区较大时，可进行每日冲洗。雨水口箅子及检查井井盖要完好无缺。做好宣传，制止行人、小孩随手往雨水口扔垃圾、杂物，对雨水口箅子上的杂物要随时清除。

(4)每次大雨之后，都要对小区室外雨水管道进行一次检查，清除掉入管中的杂物。另外，为便于雨水利用，屋面等处的防水材料应具有低污染性。对新建构筑物宜使用瓦质、板式屋面，已有的沥青油毡平屋面应进行技术升级，代以新型防水材料，从源头控制雨水的污染。

教学实训3　屋面雨水排水系统的巡视检查

屋面雨水系统的巡视检查

一、实训目的

(1)熟悉屋面雨水排水系统的组成和分类。

(2)熟悉屋面雨水排水系统巡视检查的工作内容。

(3)能恰当地处理由屋面雨水排水系统引发的纠纷。

二、实训要求

(1)画出学校图书馆屋面雨水排水系统的平面图，说明主要设备组成、平面布局及坡度走向。

(2)列表梳理学校图书馆屋面雨水排水系统的设备名称、数量及巡视检查的要点。

(3)利用网络工具，找出一个由屋面雨水排水系统所引发的纠纷案例，叙述纠纷的具体情况，并给出恰当地处理纠纷的方法。要求书面写在实习报告上，并在课上随机抽查两个同学，脱稿叙述。

(4)利用网络工具，了解“平改坡”工程，简单说明工程的适用范围、意义，并谈谈你对此的认识。

三、实训注意要点

(1)请勿大声喧哗，勿随手丢弃垃圾。

(2)认真听讲解，仔细做笔记，并且不懂就问。

四、考核标准

由教师根据作业完成质量和汇报情况对参与本次任务的同学评分。

模块5 室内外给水排水系统图纸识读

学习要求

通过本模块的学习，巩固掌握室内外给水排水系统的分类和组成；能够结合图纸找到关于管径、标高等相关数据，能够为给水排水系统的维修提供指导。

教学任务 熟悉给水排水图纸识读的基本知识

知识目标

熟悉给排水系统图例，结合图纸巩固给排水系统的组成。

能力目标

掌握识读图纸的方法，能够从图纸中获取数据，为维修提供指导。

案例引导

按设计图找不到水管 房子维修成难题

2016年5月，西安北二环上林苑4号楼的一家业主房屋漏水，经查正是楼上杨先生家管道渗漏，没办法，杨先生只能维修，可按照物业提供的设计图撬开地砖，竟然没有任何管道。如今，家里水用不上，维修还成了难题。

西安北二环上林苑小区的杨先生可愁坏了，因为他家两个多月只能下楼接水。杨先生说："这两天是给我特殊照顾了，在这接了个管子，以前我们每天去三楼物业那接水，一天7次，一次次提上来。"

原来，今年五月份，楼下邻居家里漏水，物业发现，正是杨先生家里有漏水点，由于房子的水电已经过了保质期，没办法，杨先生只能将自家水阀关闭，自己来维修，可他按照房子的设计图，撬开地板，敲掉地砖，却傻了眼。

杨先生说："我找的专业水电工，还有物业的人，按照设计图找的水管，可啥都没有。"根据设计图，房子的水管应该从门口沿地脚线拐入卫生间和卧室，可现在挖开地面水管却不见踪影。

设计图是开发商给的，经过沟通了解到小区当时是家属楼，不是正规的建筑公司，而且当时没有竣工图，可能是工人施工时存在偏差。物业已经把杨先生的事反映给了开发商，但由于小区是2008年交房，如今的建筑施工方已很难找到，他们也正在想办法解决这件事。物业已经找到了对我们小区比较熟悉的一个水电工，估计需要再敲掉两块地砖就可以了，正在安排中。

杨先生现在的目的就是解决问题，修好水管，但是担心把家里砸得一塌糊涂，图纸形同虚设，到最后水管还是找不到。就算是费大劲找到了，觉得这个费用也不应该由个人来承担。

【案例分析】 物业公司不仅要妥善保管图纸，而且还要在早期介入时做好接管验收，选择典型的户型图纸，对照实物进行核实，避免出现案例中的情况，切实做到依据图纸开展维修工作。

一、给水排水系统图纸的用途和内容

给水排水系统图纸是给水排水工程早期介入和后期维修管理的依据。给水工程是指水源取水、水质净化、净水输送、配水使用等工程；排水工程是指污水(生活和生产的废水及雨水等)排除、污水处理等工程。给水排水系统由室内外管道及其附属设备、水处理的构筑物、贮存设备等组成。

给水排水图纸有室内给水排水图纸、室外给水排水图纸、水处理设备的构筑物工艺图纸。

室内外给排水系统图纸识读（一）

二、给水排水图纸的规定及图示特点

符合《建筑给水排水制图标准》(GB/T 50106—2010)的相关规定。

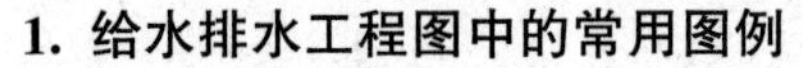

1. 给水排水工程图中的常用图例

给水排水工程图中的常用图例见表 5-1。

表 5-1　给水排水工程图中常用图例

名称	图例	说明	名称	图例	说明
管道		用于一张图内，只有一种管道	管道立管	XL-1　XL-1 系统	X为管道类别 L为立管 1为编号
	J F W	J生活给水管，F废水管，W污水管	存水弯	(a)　(b)	(a) S形有水弯； (b) P形有水弯
		用图例表示管道类别	检查口		
交叉管		指管道交叉，不连接，在下方和后面的管道应断开	通气帽	成品　蘑菇形	通用，如为无水封地漏应加存水弯
三通连接			圆形地漏	平面　系统	通用，如为无水封地漏应加存水弯
四通连接			自动冲洗水箱		
截止阀	$DN \geq 500$　$DN < 500$		立式洗脸盆		

续表

名称	图例	说明	名称	图例	说明
闸阀			浴盆		
浮球阀	平面 系统		盥洗槽		
水嘴	平面 系统		污水池		
淋浴喷头			法兰连接		
矩形化粪池	HC	HC为化粪池代号	承插连接		
阀门井及检查井	J-×× W-×× Y-×× J-×× W-×× Y-××	以代号区别管道	活接头		
水表			管堵		
多孔管			法兰堵盖		

2. 给水系统流程、排水系统流程

(1)给水系统由引入管、水表节点、给水管网(干管和支管)、配水器具及附件、升压及贮水设备组成。

(2)排水系统由排水横管、排水立管、干管、排出管、通气管、清通设备组成。

3. 室内外给水排水系统图纸构成

(1)给水排水平面图。室内给水排水平面图主要反映管道系统各组成部分的平面位置。

①管道。立管、干管、支管，引入管、废水管、污水管。

②卫生设备。

③《建筑给水排水制图标准》(GB/T 50106—2010)。

(2)给水排水系统图。室内给水排水系统图表示管道的空间布置情况，各管段的管径、坡度、标高以及附件在管道上的位置。

(3)室外给水排水图。区域内的各种室外排水管道布置的图样，同时表示室内管道的引入管和排出管之间的连接、管道坡度、埋深和交接等内容，包括室外给水排水平面图、管道纵断面图、附属设备的施工图。表示了新建住宅附近的给水、污水、雨水等管道的布置。

比例同总平面图。建筑及附属设施采用中或细线条。管道设备采用粗实、虚、点画线等，室内给水系统可分为生活给水、生产给水及消防给水。其表示方法如图 5-1 所示。

室内排水系统可分为废水(F)系统和污水(W)系统。

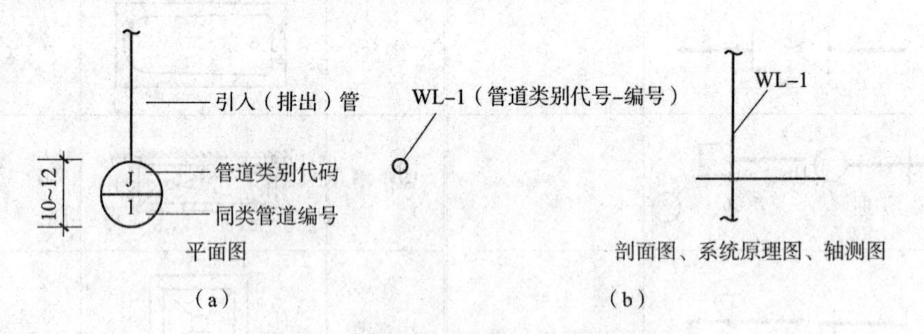

图 5-1　给水排水管道编号表示方法

(a)给水排水进出口编号表示法；(b)立管编号表示法

三、图纸识读范例

四、图纸识读作业

1. 根据图 5-2，回答下面问题。

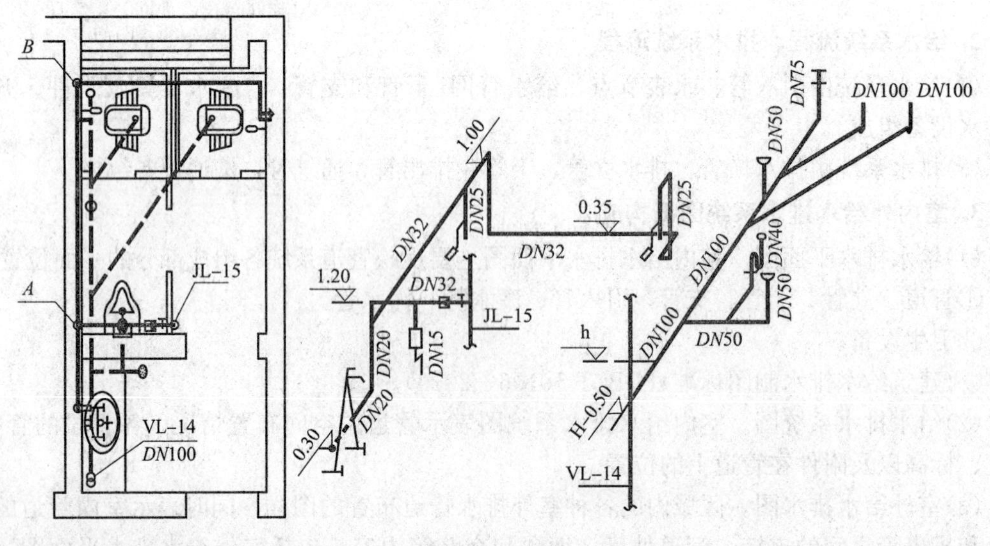

图 5-2　1 题图

(1)给水排水________图主要反映管道各组成部分的平面位置。

(2)给水排水________图表示管道的空间布置情况。

(3)$\frac{J}{1}$(圆内)、JL—1 分别表示什么?

(4)给水平面图 A、B 点的弯折立管的高度为(　　)m。

A. 0.9　　B. 0.7　　C. 0.65　　D. 0.35

(5)给水平面图蹲式大便器和小便器的给水管径为(　　)mm。

A. $DN25$　　B. $DN15$

C. $DN32$　　D. $DN20$

(6)下面排水平面图蹲式大便器和检查口的排水管径为(　　)mm。

A. $DN0.25$　　B. $DN40$

C. $DN100$　　D. $DN75$

2. 图 5-3 所示的图例在给水系统中表示(　　)。

A. 消火栓、三通

B. 截止阀、压力表

C. Y 形除污器、压力表

D. 减压阀、压力表

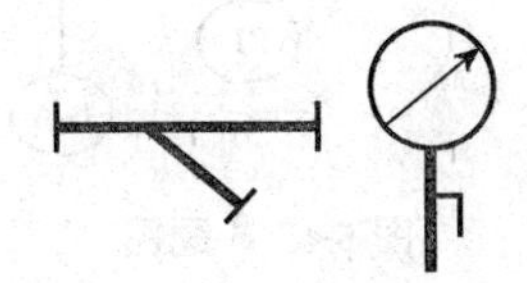

图 5-3　2 题图

3. 图 5-4 所示的图例在排水系统中表示(　　)。

A. 清扫口、地漏　　B. 清扫口、通气帽

C. 地漏、通气帽　　D. 检查口、清扫口

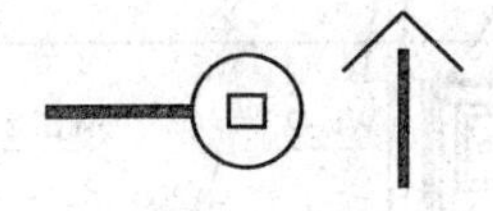

图 5-4　3 题图

4. 图 5-5 所示的图例符号表示(　　)。

A. 水表、水表井　　B. 水表井、水表

C. 减压阀、水表井　　D. 减压阀、水表

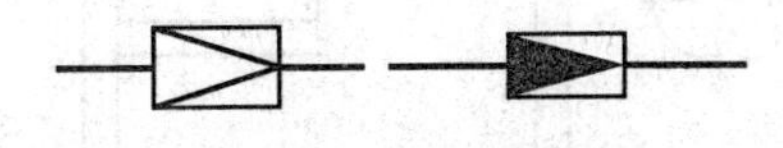

图 5-5　4 题图

5. 系统图(图 5-6)显示层高为(　　)m;

伸顶通气管的高度为(　　)m,由此判断顶楼楼层有无人员经常活动。

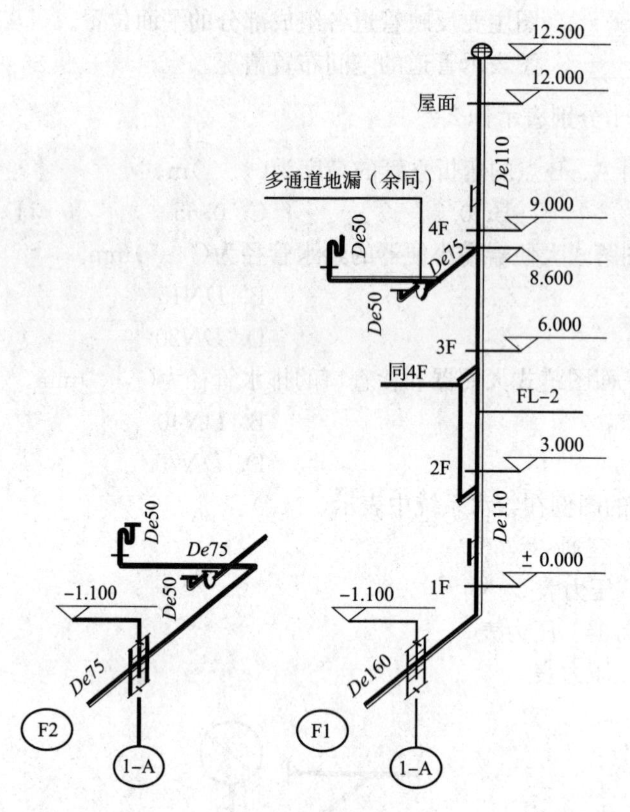

图 5-6　5 题图

6. 由图 5-7 判断该建筑有(　　)支给水引入管、(　　)支排水排出管。

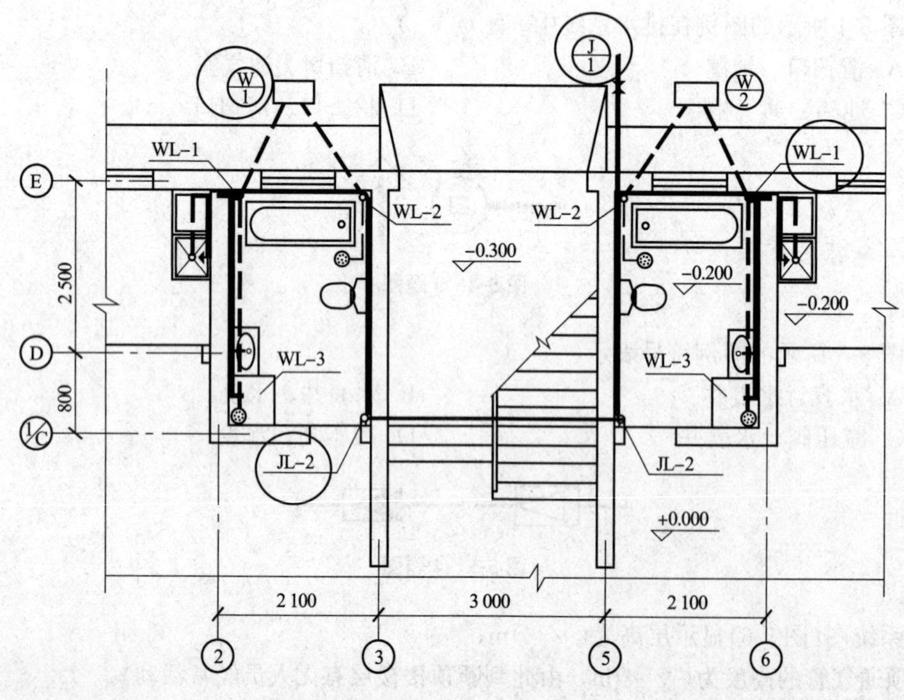

图 5-7　6 题图

7. 说明以下图例分别代表什么管路？

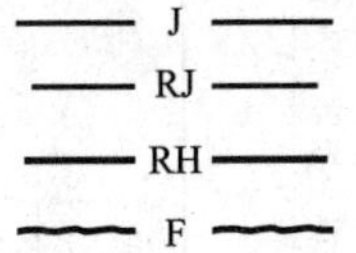

8. 图 5-8 中－0.020 代表什么意思？

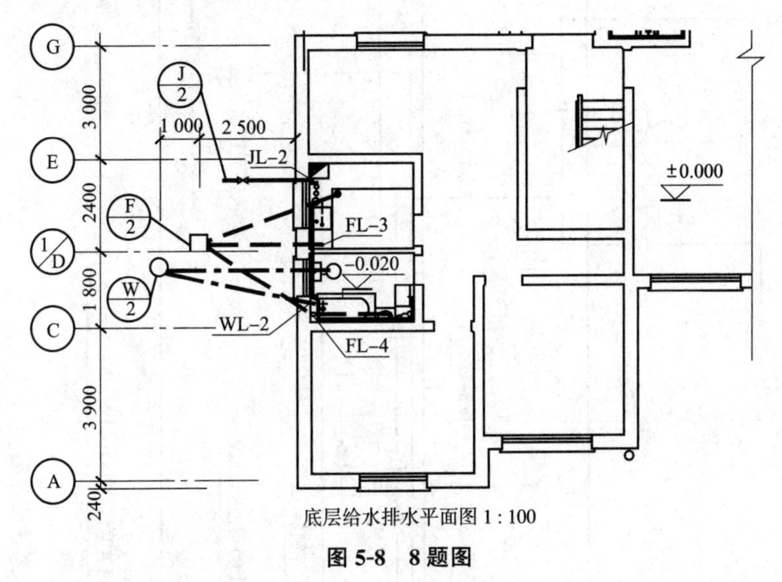

图 5-8　8 题图

教学实训 1　水泵房图纸识读

一、实训目的

(1)熟悉水泵房的主要设备部件。

(2)掌握室内给水系统图纸的主要图例，能够根据维修要求找出一些关键数据。

二、实训注意要点

(1)仔细查看图纸，可以用手机适当放大。

(2)要注意管路的整体走向，并从细节处仔细观察。

三、实训内容、步骤

如图 5-9 所示(可扫码查看大图)，找出以下问题的答案：

(1)地下室水泵房所在的建筑楼层是几层，该层的层高是多少？水泵房内主要有哪些设备？

(2)分析水泵房内的设备类型，说明该住宅楼采用的是哪种给水方式？

(3)指出生活水池的进水管和出水管管径，溢流报警水位和最低报警水位的标高是多少？

(4)水泵房内有几个 Y 型过滤器？它们起到什么作用？

(5)该小区有没有集中的热水供应？

图 5-9

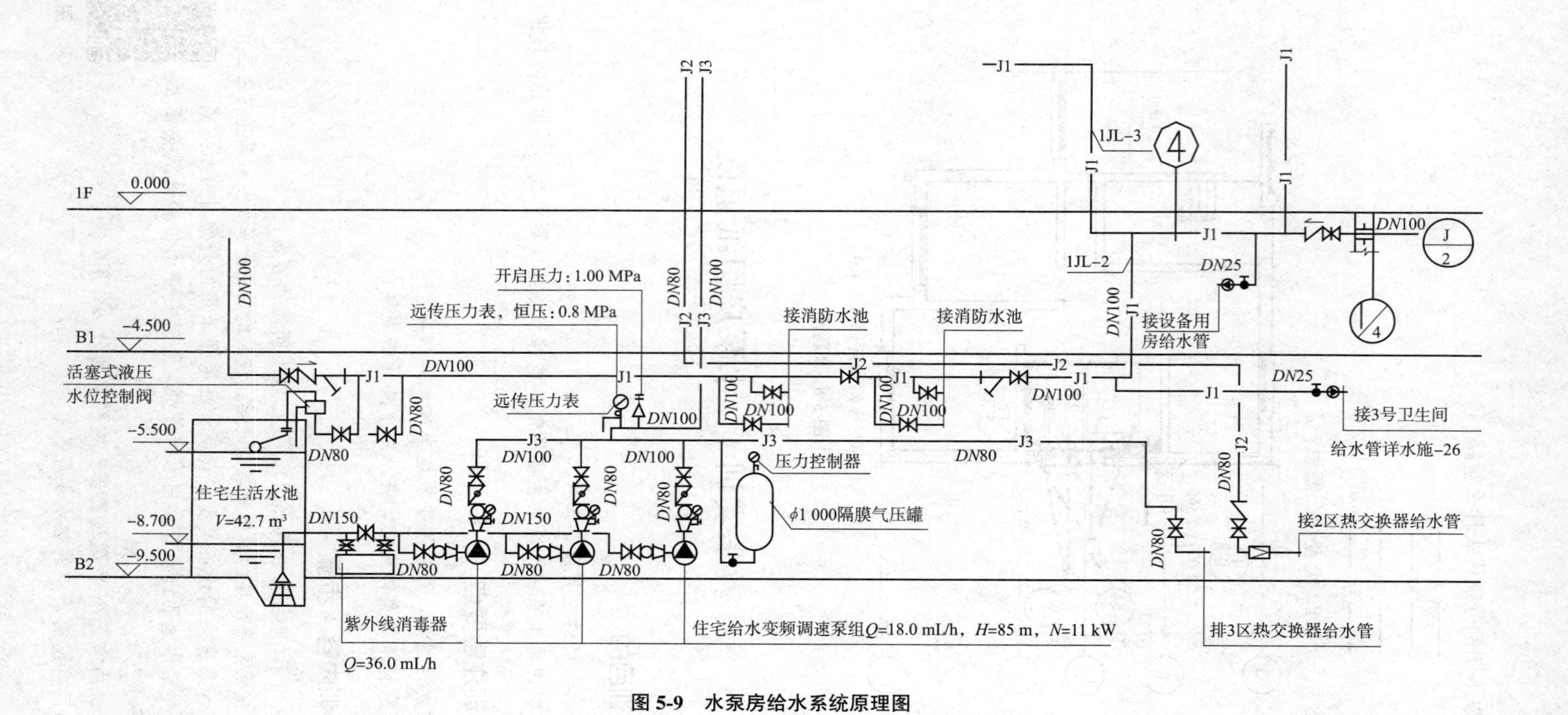

图 5-9　水泵房给水系统原理图

教学实训 2　室内排水系统图纸识读

如图 5-10 所示(可扫码查看大图)，回答以下问题。

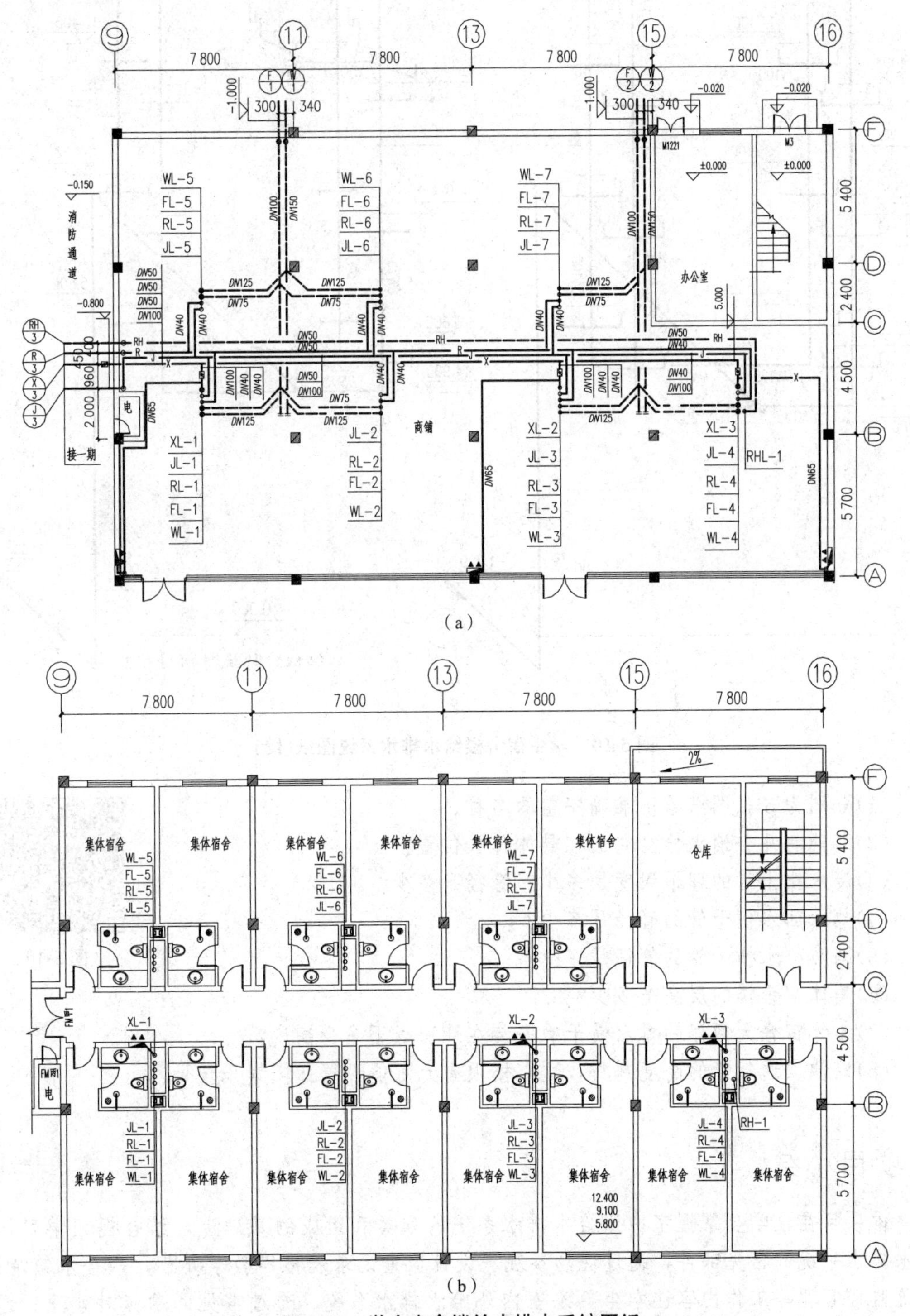

图 5-10　学生宿舍楼给水排水系统图纸

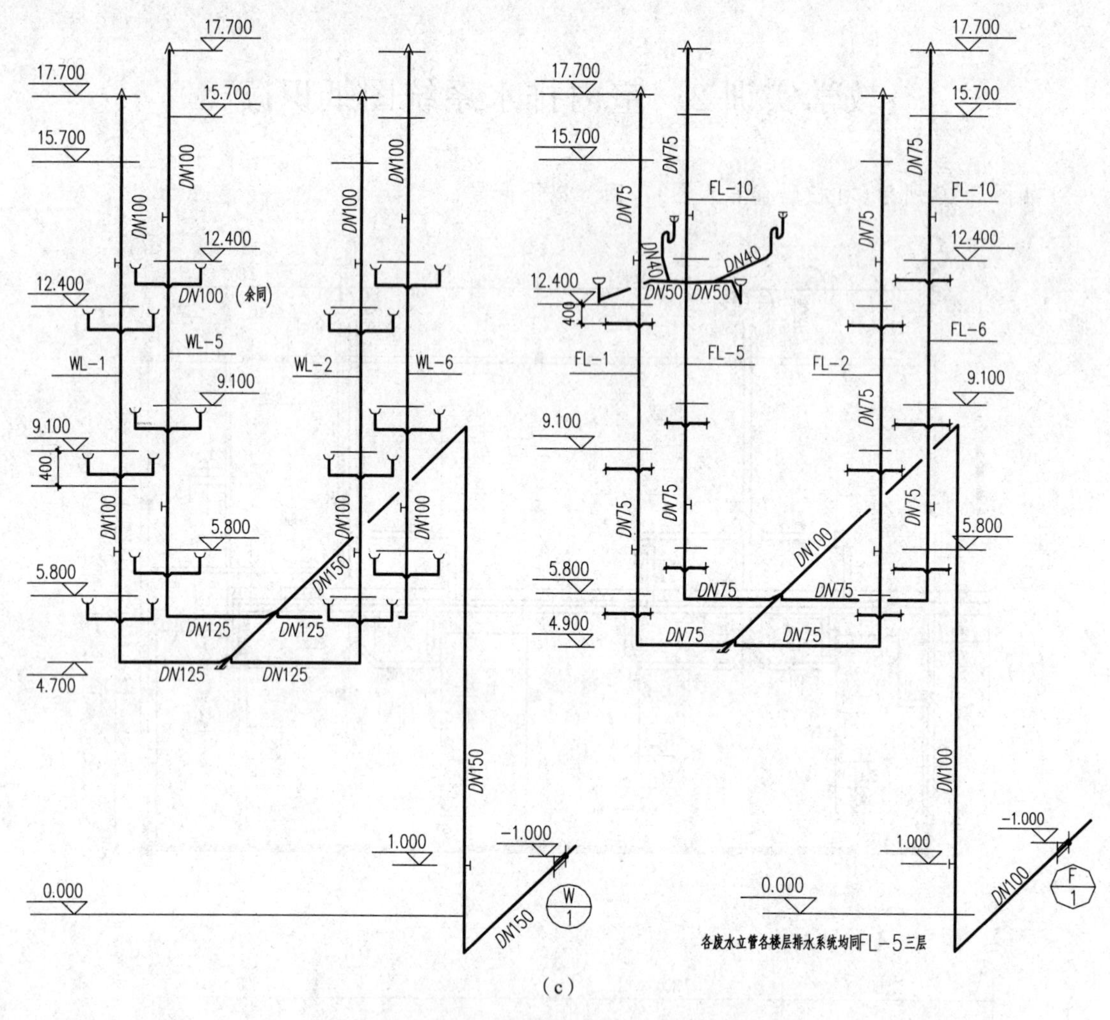

（c）

图 5-10　学生宿舍楼给水排水系统图纸(续)

(1)分别为 3 张图纸给出准确完整的名称。

(2)二楼有几个消火栓？它们在具体什么位置？

(3)废水排出管的埋地深度是多少？管径是多少？

(4)热水回水横干管的管径是多少？

(5)消防给水横干管的管径是多少？

(6)集体宿舍楼的层高是多少？

(7)集体宿舍大便器的排水横干管安装在地面以下多少高度？

(8)以伸顶通气管的高度判断，这个楼顶有无可能设置休闲娱乐场地？

图 5-10

项目小结

本项目在让学生掌握室内外给水排水系统的分类和组成的基础上，结合视频学习认识给水排水系统的常见部件，通过现场参观、设计检查记录表格等教学环节，融合水箱清洗、系统监控管理等工作内容让学生熟悉室内外给水排水系统。通过常见问题应对处理、巡视检查工作开展等形式让学生掌握维护管理的要点。通过熟悉给水排水系统图纸的图例、掌握给水排水图纸的识读方法，能够结合图纸指导给水排水系统的维护管理工作。

课程思政

通过图纸识读，培养学生严谨求实的匠人素养，通过解读学科领域内专家的具有爱国情怀的事迹，激发爱国热情；通过分析都江堰、杭州城市管廊改建工程感受我国被称为“基建狂魔”的历史与现在。

基础知识练习

一、单选题

1. 当前住宅小区中，最常见的给水方式是(   )。

A. 变频供水　　B. 分区供水
C. 直接供水　　D. 气压罐供水

2. 为了保证居民生活用水的水质，生活水箱应间隔(   )清洗一次。

A. 一年　　B. 三个月　　C. 半年　　D. 一个月

3. 在住宅小区中，每户住宅的给水管道的最前方应该装设的阀门是(   )。

A. 截止阀　　B. 入户阀
C. 单向阀　　D. 排气阀

4. 生活饮用水二次供水及其卫生管理是(   )的职责。

A. 自来水厂　　B. 市政管理部门
C. 物业管理公司　　D. 住户

二、多选题

1. 按照水的用途不同，(   )为室内给水系统。

A. 生活给水系统　　B. 生产给水系统
C. 消防给水系统　　D. 景观给水系统

2. 为了疏通排水管道，在室内排水系统中，一般需要设置(   )等清通设备，以保证排水的畅通及环境卫生。

A. 清扫口　　B. 检查口　　C. 排气口　　D. 检查井
E. 抽水口

3. 房屋排水系统的管理主要包括(   )。

A. 定期对排水系统道进行养护、清通
B. 教育住户不要把杂物投稿下水管道，防止堵塞
C. 发现下水管道堵塞应及时清通
D. 定期检查排水管和节门，发现隐患及时清通

4. 房屋的给水排水系统包括(   )。

A. 给水设备　　B. 排水设备
C. 消防设备　　D. 卫生厨房设备

5. 房屋给水系统的管理工作包括(　　)。

A. 建立正常供水用水制度

B. 经常维护并定期检查供水道及节门、水表、水泵、水箱

C. 采用节水型水箱配件和节水龙头

D. 对消防水泵每年进行试泵

三、判断题

1. 排水横管应有一定的坡度坡向排水立管，并宜用直角三通与立管相连。 (　　)

2. 通气管高出屋面不得小于0.5 m，如果屋面经常有人活动要高于屋面1.5 m。 (　　)

3. 居住小区内各种地下设施的检查井井盖的维护、管理，由物业服务企业负责。 (　　)

4. 供水管线及管线上设置的地下消防井，消火栓等消防设施，由市政供水部门负责维护、管理。 (　　)

5. 水泵运行时，水泵轴下出现间断性滴水，此现象正常。 (　　)

项目 3 住宅及商用中央空调系统的维护与管理

☞思维导图

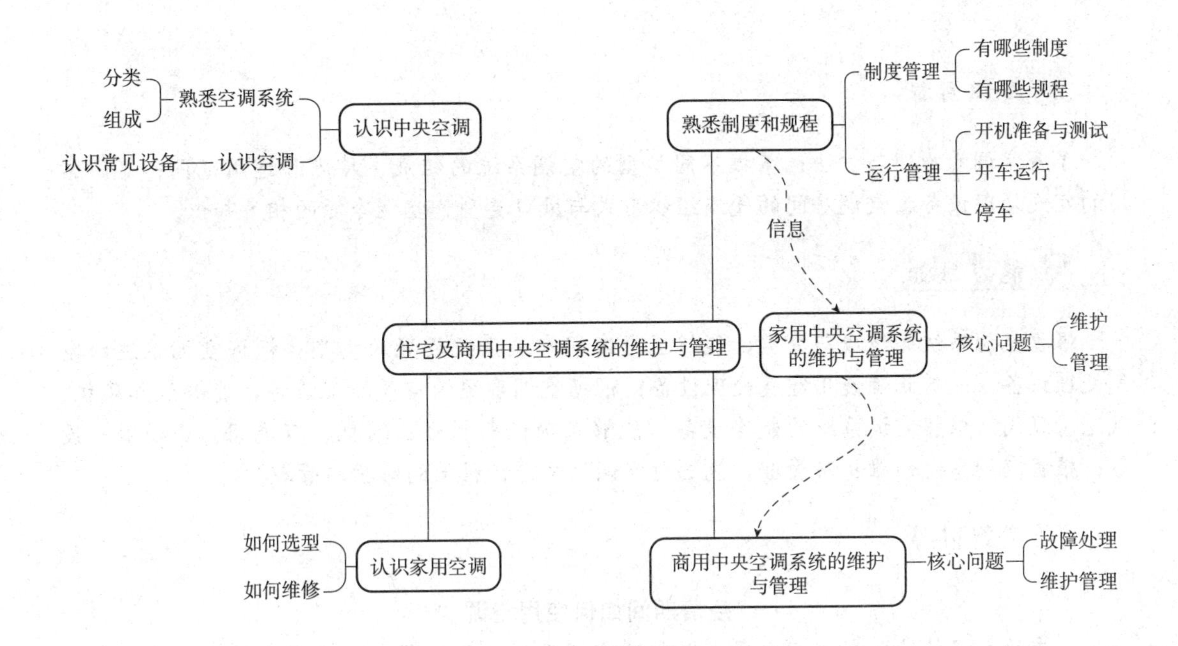

模块6　认识空调系统

学习要求

通过本模块的学习，了解空调系统的组成与分类，熟悉常用的空调设备和空调系统制冷的主要设备；掌握空调系统的管理与维护的相关知识。

教学任务　了解空调系统的基本构成

知识目标

了解空调的原理与方法；掌握不同类型的空调系统的组成、特点和适用范围；了解常用的空气处理设备、空调房间的气流组织形式与风口类型、空调冷源的相关知识。

能力目标

根据空调系统的组成与分类，能够区分不同空调系统设置的类型；根据空调系统的空气处理设备，能够正确使用空气处理设备；根据空调系统的空气输配设备，能够认知风机、风道、风阀。根据空调系统的制冷设备，能够正确识别制冷压缩机、节流阀、冷凝器等设备；根据空调系统的维护与管理，能够对空调系统进行科学的维护与管理。

案例引导

疫情期间如何使用空调

广东的气温持续升高，不少办公场所的空调开始启用。那么疫情期间能不能使用中央空调呢？我们一起来听听专家的权威说法。在深圳福田区的一栋写字楼，随着气温升高，空调重新启用。而为了确保空调清洁且使用安全，物业公司也是想了很多办法，万科物业与戴德梁行合资公司总工程师余勇表示要尽量使用室外的空气往里补充，室内的循环机不要使用。在疫情期间，物业工程部把空调系统的清洁频率增加为一周一次，包括新风管的滤网和盘管机的滤网，并且清洁完成后使用84消毒液等进行消毒处理。深圳市疾病预防控制中心专家指出首要的是明确空调类型。空调一般分为3类系统：如果是全空气系统，应当关闭回风阀，采用全新风方式运行；如果空调系统是风机盘管加新风系统，则应当确保新风直接取自室外，且新风没有被污染，禁止从机房、楼道和天棚顶内取风，同时还要保证排风系统正常运行，对于大进深的房间，还应采取相应措施保证内部区域通风换气；如果空调通风系统为无新风的风机盘管系统，类似家庭分体式空调时，应当开门或开窗，加强空气流通。另外，对于一般家用空调，专家表示，在做好准备的情况下是可以开启的。一般来说，居民的家用空调在使用前要对滤网进行清洗消毒，使用带有消字号的清洗消毒液自行动手进行消毒。专家提醒，公共场所人员密集流动。流动比较大，除加强中央空调的清洗消毒外，同时还要注意采取综合管理措施，如佩戴口罩，保持人与人之间的距离，登记人员信息等。一旦发现疑似或确诊新冠肺炎病例，应当立即停止使用空调。

【案例分析】 中国物业管理协会设施设备技术委员会与中国建筑科学研究院，依据国家标准《空调通风系统运行管理标准》(GB 50365—2019)，组织物业管理行业空调系统部分专业人士会同中国建筑科学研究院专家，于2020年2月3日联合发布了《疫情期公共建筑空调通风系统运行管理技术指南(试行)》，旨在指导疫情防控期间各类公共建筑空调通风系统的安全运行。此后，中国物业管理协会还陆续发布了《高校物业管理区域新冠肺炎疫情防控工作操作指引》《产业园区物业管理区域新冠肺炎疫情防控工作操作指引》等。

物业一般都会配备专业的空调维护人员，他们在疫情期间加强对中央空调的日常管理，保持新风采气口及其周围环境清洁，确保新风不被污染；定期对空调系统送回风过滤网、风机盘管的凝结水盘、冷却水进行清洁消毒；建议关闭空调通风系统的加湿功能；人员密集的场所应当通过开门或开窗的方式增加通风量；每天下班后，新风与排风系统应当继续运行1 h，进行全面通风换气，以保证室内空气清新。

知识准备

一、空气环境的基本衡量参数

1. 温度

温度是衡量空气冷热程度的指标，国内通常以摄氏温度t(℃)表示，有时也用开氏温度T(或称为绝对温度)(K)表示。两者的换算关系如下：$T=t+273$。空气温度的高低，对于人体的舒适和健康影响很大，也直接影响某些产品的质量。一般来说，人体舒适的室内温度，冬季宜控制为18 ℃～22 ℃，夏季控制为24 ℃～28 ℃。

2. 湿度

湿度即空气中水蒸气的含量，湿度有以下几种表示方法：绝对湿度、含湿量、饱和绝对湿度、相对湿度。湿度通常用相对湿度来表示。相对湿度可理解为单位容积空气中含有水蒸气质量的实际值与同温度下单位容积空气所能包含的水蒸气质量的最大值之比，用符号“φ”表示，φ值越小，说明空气越干燥，吸收水蒸气的能力就越强；φ值越大，表示空气越潮湿，吸收水蒸气的能力就越弱。通常，令人舒适的相对湿度为40%～60%，但这个范围在不同地区对不同人群会有所变化。

3. 清洁度

(1)空气的新鲜程度。通常用换气次数这个指标来衡量。换气次数是指单位时间房间的送风量与房间体积之比。

(2)空气的洁净程度。空气的洁净程度是指空气中的粉尘及有害物的浓度。舒适性空调系统通常可采用下列标准进行判断：空调房间内的绝大多数人对室内空气表示满意，并且空气中没有达到已知的污染物可能对人体健康产生严重威胁的程度。

4. 气流速度

人对空气流动的感觉不仅取决于空气流速的大小，而且与气温的高低、人的工作活动量、人体暴露在流动空气中的面积及空气流动是否变化有关。一般规定，舒适性空调的室内平均流速：夏季不大于 0.3 m/s；冬季不大于 0.2 m/s。

二、空调系统的组成

空调工程是采用技术手段把某种特定空间内部的空气环境控制在一定状态下，使其满足人体舒适或生产工艺的要求，包括对空气的温度、湿度、流速、压力、清洁度、成分及噪声等的控制。室外气温变化、太阳辐射通过建筑围护结构对室温的影响、外部空气带入室内的有害物，以及内部空间的人员、设备与工业过程产生的热、湿与有害物都可以影响以上参数。因此，需要采用人工的方法消除室内的余热、余湿，或补充不足的热量与湿量，清除空气中的有害物，并保证内部空间有足够的新鲜空气。

空气调节的基本手段是将室内空气送到空气处理设备中进行冷却、加热、除湿、加湿、净化等处理，然后送入室内，以达到消除室内余热、余湿、有害物或为室内加热、加湿的目的；通过向室内送入一定量处理过的室外空气的办法来保证室内空气的新鲜度。

常用的以空气为介质的集中式空调系统由空气处理、空气输送、空气分配及辅助系统 4 个基本部分组成，如图 6-1 所示。

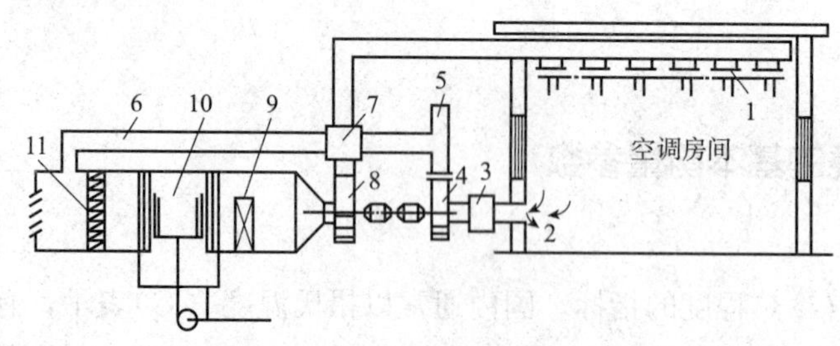

图 6-1　集中式空调系统示意

1—送风口；2—回风口；3、7—消声器；4—回风机；5—排风口；6—送风管道；8—送风机；9—空气加热器；10—喷水室；11—空气过滤器

1. 空气处理部分

集中式空调系统的空气处理部分包括各种空气处理设备。其中主要有过滤器、一次加热器、喷水室、二次加热器等。利用这些空气处理设备对空气进行净化过滤和热湿处理，可将送入空调房间的空气处理到所需的送风状态。各种空气处理设备都有现成的定型产品，称为空调机(或空调器)。

2. 空气输送部分

空气输送部分主要包括送风机、排风机、风管系统及必要的风量调节装置。空气输送部分的作用是不断将空气处理设备处理好的空气有效地输送到各空调房间，并从空调房间内不断地排除室内的空气。

3. 空气分配部分

空气分配部分主要包括设置在不同位置的送风口和回风口。其作用是合理地组织空调房间的空气流动，保证空调房间内工作区(一般是 2 m 以下的空间)的空气温度和相对湿度均匀一致，气流速度不致过大，以免对室内的工作人员和生产产生不良影响。

4. 辅助系统部分

辅助系统部分是空调系统处理空气提供冷(热)工作介质的部分。该系统部分可分为空调制冷系统和空调用热源系统两部分。

(1)空调制冷系统。在空调制冷系统中，无论是喷淋室还是表冷器，都需要温度较低的冷水作为工作介质。而处理空气用的冷水一般都是由空调制冷系统制备出来的。目前，使用的空调制冷系统都是由定型的计算机控制运行的整体式机组，称为空调用冷水机组。

(2)空调用热源系统。空调中加热空气所用的工作介质一般是水蒸气，而加热空气用的水蒸气一般由设置在锅炉房内的锅炉产生。锅炉产生的水蒸气首先被输送到分气缸，然后由分气缸分别送到各个用户如空调、采暖等。水蒸气在各用户的用气设备中凝结放出汽化潜热而变成凝结水，凝结水再由凝结水管回到软水箱。储存在软水箱里的软化水(一部分是凝结水)由锅炉的给水泵加压注入锅炉，经重新加热变为水蒸气，这样周而复始、循环不断地产生用户所需要的水蒸气。

三、空调系统的分类

(一)按设备的布置情况分类

空调系统按空气处理设备的布置情况可分为集中式空调系统、半集中式空调系统和全分散式空调系统。

1. 集中式空调系统

集中式空调系统是将所有空气处理设备(包括冷却器、加热器、过滤器、加湿器和风机等)均设置在一个集中的空调机房内，处理后的空气经风道输送分配到各空调房间。集中式空调系统的优点是可以严格地控制室内温度、湿度，进行理想的气流分布，并能对室外空气进行过滤处理。集中式空调系统一般应用于大空间的公共建筑，处理空气量大，有集中的冷源和热源，运行可靠，便于管理和维修。集中式空调系统的缺点是机房占地面积较大，空调风道系统复杂、布置困难。

2. 半集中式空调系统

半集中式空调系统除有集中的空调机房和集中处理一部分空调系统需要的空气外，还设有分散在空调房间内的末端空气处理设备。末端空气处理设备的作用是在空气送入空调房间之前，对来自集中处理设备的空气和室内一部分回风做进一步的补充处理，以符合各空调房间的空气调节的要求。

半集中式空调系统的优点：可根据各空调房间负荷情况自行调节，只需要新风机房，机房面积较小；当末端装置和新风机组联合使用时，新风风量较小，风管较小，利于空间布置。其缺点：对室内温度、湿度要求严格时，难以满足；水系统复杂，易漏水。半集中式空调系统适用层高较低且主要由小面积房间构成的建筑物(如办公楼、旅馆、饭店)。

3. 全分散式空调系统

全分散式空调系统又称局部机组系统，是把冷源、热源和空气处理设备及空气输送设备(风机)集中设置在一个箱体内，使之形成一个紧凑的空气调节系统。因此，局部机组空调系统不需要专门的空调机房，可根据需要灵活、分散地设置在空调房间内某个比较方便的位置。

常用的全分散式空调系统有窗式空调器、立柜式空调器、壁挂式空调器等。该系统使用灵活，安装方便，节省风道。

(二)按承担负荷的介质分类

空调系统按承担负荷的介质可分为全空气系统、全水系统、空气一水系统和制冷剂系统。

1. 全空气系统

全空气系统是指空调房间的空调负荷全部由经过空气处理设备处理的空气来承担的系统，如图 6-2(a)所示。

在炎热的夏天，室内空调热负荷与湿负荷都为正值的时候，需要向空调房间内送入冷空气，用以吸收室内多余的热量和多余的湿量后排出空调房间；而在寒冷的冬天，室内的空调负荷为负值(室内空气的热量通过空调房间的维护结构传给室外的空气)时，则需要向空调房间内送入热空气，送入空调房间的热空气既要在空调房间内放出热量，同时，又要吸收空调房间内多余的湿量，这样才能保证空调房间内的设计温度与设计相对湿度。

由于全空气系统全部由空气来承担空调房间的空调负荷，如果承担的空调面积过大，则空调系统总的送风量也会较大，从而会导致空调系统的风管断面尺寸过大，占据较大的有效建筑空间。为减小风道的断面尺寸，只有采用高速空调系统，但风速过大时，会产生较大的噪声，同时形成的流动阻力也会加大，运行消耗的能量也要增加。

2. 全水系统

全水系统是指空调房间的热湿负荷全部由水作为冷热介质来负担的空气调节系统，如图 6-2(b)所示。由于水的比热比空气大得多，在相同条件下只需要较少的水量，从而使输送管道占用的建筑空间较小。但这种系统不能解决空调房间的通风换气问题，室内空气质量较差，一般较少采用。

3. 空气一水系统

空气一水系统是全空气系统与全水系统的综合应用，它既解决了全空气系统因风量大导致风管断面尺寸大而占据较多有效建筑空间的矛盾，也解决了全水空调系统空调房间的新鲜空气供应问题，因此，这种空调系统特别适合大型建筑和高层建筑，如图 6-2(c)所示。

4. 制冷剂系统

制冷剂系统是将制冷系统的蒸发器直接置于空调房间以吸收余热和余湿的空调系统，如图 6-2(d)所示。其优点在于冷源、热源利用率高，占用建筑空间少，布置灵活，可根据不同的要求自由选择制冷和供热。

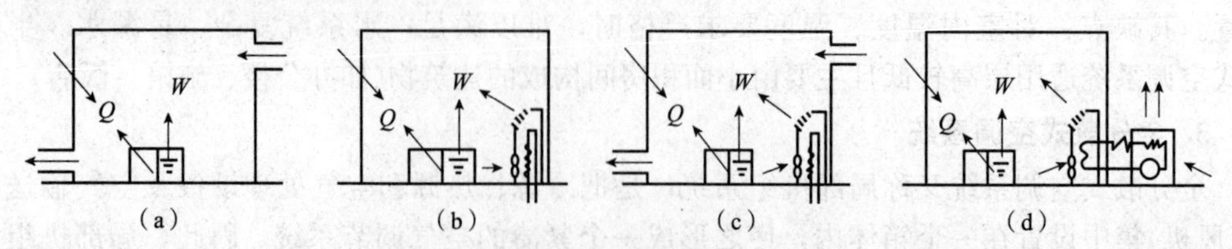

图 6-2　空调系统按承担负荷的介质分类

(a)全空气系统；(b)全水系统；(c)空气一水系统；(d)制冷剂系统

教学实训　家用空调的选型与维修

一、实训目的

(1)熟悉家用空调的畅销品牌及特点。

(2)能根据房屋面积完成空调的选型。

(3)能结合案例完成家用空调常见故障的处理。

二、实训要求

(1)利用网络搜索工具及电子商务平台了解家用空调的畅销品牌、价格区间及特点。

(2)根据空调房间的具体情况完成空调的选型。

(3)查找与家用空调的常规维修相关的案例。

三、注意事项

(1)列出家用空调品牌调研的结果。

(2)根据不同的使用场合，完成空调房间的空调选型。

(3)利用网络工具，找出一个家用空调维修的案例，叙述案例的具体情况，并给出恰当的维修方法。要求书面写在实习报告上。

实训报告

1. 观看B站“空调选型”视频，回答以下问题：

(1)空调的匹数是指__________。

(2)空调的型号KFR－35GW/WDAA3，从以上型号中我们可以知道：

①该空调的制冷量是__________W，换算成我们常说的匹是__________匹。

②K代表是__________。

③F代表是__________。

④R代表是__________。

⑤G代表是__________。

⑥W代表是__________。

⑦L代表是__________。

⑧D代表是__________。

(3)所谓定频空调和变频空调的差别是__________________________。

(4)变频空调与定频空调相比更明显的优势在于省电还是更舒适？__________。

2. 完成下表。

家用空调品牌调研结果

空调品牌	品牌特点(包括企业荣誉、产地、销售业绩、价格定位等)

根据以上调研结果，完成以下空调房间的选型，给出具体的品牌、型号、功率及报价。

(1)学生宿舍。

(2)婴儿房。

(3)别墅挑高客厅。

3. 家用空调常见的问题，如室内机滴水、不制冷、不制热、运行噪声大、自动停机等，选择其中一种问题并给出处理方法。

模块7　空调系统的维护与管理

学习要求

通过本模块的学习，熟悉空调系统的管理制度，掌握运行管理程序；能够按照制度要求和操作规程，对空调系统进行运行管理；熟悉家用中央空调系统维护与管理要点；熟悉家用空调系统的常见故障。能够排除家用中央空调系统的简单故障；熟悉商写中央空调系统的常见故障及处理；掌握商写中央空调系统的维护管理要点。

教学任务1　熟悉空调系统的规章制度及操作规程

知识目标

熟悉空调系统的管理制度，掌握运行管理程序。

能力目标

能够按照制度要求和操作规程，对空调系统进行运行管理。

案例引导

业主刘先生所在的小区安装有中央空调，邻近年关气温降低，可不巧的是空调在这个关口不制热了。因为这个中央空调在购房时就是与精装修一起交付的，刘先生把这个情况告诉了管家小王，小王感觉事情紧急立即通知工程部小李来到刘先生家查看。小李上门之后，测试了空调的控制面板，启动空调，大概在3 min之后，等到中央空调有足够的时间响应之后，小李来到客厅的回风口位置，用手放在回风口附近试了下，又来到送风口这里做了同样的动作。小李说，送风口和回风口位置的温度基本一致，说明空调只有在吹风，没有制热。这时小李走到墙面上的温度控制器，打开面板，看到里面有两节五号电池，小李问业主刘先生家里有没有新的电池，刘先生赶忙去找来两节电池，小李更换之后，又按下了空调的开启按钮，没一会儿，就感觉到家里温度在慢慢上升了。这时小李对刘先生说，“还好只是简单的换电池问题，我还能帮忙解决，下次您再遇到类似情况，可以自己试试更换电池。如果不是电池的问题，可能需要请专业的空调维修工来了。”刘先生非常感谢小李和小王。

【案例分析】　现在市面上有专业的中央空调维保服务公司，提供中央空调维修、中央空调清洗、中央空调安装、中央空调保养、中央空调维保的专业服务，他们在中央空调维修保养技术上拥有丰富经验。对于有中央空调的物业项目，会在公司配备一个类似案例中小李这样的维修工，由他来负责日常的简单维修，如果不是一些简单故障，就需要请专业的维修人员来处理。中央空调的维护与管理通常会外包出去，通过合同约定维保单位提供的服务内容。

知识准备

一、空调系统的管理制度

空调系统是一个复杂的、自动化程度高的系统，它的正常运转除要求配备高技术素质及高责任心的操作运行人员外，还依赖于科学的管理制度。具体要求如下。

1. 建立各项规章制度

要做好空调系统的管理工作，就必须制定以下制度：

(1)岗位责任制：规定配备人员的职责范围和要求。

(2)巡回检查制度：明确定时检查的内容、路线和应记录的项目。

(3)交接班制度：明确交接班的要求、内容及程序。

(4)设备维护保养制度：规定设备各部件、仪表的检查、保养、检修、检定周期、内容和要求。

(5)清洁卫生制度。

(6)安全、保卫、防火制度。

2. 制定设备操作规程

设备操作规程是按风机及其辅助设备使用说明书并与制造厂商一起制定出来的，一般包括以下操作规程：

(1)空调机操作规程。

(2)制冷机操作规程。

(3)冷却塔操作规程。

(4)水处理设备操作规程。

(5)水泵操作规程。

(6)换热器操作规程。

(7)其他设备操作规程。

二、空调系统的运行管理

空调系统的运行管理主要是对系统的运行进行调节。由于室内本身的热、湿负荷是变化的，室外的气象参数一年四季也大不相同，空调系统不可能都按满负荷运行，所以为保证室内温度、湿度的要求，必须根据负荷的变化进行运行调节。空调系统的运行应注意以下几个环节。

1. 开车前的检查

开车前要做好运动准备工作，检查风机、水泵等运转设备有无异常，冷、热水温度是否合适；给测湿仪表加水，打开系统的阀门，并检查供水、供电、供气设备是否正常。

2. 室内外空气参数的测定

室内外空气参数的测定主要测定室内外空气的温度和湿度，室内外的气象参数决定空调系统的运行方案。

3. 开车

开车即启动风机、水泵、电加热器和其他各种空调设备，使空调系统运转。开车时要注意安全，防止触电。启动设备时，只能在一台设备运转稳定后才允许启动另一台设备，以防供电线路因启动电流太大而跳闸。风机启动时要先启动送风机，后启动回风机，以防室内出现负压。风机启动完毕，再启动电加热器等设备。设备启动完毕，再巡视一次，观察各种设备运转是否正常。

4. 运行

开车后空调系统便投入使用，值班人员要精神集中，不允许擅离职守，不允许大声喧闹。认真按规定做好运行记录，读数要准确，填写要清楚，并应随时巡视机房，对刚维修过的设备要更加注意。掌握设备运转情况，监督各种自动控制仪表，保证其动作正常，发现问题应及时处理，出现重大问题要立即报告，并要仔细观测和分析实际运行与所确定方案是否相符，还要随时调节、控制好各空气参数。

5. 停车

停车就是停止空调系统的运行，关闭各种空调设备。操作时应先关闭加热器，再关闭回风机，最后关停送风机。值班人员检查无异常情况后，方可离开。

教学任务2　家用中央空调系统的维护与管理

知识目标

熟悉家用中央空调系统的维护与管理要点，熟悉家用空调系统的常见故障。

能力目标

能够排除家用中央空调系统的简单故障。

案例引导

日本大多数办公场所，都将冷气温度固定在28 ℃，不过最近有研究指出，25 ℃才是人类感到舒服的温度。

为舒缓温室效应厉行节能减碳，日本大多数办公场所都将冷气温度固定在28 ℃。不过，有研究指出25 ℃才是人类感到舒服的温度，姬路市政府决定从16日开始进行科学试验。

日本朝日新闻报道，兵库县姬路市政府今天宣布，将从7月16日到8月30日的上班时间，把冷气室内温度调降到摄氏25 ℃。虽然日本政府环境省建议28 ℃，但姬路市政府表示，他们是基于科学建议进行试验。

姬路市政府表示，7月16日到8月30日的上午8时35分到下午5时20分，将在市府建筑的大厅及办公室，实施“室温25 ℃”试验。至于加班时间的室温目前尚未决定。

姬路市政府之所以决定进行这项试验，主因是姬路市长清元秀泰的好友、大阪市立大学特任教授梶本修身提出的建议。

梶本向清元介绍一份研究，内容提到平均室温如果从 25 ℃提高到 28 ℃，每平方米可节省约 72 日元的电费，但会带来员工工作效率降低、加班时数增加约 29 min 等经济上的损失。

因此梶本说，借由控制室温，能不能提升劳工健康与工作效率，带来减少加班时数等经济效果，“这应进行科学验证”，所以建议清元试验将室温控制在 25 ℃～26 ℃。

清元本身也是医师，决定在市政府建筑进行试验。目前预计在试验结束后的 9 月，调查加班时数、电费增减等变化，也会对员工进行工作效率、舒适度及疲劳度等问卷调查。

清元说，希望此举有助于完善劳动环境的工作方式改革，并且这项试验并没有要开节能倒车的想法。

环境省从 2005 年开始提出因应地球暖化对策，其中一项就是夏季工作期间，呼吁各公司将冷气温度固定在 28 ℃。

环境省这项业务负责人说，目前还没有听闻有地方政府将冷气温度调降到 25 ℃，不过 28 ℃终究只是建议目标值，希望大家在不影响健康及工作效率的范围内，设定合适的室温。

东京都市大学环境学系教授等人，曾在 2014 年 8 月到 2015 年 9 月，针对东京与横滨 11 栋办公大楼内约 1 350 人，进行办公室内的冷热度问卷调查，并测量每间办公室实际室温与外在温度等。

【案例分析】 根据这项分析，得出让人感觉舒服的平均温度。如果是在冷气房内，最舒服的温度是 25.4 ℃；如果是在暖气房内，最舒服的温度是 24.3 ℃；如果不使用冷暖气的情况，最舒服的温度是 25 ℃。

研究团队表示，结果显示人类感觉舒服的温度，“一整年来说并没有太大差异”。

知识准备

一、家用中央空调系统维护与管理要点

在住宅小区中，个别复式小区及别墅使用中央空调，所占比例不高。原因是费用较普通家用空调较高、寿命短且维护成本高。中央空调维修技术要求较高，应该由专业的空调维修人员或厂家负责维修。

中央空调能耗较高，每年使用前对出风口清洗，对送风管道进行杀菌，维护散热片，保证主机的空气流动等措施，可以降低中央空调的能耗。

(1)经常检查空调器电器插头和插座的接触是否良好，若发现空调器在运行时，电源引出线或插头发烫，这可能是因为电器接线太细或插头、插座接触不良，应根据情况采取相应解决措施。

(2)水系统要注意管路连接处是否漏水。若是多联机系统和风管机系统要经常观察空调器制冷剂管路的接口部位是否有制冷剂泄漏。若发现有油渍，则说明有制冷剂漏出，应及时予以处理，以免长时间泄漏造成制冷剂的量不足，而影响空调器的制冷(热)效果，甚至造成压缩机损坏。

(3)水系统和风管机系统要定期清洗过滤网。一般 2～3 周清扫一次。清扫时将过滤网

抽出，用于的软毛刷刷去过滤网上的灰尘，也可用清水洗去过滤网上的灰尘。晾干后再装入空调器使用。对于灰尘较多的环境，过滤网的清洗应更加频繁，以免灰尘太多，影响空调器的风量。

(4)多联机家用中央空调要定期清洗空调器的冷凝器和蒸发器盘管，使用毛刷和吸尘器清扫盘管上的灰尘。需要注意的是，在清扫时毛刷和吸尘器应沿盘管的垂直方向清扫，切勿沿水平方向清扫，以免碰坏盘管的肋片。

(5)空调器要长期停机时(如空调器的季节性停机)应对空调器做全面清洗。清洗好后只开空调器的风机，运转2～3 h，使空调器内部干燥，然后用防尘套将空调器套好。

二、家用中央空调系统的常见故障处理

由于空调本身质量原因引起的故障，则责任方归空调厂家。家用中央空调(图7-1)常见的问题有以下几个方面：

图7-1　家用中央空调示例

(1)机器露点温度正常或偏低，室内降温缓慢产生原因及解决方法。

①送风量小于设计值，换气次数少，请检查风机型号是否符合设计要求，叶轮转向是否正确，皮带是否松弛，开大送风阀门，消除风量不足因素。

②有二次回风的系统，二次回风量过大，请调节，降低二次回风风量。

③空调系统房间多、风量分配不均，请调节，使各房间风量分配均匀。

(2)系统实测风量大于设计风量产生原因及解决方法。

①系统的实际阻力小于设计阻力，风机的风量因而增大，有条件时可以改变风机的转数。

②设计时选用风机容量偏大，请关小风量调节阀，降低风量。

(3)系统实测风量小于设计风量产生原因及解决方法。

①系统实际阻力大于设计阻力，风机风量减小，改进风管构件，减小系统阻力。

②系统有阻塞现象，请检查清理系统中可能的阻塞物。

③系统漏风，应堵漏。

④风机达不到设计能力或叶轮旋转速度不对，皮带打滑等，检查、排除影响风机的因素。

(4)室内噪声大于设计要求产生原因及解决方法。

①风机噪声高于额定值，请测定风机噪声，检查风机叶轮是否碰壳，轴承是否损坏，减震是否良好，对症处理。

②风管及阀门、风口风速过大，产生气流噪声，请调节各种阀门、风口，降低过高风速。

③风管系统消声设备不完善，请增加消声弯头等设备。

(5)系统总送风量与总进风量不符，差值较大产生原因及解决方法。

①风量测量方法与计算不正确，请复查测量与计算数据。

②系统漏风或气流短路，请检查堵漏，消除短路。

(6)室内气流速度分布不均有死角产生原因及解决方法。

①气流组织设计考虑不周，应根据实测气流分布图，调整送风口位置或增加送风口数量。

②送风口风量未调节均匀，不符合设计值，应调节各送风口风量使与设计要求相符。

拓展阅读

中央空调管道清理机器人

我国公共场所的中央空调经常缺少清洗，在通风风管内甚至还有动物尸体，军团菌、大肠杆菌、溶血性链球菌及各种呼吸道疾病细菌、病毒性细菌大量滋生，严重危害着楼宇、地铁、医院和高档住宅的特定人群。国外发达国家的中央空调管道清洗规范，法规健全。但我国在这方面还有一定的差距，同时也需要一种有效的清扫方法和工具。因此，中央空调管道清洗机器人应运而生。

中央空调为人们生活、学习和工作提供了舒适的空间，也为工业生产、博物馆藏、图书馆藏、科学研究等诸多行业带来了前所未有的环境改善；目前我国的中央空调总数已高达550万座，随着社会的不断发展，越来越多的楼宇和高档别墅区普遍采用中央空调系统来对室内空气的温度、湿度、气流速度等进行有效的调节。但中央空调也成为滋生病菌的温床、传播病菌的通道。

虽然管道机器人已经表现出良好的运动能力和适应环境的能力，但是与其他一切事物一样，管道机器人也不是十全十美的，它具有很多优点，当然也存在很多不足。因此，管道机器人的应用环境和场合也受到一定的限制。

通过模块的制作而构成的管道机器人，不仅具有机构简单的特点，而且通过自身的变形组合使其能够适应很多复杂管道环境。管道机器人的运动特点能够完成以下功能：

(1)管道机器人的自由度使其身体具有很高的适应性，能够充分地适应各种管道结构，完成在各种管道内的清理作业，例如，在空调管道中任意前进后退，可以在水平和垂直方向进行转弯。

(2)将空调管道机器人放入实践，可以在其端头安装清理、消毒设备，如毛刷和喷头。能很好地对空调管道中的污物及细菌进行有效的清理，使人们在使用时更加卫生安全。

(3)此机器人结构简单轻巧，使用方便，结构轻巧的特点能使它在管道中方便地移动。

空调管道机器人的优点众多，但由于身体结构、动力驱动和运动形式的原因它也存在很多以下缺点：

(1)管道机器人的较多自由度使机器人能够完成各种复杂的运动，组成各种构型。但在控制上，给完成这些自由度的软硬件控制的实现带来了巨大的压力。而且太多的自由度给滑块的运动带来很大的压力。因此，管道机器人寿命也会相对缩短。因为管道机器人是在空调管道中运动，所以希望机器人轻巧且耐用，选择材料时要特别注意。

(2)在电源供应方面，即使采用直流电源供电，由于本身的体积较小，它无法携带大的电源，严重限制了管道机器人的应用和无线操作时间。

(3)管道机器人的运动速度很低。

教学任务3　商用中央空调系统的维护与管理

知识目标

熟悉商用中央空调系统的常见故障及处理。

能力目标

掌握商用中央空调系统的维护与管理要点。

案例引导

中央空调系统怎么用通炮机清洗管路系统

当中央空调循环水系统经长时间运行之后，系统中常会产生一些盐类沉淀物、腐蚀杂物和生物黏泥等。这些物质会影响机组换热器传热效率，定期处理空调循环水系统，能提高换热效率；降低运行能耗；避免出现高压报警和高压保护故障；减少维修费用；延长设备使用寿命。

物理清洗主要是利用水流的冲刷作用或器具的刷、擦、刮作用来清除设备和管道中的沉积物。物理清洗的主要方法有高压水清洗和器具清洗。

(1)高压水清洗：高压水冲洗是利用高速水流的强力射流，以一定的角度作用于被清洗表面进行清洗的方法。通常用于热交换器的管束内外清洗和冷却塔填料的清洗，但是这种效果有限。

(2)器具清洗：采用毛刷或通炮机等清洗工具对系统管路进行清洗的方法，通常用于热交换器换热管内的清洗。

通炮机是将其高速旋转的毛刷伸进管壳内部进行管束内部清洗的一种专用设备。它使管路清洗化难为易，一人即可操作。

【案例分析】　水冷机组通炮其实就是清洗，由于换热管道是通过水来冷却，管壁很容易会形成结垢，所以机组运行一段时间就需要清洗(通炮)。主要是使用化学剂浸泡然后使用专用工具或高压枪冲洗，无可否认通炮能有效清除结垢，但无法防止结垢的形成，而且如果操作不谨慎，换热管很容易被破坏。目前，对于水冷机组除垢防垢比较有效的办法是加装在线刷洗系统，可以实现每条管道都能被清洗，不会有任何形成结垢的机会，不再需要繁复的通炮清洗。

知识准备

一、商用中央空调系统常见故障及处理

商用类的大型中央空调，需要有专门的维保单位负责定期维保，保证空调的正常运作。由于空调本身质量原因引起的故障，则责任方归空调厂家。

二、商用空调机组的维护与管理

1. 空调机组的维护

空调机组的维护主要包括空调机组的检查及清扫，一般在停机时进行，主要检查机组内过滤网、盘管、风机叶片及箱底的污染、锈蚀程度和螺栓坚固情况，对机组要进行彻底清扫，并在运转处加注润滑油，部件损坏的要及时更换。内部检查后进行单机试车，同时检查电流、电动机温升、设备的振动及噪声等是否正常。单机试车结束后进行运行试车，注意送、回风温度是否正常，各种阀门、仪表运行是否正常。组合式空调机组的常见故障及处理方法见表 7-1。

表 7-1　组合式空调机组的常见故障及处理方法

现象	部位	故障原因	处理方法
机组漏水	排水口	集水盘排水口堵塞	清理排水口
		集水盘内积水太深，排水管水封落差不够	整改水封，加大落差，使排水畅通
		风速过大	加大挡水板通风面积，适当降低风速
		风量过大	适当降低风速
		挡水板四周的挡风板破损或脱落	加装挡风板并做好密封
	换热器	集水管保温不良	重新保温
		集水管漏水	修补集水管
		换热器铜管破裂	修补换热器铜水管
	集水盘	集水管、集水盘保温不良	做好集水管、集水盘的保温
		集水盘漏水	补焊集水盘
无风	电动机	电源未接通、电源缺相或电动机烧毁	检查电源，如电动机烧毁更换电动机
	风机	轴承卡死或烧毁	更换轴承或风机
		皮带断裂	更换传动皮带
风量偏小	风机	风机反转	将三相电源的任意两相互换接线
	系统	换热器翅片表面积尘	清洗换热器
		设备漏风	用密封条堵漏
		过滤器积尘太多	清洗或更换过滤器
风量偏大	风机	风机压力偏高，风量偏大	降低风机转速或更换风机
	系统	过滤器损坏漏风	更换过滤器
		设备负压段或进风管漏风严重	做好密封处理

续表

现象	部位	故障原因	处理方法
风机表面凝露	箱体	保温不良	重做保温
		箱体漏风	做好密封处理
		保温破损或老化	除去原保温，重做保温
		保温厚度不够	重做保温
机组噪声、振动值偏高	风机	风机轴与电动机轴不平行	调节两轴至平行
		风机蜗壳与叶轮摩擦，发出异常声音	调节蜗壳与叶轮至正常位置
		风机蜗壳与叶轮变形	更换蜗壳与叶轮
		叶轮的静、动平衡未做好	更换叶轮或重做静、动平衡
		风机轴承有问题	更换轴承
	电动机	轴承有问题或质量不好	更换轴承或电动机
	隔振系统	减振器选用、安装不当	重新选配、调整减振器
		风机与支架、轴承座与支架连接松动	紧固螺栓、螺母
	箱体	隔声效果差	加固或更换箱体壁板
风机轴承温升过高	轴承	轴承里无润滑脂	加注润滑脂
		润滑脂质量不佳	清洗轴承、加注润滑脂
		轴承安装歪斜	调节轴安装位置、调节轴承游隙、锁紧内外紧固螺栓
		轴承磨损严重	更换轴承
电动机电流过大或温升过高	电动机	风机电流量过大	适当降低风机转速
		电动机冷却风扇损坏	修复冷却风扇
		输入电压过低	电压正常后运行
		轴承安装不当或损坏	调整或更换轴承
		密封圈未压紧或损坏	压紧或更换密封圈
风机传动皮带磨损严重	皮带轮	风机轴与电动机轴不平行，且两皮带轮端面不在同一平面内	先将两轴调平行，再将两皮带轮端面调至同一平面
	皮带	皮带质量差	调换成质量好的皮带
制冷能力偏小	冷媒	冷媒温度偏高	调节冷水温度达到设计要求，管道保温若有问题，则整改保温(冷冻水出水温度一般为7 ℃)
		冷媒温度合格，流量偏小	检查水泵性能，管道阻力，查看有无堵塞现象，若存在问题则整改管道或更换水泵
	风量	风量偏小引起流量偏小	适当加大风量

2. 风机盘管的维护

对于空气过滤器，要根据其表面污垢情况维护，一般每月用水清洗一次；盘管要根据肋片管表面的污垢情况和传热管的腐蚀情况维护，一般每半年清洗一次；风机可根据叶轮沾污灰尘及噪声情况维护，每半年对叶轮清理一次；滴水盘可根据其排水情况维护，每半年对防尘网和水盘清扫一次；风管可根据实际情况进行修理。

3. 换热器的维护

换热器的维护需要对表面翅片进行清洗和除垢，可采用压缩空气吹污、手工或机械除污或化学清洗等方法。

4. 风机的维护

风机的维修工作包括小修和大修两个部分。

(1)小修一般包括清洗、检查轴承；紧固各部分螺栓；调整皮带的松紧度和联轴器的间隙及同轴度；更换润滑轴及密封圈；修理进出风调节阀等。

(2)大修除包括小修内容外，还包括解体清洗，检查各零部件；修理轴瓦，更换滚动轴承；修理或更换主轴和叶轮，并对叶轮的静、动平衡进行校验等。

风机主轴的配合超出公差要求应予以更换。叶轮磨损常用补焊修复。补焊时应加支撑，以防变形，焊后应做静平衡试验，大功率风机叶轮还应做动平衡试验。若磨损变形严重，应予更换。叶轮的前盘板、后盘板及机壳的磨损、裂纹，一般通过焊补修复，不能修复者应予以更换。

修复好或准备更换的零部件，应进行外形尺寸的复核和质量的检查，合格后再清洗干净，依次将轴套、轴承、轴承座、皮带轮、密封装置、叶轮与主轴固定好，再装配吸入口、各管道阀门。装配时不要遗漏挡油盘、密封圈、平键等小零件。调整各部间隙时应特别注意叶轮与蜗壳的间隙，电动机与联轴器的同轴度应满足使用要求。

5. 制冷机组的维护

由于蒸汽压缩式冷水机组的自动化程度较高，且有自动安全保护措施，所以维护管理过程中，要防止制冷剂泄漏，在氨制冷机房中要有可靠的安全措施，如事故报警装置、事故排风装置等。溴化锂吸收式机组在运行时易结晶，机组内真空度易被破坏，运行管理复杂，要制订专门的维护保养计划。

6. 冷水机组的维护

(1)清除机组表面灰尘，金属表面除锈加防锈油。

(2)检查机脚螺栓有无松动，机组有无异常振动及噪声并立即进行处理。

(3)用氟利昂电子检漏仪检查机组有无氟利昂渗漏，当表明有渗漏时，应立即进行修复止漏。

(4)检查油位和油压是否正常，出现油位低应立即补充冷冻机油。

项目小结

本项目先介绍空调系统的组成与分类，让学生认识了空调设备和空调系统制冷的主要设备；学习了空调系统的维护与管理的相关知识。通过知识讲解、案例介绍和教学实训，让学生熟悉空调系统的管理制度，掌握运行管理程序。能够按照制度要求和操作规程，对空调系统进行管理。同时介绍家用中央空调系统维护与管理要点，让学生熟悉家用空调系统的常见故障。

课程思政

通过数据呈现身边空调系统的耗电量，督促学生在日常生活中养成节省能耗的习惯，从而在设备运维中减少能耗，身体力行响应国家对环境保护的重视。

基础知识练习

一、单选题

1. 空调系统有(　　)个循环系统。

A. 1　　B. 2

C. 3　　D. 4

2. 空调房间的空气流动属于(　　)。

A. 空气循环　　B. 制冷剂循环

C. 冷冻水循环　　D. 冷却水循环

3. 水冷盘管里面进行的循环是(　　)。

A. 空气循环　　B. 制冷剂循环

C. 冷冻水循环　　D. 冷却水循环

4. 在压缩机里面进行的循环是(　　)。

A. 空气循环　　B. 制冷剂循环

C. 冷冻水循环　　D. 冷却水循环

5. 能够把室内的空气热量释放到大气中的循环是(　　)。

A. 空气循环　　B. 制冷剂循环

C. 冷冻水循环　　D. 冷却水循环

二、多选题

1. 中央空调系统的组成部分包括(　　　)。

A. 空气处理系统　　B. 空气输送系统

C. 冷热源系统　　D. 温度调节系统

2. 压缩式制冷机由(　　　)组成。

A. 制冷压缩机　　B. 冷凝器

C. 减压器　　D. 膨胀阀

E. 蒸发器

三、判断题

1. 变频空调系统通过电流频率变化调节空调系统电动机输出功率，以适应空调负荷的季节和日夜的变化，达到节约能源的目的。(　　)

2. 变频空调系统通过电流频率变化调节空调系统电动机输出功率，以适应空调负荷的季节和日夜间的变化，达到节约能源的目的。(　　)

3. 所谓冷蓄冷技术就是制冷机在夜间用低谷时间运行，制冷蓄存冷量，白天将蓄存的冷量供应空调负荷，达到节约能源的目的。(　　)

4. 空调工对当班空调系统运行负有全部责任，不仅负责空调设备的日常保养，而且还负责一般故障检修。 (　　)

四、简答题

1. 空调系统的3个重要参数有哪些?

2. 想一想，有哪些身边的小事可以提高空气质量?

项目 4

供配电系统的维护与管理

思维导图

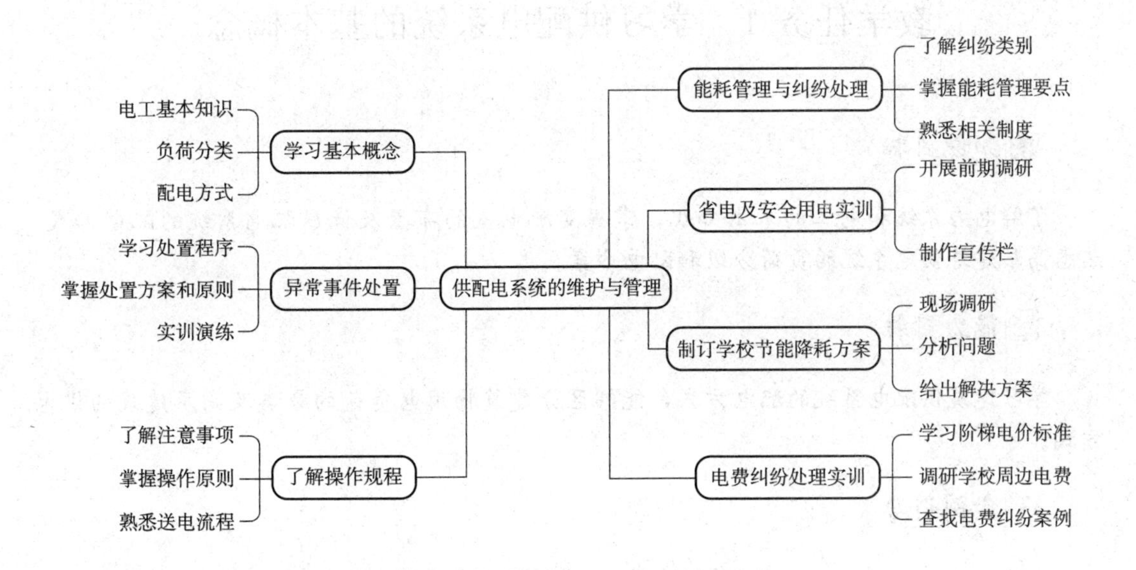

模块8　认识供配电系统

学习要求

通过本模块的学习，了解电力系统和电工的基本知识；掌握变配电室的布置及低压配电系统保护装置的组成；熟悉建筑供配电系统的管理与维护。

教学任务1　学习供配电系统的基本概念

知识目标

了解电力系统和电工的基本知识；掌握变配电室的布置及低压配电系统的配电方式；熟悉高层建筑供电系统的负荷分级和配电方案。

能力目标

学习建筑供配电系统的配电方式，能够区分建筑物用电负荷的分类及高层建筑的供电方式。

案例引导

告别“二次供电”　居民获得感满满

如果高楼大厦和宽敞大道是城市的“面子”，那么处在繁华背后的背街小巷和老旧小区就是城市的“里子”，两者同样不容忽视。在厦门，一些老旧的二次供电小区常常存在供电设施老化、供电容量不足的问题，跳闸、停电等现象时有发生，给居民正常用电带来不便，且存在安全隐患。2021年，国网厦门供电公司将二次供电小区供配电设施改造纳入“我为群众办实事”实践活动的重要内容，多措并举解决群众用电难题，增强居民幸福感和获得感。

对于老旧小区里的业主、商铺来说，用电高峰期时常跳闸停电，既影响生活又影响生意。怡景花园小区业委会主任叶莹臻深有体会：“2005年开始，我就住在这个小区。一方面，小区内部的配电设施年久老化；另一方面，居民家里的电器也越来越多，老旧的配电设施承载不了快速增长的用电需求，跳闸、停电对我们小区来说早就不是什么新鲜事。特别是夏季用电高峰期，停电频发，生活非常不便。”不仅如此，早期安装在室内的变压器由于逐渐老化常常发烫，二楼、三楼的住宅地板就能感受到高温，居民用电都要小心翼翼，心里难免担忧。

国网厦门供电公司将怡景花园小区的配电设施改造提上日程。改造涉及路面开挖、设施选址等内容，施工过程不可避免地会对居民的日常生活造成一定影响。“街道、社区、供电公司和我们业委会、物业公司配合非常密切。”叶莹臻说，施工中，他们合力将各阶段施工计划主动告知居民，并随时就施工过程发现的问题与居民积极沟通，充分听取和吸收居民的意见和建议。3个月后，改造顺利完工，施工过程有序、高效，对小区日常生活的影响也降到最低。

经过改造，小区变压器等配电设施焕然一新，老旧线路也换成了两路高压进线，不仅更加安全整洁，供电也更充足可靠，停电的现象许久没有再出现。叶莹臻说，困扰小区已久的问题得到了彻底解决，小区实现装表到户，居民用电舒心多了。

【案例分析】 二次供电小区是指配电设施由开发商投资建设，产权和管理权归属于开发商或物业公司的小区。

群众利益无小事。为解决改造过程中面临的重重困难，国网厦门供电公司党委坚持党建引领，在项目上设立党员责任区，确保项目推进有力有序，坚决把民生实事办实办好。在疫情防控期间，党员干部带头攻坚克难，与部分二次供电小区物业公司协商，建立施工人员每日进场管控机制，做细做实防疫措施，确保不影响项目进度。

部分小区改造涉及新增第二回路电源，需要利用市政道路或其他小区的电缆管沟，涉及多个利益相关方，协调工作量巨大，也是党员带头沟通相关部门，最终实现由政府相关部门统一调度，提速建设进程。在施工过程中，供电公司还灵活采用临时变压器供电的方式，确保施工过程不影响居民日常用电。包括怡景花园在内，目前国网厦门供电公司已对11个二次供电小区实施了升级改造，小区的用电环境实现了质的飞越，使1 000多户居民从中获益。小区里老旧的电力线路“蜘蛛网”消失不见，崭新的供电设施“上岗”，电力更充足、更安全，小区环境更整洁、更宜居，居民获得感满满。

知识准备

一、电力系统

建筑用电一般都是电力系统供给的，一般建筑采用低压供电，高层建筑采用10 kV甚至35 kV供电。电力系统包括发电厂、变电所、电力网和电能用户。电能用户所消耗的电能是电力系统中发电厂供给的。发电厂多数建造在燃料、水力资源丰富的地方，而电能用户是分散的，往往又远离发电厂。这样就必须设置输电线路和变电所等中间环节，将发电厂发出的电能输送给用户。

1. 发电厂

发电厂是将自然蕴藏的各种一次能源(如煤、水、风和原子能等)转换为电能(称二次能源)，并向外输出电能的工厂。根据所利用能源的不同，发电厂可分为火力发电厂、水力发电厂、原子能发电厂、地热发电厂、潮汐发电厂及风力发电厂、太阳能发电厂等。在现代的电力系统中，各国都以火力发电厂和水力发电厂为主。

2. 变电所

变电所是接收电能、变换电压和分配电能的场所。其由电力变压器和高低压配电装置组成。按照变压的性质和作用不同，变电所可分为升压变电所和降压变电所两种。仅用来接收和分配电能而不改变电压的场所称为配电场。

3. 电力网

电力网是由电力系统中各种不同电压等级的电力线路及其所联系的变电所组成。其任务是将发电厂生产的电能输送、变换和分配到电能用户。电力网按其功能常分为输电网和配电网两大类。由 35 kV 及以上的输电线路和与其连接的变电所组成的电力网称为输电网，它是电力系统的主要网络，它的作用是将电能输送到各个地区或直接输送给大型用户；由 10 kV 及以下的配电线路和配电变压器所组成的电力网称为配电网，它的作用是将电能分配给各类不同的用户。

4. 电能用户

电能用户是所有用电设备的总称。

二、负荷类别

负荷主要以照明和非工业电力来区分，其目的是按不同电价核算电力支付费用。

(1)照明和划入照明的非工业负荷。照明和划入照明的非工业负荷包括民用、非工业用户和普通工业用户的生活、生产照明用电(家用电器、普通插座等)，空调设备用电等，总容量不超过 3 kW 的晒图机、太阳灯等。

(2)非工业负荷。非工业负荷包括商业用电、高层建筑内电梯用电，民用建筑中采暖风机、生活煤机和水泵等动力用电。

(3)普通工业负荷。普通工业负荷是指总容量不足 320 kV · A 的工业负荷，如食品加工设备用电等。

三、负荷容量

负荷容量以设备容量(或称装机容量)、计算容量(接近实际使用容量)或装表容量(电能表的容量)来衡量。

四、设备容量

设备容量是建筑工程中所有安装的用电设备的额定功率的总和。

(1)在设备容量的基础上，通过负荷计算，可以求出接近实际使用的计算容量。对于直接由市电、供电的系统，需根据计算容量选择计量使用的电能表，用户极限是在这个装表容量下使用电力。

(2)在装表容量小于等于 20 A 时允许采取单相供电。而一般情况下均采用三相供电，这样有利于三相负荷平衡和减少电压损失，同时为使用三相电气设备创造了条件。

五、负荷级别

电力负荷是根据建筑的重要性和对其短时中断供电在政治上和经济上所造成的影响与损失来分等级的，工业和民用建筑的供电负荷可分为以下 3 级。

(一)一级负荷的界定范围

(1)中断供电将造成人员伤亡者。

(2)中断供电将造成重大政治影响者。

(3)中断供电将造成重大经济损失者。

(4)中断供电将造成公共场所的秩序严重混乱者。

一级负荷应有两个独立电源供电，即双路独立电源中任一个电源发生故障或停电检修时，都不会影响另一个电源的供电。对于一级负荷中特别重要的负荷，除双路独立电源外，还应增设第三电源或自备电源(如发电机组、蓄电池)。根据用电负荷对停电时间的要求，确定应急电源的接入方式。蓄电池为不间断电源，也称 UPS；柴油发电机组为自备应急电源，适用停电时间为毫秒级。当允许中断供电时间为 1.5 s 以上时，可采用自动投入装置或专门馈电线路接入；对于允许中断供电时间为 15 s 以上时，可采用快速自动启动柴油发电机组。

(二)二级负荷的界定范围

(1)中断供电将造成较大政治影响者。

(2)中断供电将造成较大经济损失者。

(3)中断供电将造成公共场所秩序混乱者。

二级负荷一般应由上一级变电所的两端母线上引双回路进行供电，保证变压器或线路因发生常见故障而中断供电时能迅速恢复供电。

(三)三级负荷的界定范围

凡不属一级和二级负荷者为三级负荷。

三级负荷对供电无特殊要求，可由单电源供电。

六、低压配电系统

建筑低压配电系统由配电装置(配电盘)及配电线路(干线及分支线)组成。常见的低压配电方式有放射式、树干式、混合式三种，如图 8-1 所示。

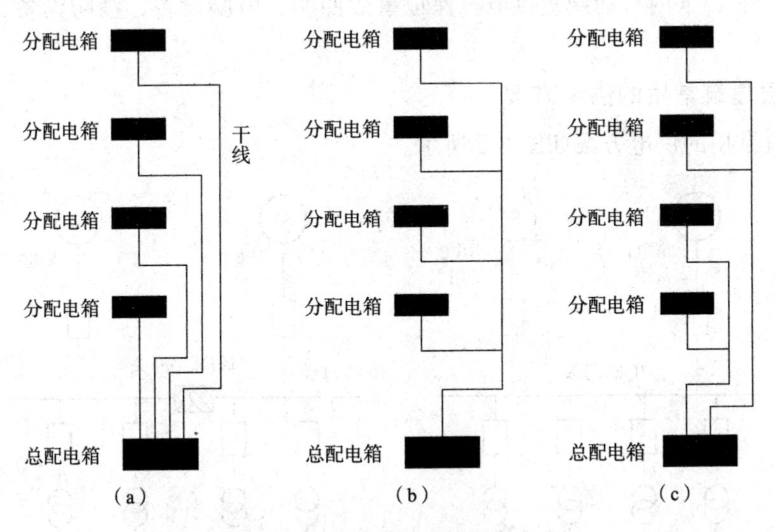

图 8-1　低压配电系统的配电方式

(a)放射式；(b)树干式；(c)混合式

(1)放射式由总配电箱直接供电给分配电箱或负载的配电方式，如图 8-1(a)所示。放射式的优点：各个负载独立受电，因而故障范围一般仅限于本回路。各分配箱与总配电柜

(箱)之间为独立的干线连接，各干线互不干扰，当某线路发生故障需要检修时，只切断本回路而不影响其他回路，同时，回路中电动机启动引起的电压的波动，对其他回路的影响也较小。缺点：所需开关和线路较多，系统灵活性较差。放射式配电适用容量大、要求集中控制的设备，要求供电可靠性高的重要设备配电回路及有腐蚀性介质和爆炸危险等场所的设备。

(2)树干式配电方式是独立负荷或集中负荷，按它所处的位置依次连接到某一条配电干线上的供电方式，如图 8-1(b)所示。树干式配电主要用于负荷集中且均匀分布、容量不大又无特殊要求的场所。其优点是节约有色金属和系统灵活性好；缺点是当干线发生故障时，在此干线供电的所有受电设备都被切除，可靠性差。

(3)混合式是在实际工程中，照明配电系统不是单独采用某一种形式的低压配电方式，多数是综合形式，这种接线方式可根据负载的重要程度、负载的位置、容量等因素综合考虑。一般民用住宅所采用的配电形式多数为放射式与树干式两者的结合即混合式，如图 8-1(c)所示。

七、高层建筑供电

(一)高层建筑的负荷分级

一级负荷：消防用电设备、应急照明、消防电梯。

二级负荷：客用电梯、供水系统、公用照明。

三级负荷：居民用电等其他用电设备。

高层建筑存在着一级负荷或二级负荷，为了保证供电可靠性，现代高层建筑均采用至少两路独立的 10 kV 电源同时供电。具体数量应视负荷大小及当地电网条件而定。两路独立电源的运行方式，原则上是两路同时供电，互为备用。另外，还须装设应急备用柴油发电机组，要求在 15 s 内自动恢复供电，保证事故照明、电脑设备、消防设备、电梯设备等的事故用电。

(二)高层建筑常用的供电方案

高层建筑常用的供电方案如图 8-2 所示。

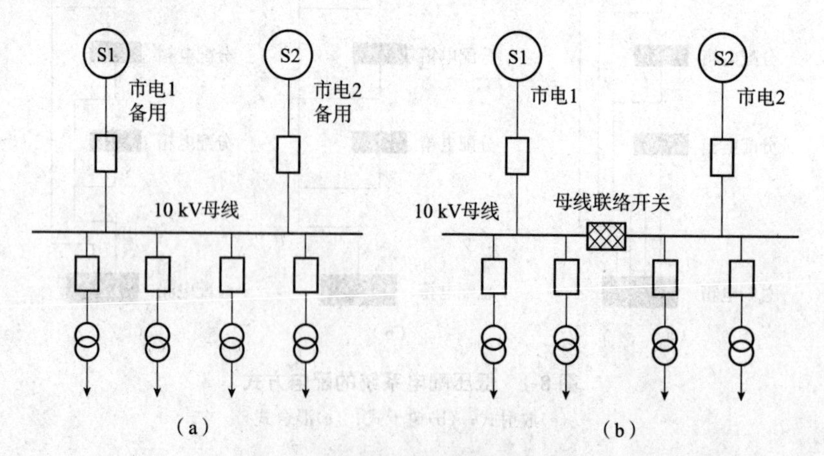

图 8-2　高层建筑常用供电方案

(a)“一用一备”供电方案；(b)双电源同时供电方案

图 8-2(a)所示为两路高压电源，正常“一用一备”供电方案，即当正常工作电源因事故停电时，另一路备用电源自动运行，主要用于供电可靠性相对较低的高层建筑中。图 8-2(b)所示为两路电源同时工作方案，当其中一路发生故障时，由母线联络开关对故障回路供电，主要用于高级宾馆和大型办公楼宇。

我国目前最常采用两路 10 kV 独立电源，对于规模较小的高层建筑，由于用电量不大，当地获得两个电源比较困难，附近又有 400 V 的备用电源时，可采用一路 10 kV 电源作为主电源，400 V 电源作为备用电源的“高压供电低压后备”的主结线方案，如图 8-3 所示。

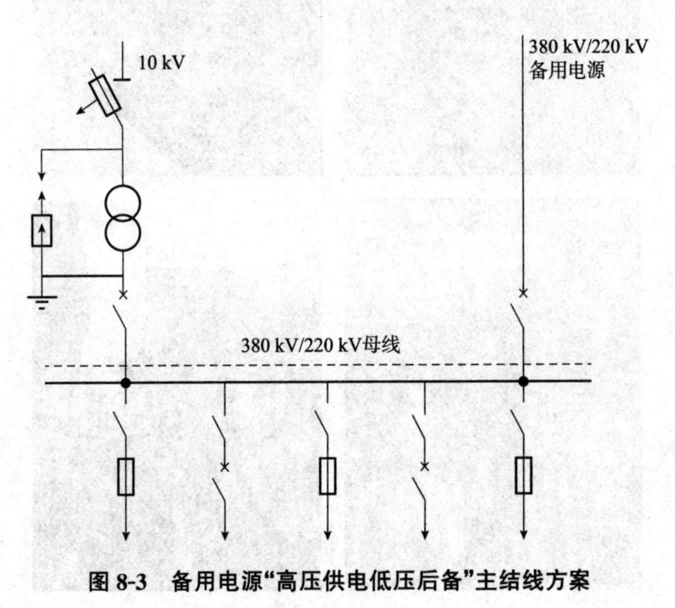

图 8-3　备用电源“高压供电低压后备”主结线方案

教学任务 2　了解供配电系统的操作规程

知识目标

了解电力系统操作注意事项，掌握停送电操作原则，熟悉送电流程。

能力目标

根据变配电室的作用和设备设施，能够科学地进行配电室布置；根据低压配电系统保护装置的内容，能够合理地选择低压配电装置。

案例引导

网上流传有这样的段子：电工，只服两个国家的，就是德国电工和印度电工，如图 8-4 所示。

图 8-4　德国和印度电工工作成品

【案例分析】 2014 年世界杯中，德国 7∶1“屠杀”巴西的比赛很多人都看了，真是一桩令人难以置信、目瞪口呆的“世纪惨案”。或许只有可怕的德国人，才能制造出这样的“惨案”。整支德国队，如同一台高效运转的精密仪器，步步为营，所向披靡，且根本停不下来。这就是典型的德国性格：认真、细致、严谨、处处追求完美。而世上的事，就怕认真二字……

1944 年冬，盟军完成了对德国的铁壁合围，法西斯德国覆亡在即。整个德国笼罩在一片末日的氛围里，经济崩溃、物资奇缺，百姓的生活陷入严重困境。对普通平民来说，食品短缺就已经是人命关天的事。更糟糕的是，由于德国地处欧洲中部，冬季非常寒冷，家里如果没有足够的燃料，根本无法挨过漫长的冬天。在这种情况下，各地政府只得允许让百姓上山砍树。

你能想象帝国崩溃前夕的德国人是如何砍树的吗？在生命受到威胁时，人们非但没有去哄抢，而是先由政府部门的林业人员在林海雪原里拉网式地搜索，找到老弱病残的劣质树木，做上记号，再告诫民众：如果砍伐没有做记号的树，将要受到处罚。在有些人看来，这样的规定简直就是个笑话：国家都快要灭亡了，谁来执行处罚？当时的德国，由于希特勒还在做垂死挣扎，绝大多数的政府公务人员都抽调到前线去了，看不到警察，更见不到法官，整个国家简直就是处于无政府状态。但令人不可思议的是，直到第二次世界大战彻底结束，全德国竟然没有发生过一起居民违章砍伐无记号树木的事，每一个德国人都忠实地执行了这个没有任何强制约束力的规定。

这是著名学者季羡林先生在回忆录《留德十年》里讲的一个故事。当时他在德国留学，目睹了这一幕，虽时隔50多年，他仍对此事感叹不已，说德国人"具备了无政府的条件，却没有无政府的现象"。是一种什么样的力量使得德国人在如此极端糟糕的情况下，仍能表现出超出一般人想象的自律？答案只有两个字：认真。因为认真是一种习惯，它深入一个人的骨髓，融化到一个人的血液里。因这两个字，德意志民族在经历了20世纪两次毁灭性的世界大战之后，还能奇迹般地迅速崛起。

知识准备

一、操作注意事项

(1)合闸前应检查高压开关、低压总开关、母联开关，以及各支路开关和相配套的刀闸是否在关的位置，对设备检修后的合闸操作还应检查各回路是否有接地线未解除，有关设备是否已恢复原状，要认真核实接线无误后方可进行倒闸操作。

(2)合闸前要根据一次系统图供电回路和现场实际的用电情况对号操作，做好保证安全的组织措施和技术措施，做好符合现场实际的安全措施，方可操作，在操作过程中即使有很小的疑问也必须弄清楚再进行操作。

(3)高压操作时应由二人进行：一人监护，另一人操作。

二、停送电操作原则

(1)送电原则：要按先合刀闸，后合负荷开关；先合高压开关，后合低压开关；先合电源侧刀闸，后合负荷侧刀闸；先合电源侧开关，后合负荷侧开关的原则进行。

(2)停电原则：与上述操作原则相反。

三、停送电流程

(一)送电流程

送电操作规程如图8-5所示。

(1)检查设备复位情况。

(2)拆除停电时挂的标示牌。

(3)拆除停电后挂的所有接地线解除接地刀闸。

(4)合上高压电源进线刀闸，检查电压指示。

(5)合上需送电的高压支路电源进线刀闸。

(6)合上需送电的高压负荷开关。

(7)检查变压器各相、线电压是否为380/220 V。

(8)合上低压进线电源侧刀闸。

(9)合上低压进线侧空气开关。

(10)根据运行情况确定是否合母联刀闸、开关。

(11)合上电源切换柜进线刀闸。

(12)合上电源切换柜断路器，并把控制柜KK开关转至手动位。

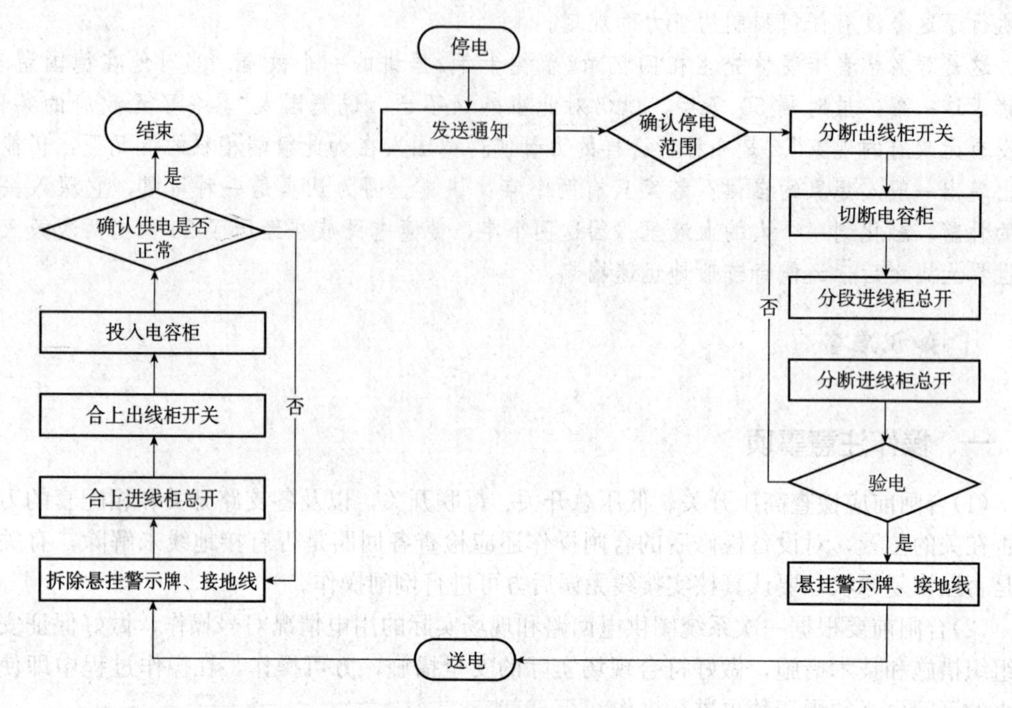

图 8-5　送电操作规程

(13)根据要求合上各支路电源进线刀闸、断路器。

(14)投入无功补偿装置并转入自动运行。

(15)检查各主干及支路电源是否对称，各电气元件是否发热过载。

(二)全部停电工作流程

(1)把电容柜控制器的开关转至手动位置并逐组切除。

(2)拉开电容柜断路器、刀闸并放电。

(3)切断各支路送电断路器及支路电源进线刀闸。

(4)把电源切换柜及发电机控制柜 KK 开关扳至停止位置。

(5)切断母联开关及母联刀闸。

(6)切断各路低压电源进线主空气开关及低压主开关电源刀闸。

(7)切断各支路高压断路器及高压支路隔离开关。

(8)切断高压电源进线总负荷开关及总刀闸(隔离开关)。

(9)对高低压侧电源进出线、母线、变压器、电容器、电缆及开关，刀闸上下各侧进线反复验电，并充分放电。验电时应反复试验验电器证明验电器完好。

(10)在可能来电的各侧分别装设接地线(先接地端、后接导体端)并合上高压支路接地刀闸。

(11)在可能来电的各机房，开关柜分别立即上锁并悬挂“线路有人工作，严禁合闸”的标识牌。

模块9　做好住宅小区与电相关的其他工作

学习要求

通过本模块的学习，能够熟悉住宅小区与电相关的管理工作，能够优化住宅小区公共区域的电能消耗，协调处理能耗纠纷。能胜任小区的省电和安全用电宣传工作，并结合实际对学校的能耗管理提出建议。

教学任务　供配电能耗管理与纠纷处理

知识目标

了解电费纠纷的类别，掌握能耗管理要点，熟悉建筑供配电系统的制度。

能力目标

能够根据建筑供配电系统的管理与维护，能够制订合理的科学的建筑供配电系统管理制度；能够结合小区的实际情况开展省电及安全用电知识宣传，能够处理电费相关的纠纷，能够结合学校的实际情况制订节能降耗方案。

案例引导

物业公司违规收取电费遭投诉，市场监管局圆满解决

2019年3月28日，国美电器宁乡分公司负责人向“12345”热线来电反映，称商铺在向物业管理单位春城物业管理有限责任公司购买电费时，物业公司按1.1元/(kW·h)收取，而国家明文规定电价不得超过0.919元/(kW·h)，为此，国美电器多次与春城物业进行交涉，均没有取得效果，希望相关部门能够帮助处理此事。

接到工单后，市场监管局相关负责人迅速到现场了解情况，召开投诉举报处置工作调度会，召集双方进行协商，在短短的一周内，春城物业退还了违规收取的电费16 455元，将事件圆满解决。对于这样的速度，国美电器负责人表示非常惊讶、非常满意，对市场监管局的工作效率赞不绝口。

【案例分析】 据了解，国美电器的用电是由春城物业实行二次转供电，当初在与物业签订租赁合同时双方有过口头约定，如果国美电器需要开具电费增值税发票，就按1.1元/(kW·h)收取电费。但根据《湖南省发展和改革委员会关于对转供电终端一般工商业用电价格实行最高限价的函》的相关规定，自2018年11月起，湖南省转供电终端一般工商业用户预购电价为0.919元/(kW·h)。在得知此消息后，国美电器认为春城物业没有按相关规定收取电费，连续数月找到物业公司要求退还多收费用，均被春城物业拒绝。

在了解情况后，姜小鹏立即召集相关科室负责人召开投诉举报处置工作调度会，听取情况，分析问题，研究解决方案。会议最后认为，根据相关政策文件，春城物业可以向商铺租赁用户收取转供电电费，但应依法依规收取，不得违规加价，对于此现象应坚决清退，并责令整改。

知识准备

一、电费纠纷

一般电费纠纷有功电量电费纠纷类、公摊电量电费纠纷类，其实，无论是有功电量纠纷还是公摊电量纠纷，物业都应协助配合住户检查清楚情况。如果水电未移交而由物业代收缴出现的纠纷，物业因保证读数真实有效，分摊办法合理合规。

二、能耗管理

(一)节电措施

(1)对公共区域照明管理，照明电源应安装时控或光控装置进行分路控制，并定期安排人员巡视检查，发现问题及时调整和处理，确保客户活动区域照明，不足时照明系统能自动投入工作。针对不同季节，园区照明设备设置应做对应调整。园区公共照明亮度，应满足公司的控制要求。

(2)地下室采光井周边照明开启应采取分时段控制，空调、水景等大功率能耗设备，应采用分时段控制方式。电梯运行取消归首模式。

(3)办公区域用电(含办公室、会议室、洽谈室、驿站、员工宿舍等区域)：

①宿舍休息使用空调时，空调室温设置应保持在26 ℃(含)以上；无人时，应关闭空调电源。

②会议室、洽谈室、培训室等区域离开时及时关闭室内各类设备设施电源。

③上班期间，办公人员离开办公座椅时应关闭计算机显示器电源；下班前，各计算机必须处于关机状态。

④每日值班经理下班前负责对办公区域相关使用设备全面检查，除保留必要的监控照明外，其他设备电源应给予关闭。

⑤用电性质不同、费用承担主体不同的，不允许共用计量装置。需要独立统计能耗的用电设备，应单独设置计量装置。

供电管理要求功率因数在0.9以上；地库的照明部分小区采用了声控，大部分小区还是控制亮灯的数量，以达到节能的目的。

节能新技术的应用案例：无线控制路灯的应用与推广。

以前园区路灯照明控制方式，都是由时间开关控制的，季节变化时还需要人工调整，部分项目路灯较多，调整时间也耗时太多，容易故障且比较频繁。经常出现天亮了还没有关灯，天黑了还没开灯的情况，且不节能，如果每路单独安装光控开关，由于感应区域环境不同光感度不一样，小区路灯开启时间不一致，业主经常投诉。利用无线射频技术在小区最高点安装一个光控开关加一个无线信号发射器，在每一个控制开关箱安装一个无线接收器加一个继电器控制，可以根据天气变化自动开启路灯，且小区路灯开启时间统一，提高了现场观感，减少了维修成本及人工操作成本。现在已在各个小区逐渐推广使用。

(二)节水措施

(1)定期检查管路阀门、水压、管路接头，防止跑、冒、滴、漏现象。

(2)推广使用节水型器具，根据用水场合的不同，选用延时自动关闭式、感应式、手压式、脚踏式、停水自动关闭式水龙头及陶瓷片防漏等节水龙头。

(3)绿化及清洁用水应设置独立水表，每月至少抄表分析一次，以核实异常用水情况。定期检查绿化及清洁水管无损坏，跑水现象，杜绝使用消防水，绿化浇灌宜配置花洒喷雾水龙头，针对季节浇水制定明确要求。

(4)水景和泳池用水，应采用药剂、水循环过滤系统和净化设施，延长使用时间。

(5)办公区域、食堂等用水处应张贴节约用水提示牌，并确保人员离开后各用水设施工作正常，无漏水现象。

项目每月安排人员对用水、用电抄表进行数据分析，并依据《设备设施及仪表清册》及《能耗定额标准清单》进行数据对比，找出本月能耗异常事项，特别的予以关注。出具能耗分析报告。

(三)节能降耗管理规范

公共区域除物业办公用房、各类设备房、各岗位等由物业公司承担，其他能耗(如公区照明、电梯耗电等)公摊给业主。节能降耗的最终受益者还是用户。一线物业公司业务支持系统要负责节能改造的落实、能耗分析及日常维修管理。

三、停电管理

(一)计划停电的应急处理措施服务中心准备工作

(1)至少提前3天在小区各公告栏张贴停电计划，对客户系统工具(微信私信、朋友圈、住这儿App)同步发送消息，以便覆盖不同获取消息习惯人群，消息内容应简要明了，注明停电不会影响公共区域用电(如电梯、梯灯)有发电机发电，降低不适感。

(2)可利用园区或架空层花园播放露天电影供业主休闲，现场准备一些清凉饮品(如凉茶、雪糕等)，夏天超过35℃，可以在小区主出入口或设置固定摊位设置摊位派送凉茶，个别业主可由管家送上门。

(3)各岗位统一答复业主口径。

(4)做好人员应急准备，准备应急物资(包括但不限于大白桶、桶装水、蜡烛、手电筒、应急灯等)。

(5)业务支持系统准备启动发电机的准备工作，做到停电时可随时启动发电机；发电机运行中，安排专人值守发电机房，时刻关注运行参数的变数情况。

(6)停电之前停止运行所有电梯，防止在市电与发电机切换时发生困人事故，待发电机供电切换运行正常后恢复电梯运行。

(二)突发停电的应对处置

信息上报，监控中心在得知市电突发停电信息后，第一时间通知值班经理和项目负责人，具体的措施如下：

(1)第一时间确认停电信息上报值班经理；

(2)统一答复业主口径全员知悉；

(3)立即启动应急预案处理；

(4)联系供电局了解停电原因及预计恢复时间，及时向业主发出推送并总结上报公司，并加强应急处理的正面宣传。

(三)突发停电应急措施案例

某小区突发遇到市政供电线路故障，抢修时间过长，时值盛夏，天气比较炎热。停电事故发生后，业务支持系统立即安排专人排查所有电梯，了解是否存在困人情况，并向供电局了解相关情况，及时告知管家，由管家向业主做好解释工作。同时，值班技术员启动发电机，恢复公区的正常供电。准备好清凉冷饮，由保安员和管家配送到户，并在各岗位也配备凉茶，由进入业主饮用。其间，值班技术员不断向供电局了解抢修的进度情况，并及时通知管家，做好业主的解释工作。其间，物业服务中心安排在社区播放电影，帮助业主度过炎热的夜晚(图 9-1)。整个停电期间，物业所做的工作得到业主的一致好评。

图 9-1　某小区停电后中心广场播放露天电影

教学实训 1　居民小区省电及安全用电知识宣传

一、实训目的

(1)了解家电省电知识。

(2)了解安全用电知识。

二、实训要求

(1)根据“家电省电建议”调研结果模拟制作小区家用电器省电知识宣传栏，根据安全用电知识模拟制作家庭安全用电知识宣传栏。

(2)制作用于发放给小区居民的省电及安全用电宣传页。

三、考核标准

(1)要求各小组将小区宣传栏内容采用 PPT 形式上交，要求内容简单易懂、实用，图文并茂，随机抽查两个小组在课上汇报，要求讲解绘声绘色，吸引观众。

(2)根据宣传栏内容制作省电及安全用电宣传页，采用 Word 形式，要求简练，排版清晰，实用，打印出来附在本页任务书后面。

由教师根据 PPT 制作质量和讲解质量、Word 内容实用性和格式规范性对参与本次任务的小组成员打分。

教学实训 2　学会看电费单及处理与电费有关的纠纷

一、实训目的

(1)学会看电费单。

(2)了解杭州市的阶梯电价政策及不同物业类型的电价。

(3)了解与电费有关的纠纷并能恰当处理。

二、实训要求

(1)利用各种渠道找到一张电费单据，如找不到可以借助网络手段。

(2)根据杭州市阶梯电价收费标准，学会看电费单。

(3)调研学校周边的商铺、学生宿舍、住宅小区住户的电价。

(4)利用网络工具或实地调研了解与电费有关的纠纷案例，并能分类和总结。

三、考核标准

(1)以实训要求中可以找到的图片为素材制作 PPT，分小组上交，随机抽查两个小组在课堂上汇报(PPT 中应包括电费单据的图片、调研对象的图片及其他与电费相关纠纷的图片、材料等)。

(2)说明不同物业类型的电价。

(3)汇总与电费相关的纠纷，进行分类，并对处理纠纷提出原则性的处理意见。

由教师根据 PPT 制作质量、PPT 汇报质量、电价调研结果、查找纠纷案例情况，对参与本次任务的同学评分。

教学实训 3　对学校进行能耗考察并制订节能降耗方案

考察学校能耗使用情况，根据所学的供配电系统维护与管理知识，以 PPT 的形式呈现本校能耗管理的图片，制订出切实可行的节能降耗措施。

一、实训目的

能够利用所学的供配电系统知识来进行照明系统的优化，包括照明灯具的选择、控制方式及管理等方面。

二、实训要求

考察学校的图书馆、地下车库、教学楼、学生宿舍及校园等各个处所的照明情况，以照片形式记录问题，并制作 PPT 具体说明问题，且要给出解决问题的方案。

三、实训步骤

(1)各小组解读任务，并做好分工，将分工情况发到班级微信群。
(2)去校园各处考察，拍照。
(3)汇集照片，整理思路，制作 PPT，上传到学习通平台。
(4)由教师评阅打分，并挑选 2～3 组汇报。

项目小结

本项目通过介绍供配电系统的基本概念，讲授供配电系统的操作规程，让学生对供配电系统有所认识，然后结合住宅小区在供配电系统方面的主要工作内容，能够进行供配电的能耗管理和纠纷处理，再通过居民小区省电及安全用电知识宣传、学会电费单及处理与电费有关的纠纷、对学校进行能耗考察并制订节能降耗方案等教学实训，让学生能够熟悉住宅小区供配电系统的相关工作内容，并掌握工作方法。

课程思政

通过了解万科物业"凤梨精神"系列活动内容，引导学生践行社会主义核心价值观，强调作为物业服务人员应当在日常业务处理中秉承"爱国、敬业、诚信、友善"的价值理念，个人努力学习专业知识，为祖国的"富强、民主、文明、和谐"做出贡献。

基础知识练习

一、单选题

1. 房屋附属弱电设备不包括(　　)。

A. 供电及照明设备　　B. 广播通信设备
C. 闭路电视系统　　D. 自动监控及报警系统

2. 房屋建筑电气工程设备主要包括(　　)。

A. 供电及照明设备　　B. 弱电设备
C. 电梯设备　　D. 防雷装置

二、判断题

1. 对供电设备的维护可分为日常巡视维护和定期检查保养两个方面。 ( )
2. 低压供电系统通常以供电进户线的任一支持物为产权分界点。 ( )

三、案例分析题

某物业小区电线老化，水泵长期运行电线着火，蔓延到泵房外的停车棚。损失共计10万余元。业主认为，由于物业公司长期疏于管理，没有及时检查并更换老化的电线，致使这次火灾事故，物业公司应当承担全部的损失责任。

根据本案例，请回答：

(1)《物业管理条例》规定，物业公司应当及时维修和养护的情况是( )。

A. 业主装修拆除承重墙　　B. 物业存在安全隐患

C. 危及公共利益　　D. 危及他人合法权益

(2)物业应当定期维修养护。如果出现必须维修养护的情形时，那么( )。

A. 业主或者物业管理企业应当及时履行维修养护义务

B. 不及时养护的，由房管部门督促限期改正

C. 仍不及时养护的，由房管部门组织代为实施

D. 费用由相关责任人承担

(3)本案例由物业管理企业承担赔偿责任，这是因为( )。

A. 物业公司没有做到经常检查

B. 物业公司没有及时更换老化电线

C. 物业公司没有安全生产意识

D. 物业公司没有控制水泵开启时间

项目 5

消防系统的维护与管理

思维导图

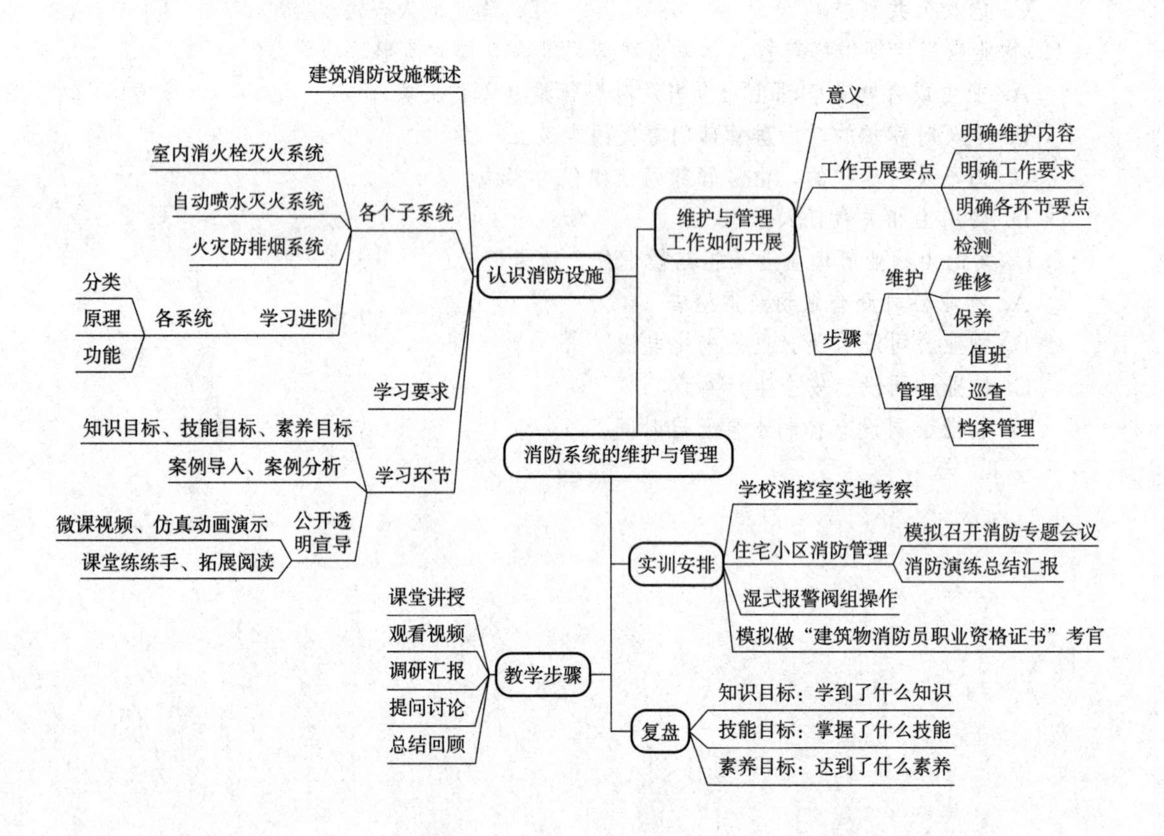

模块 10　认识消防系统设备

学习要求

通过本模块的学习，了解火灾的成因和特点，掌握消防系统的特点和重要性；掌握室内消火栓给水系统、自动喷火灭火系统的组成及布置要求；熟悉建筑火灾的防火排烟系统，消防系统其他设备设施。

教学任务 1　了解火灾发生的特点及消防系统构成

知识目标

1. 了解消防系统的特点、结构与组成。
2. 掌握建筑火灾的成因，提高防范意识。

能力目标

具有发现物业项目消防隐患的能力。

案例引导

业主家着火，物业有责任吗？

代先生、吴女士是夫妻关系，共同购买了青园小区的住房并装修入住。2016 年 12 月 12 日 16 时许，因吴女士使用家中电吹风不当，导致客卧床铺起火引发火灾。火灾发生后，邻居和保安参与灭火并报警。16 时 36 分，公安消防大队接警后赶到火灾现场灭火，17 时 20 分，火势基本被扑灭，17 时 35 分，消防人员处置完毕。此次火灾导致代先生、吴女士家中财产和装修损毁。2016 年 12 月 29 日，公安局消防大队做出《火灾事故认定书》，查明 2016 年 12 月 12 日 16 时 36 分许，青园小区代先生家发生火灾，起火点位于代先生家客卧内床铺西北角。火灾原因：代先生爱人吴女士使用电吹风不当，放置于床上的电吹风长时间通电工作，引燃客卧床铺，造成火灾。2016 年 12 月 23 日，代先生、吴女士委托司法鉴定所对其因火灾造成的装饰及财产进行资产评估。2017 年 1 月 16 日，该鉴定所做出评估鉴定意见书，评估意见：(1)装饰装修计算结果为 72 709.29 元；(2)家电、服装类计算结果为 99 844.55 元，合计火灾造成损失鉴定价格为 172 553.84 元。代先生、吴女士认为，物业公司管理下的消防设施不能发挥消防灭火功能，不能进行灭火工作，导致火灾财产损失扩大，物业公司应承担损害赔偿责任，遂将物业公司起诉至法院。

【案例分析】 本案例争议的焦点：物业公司管理的消火栓内是否有消防水；物业公司对原告遭受的扩大损失是否承担赔偿责任。

(1)原告主张房屋发生火灾时所在楼层的消火栓内没有消防水、不能发挥灭火功能，物业公司有消防设施巡查记录表明消防设施完好，原告虽提供证人证言及图片证明其房屋所在楼层的消火栓在发生火灾时没有消防水，但没有相应证据予以印证，原告对其房屋所在楼层的消火栓在发生火灾时是否有消防水应当承担举证责任，因其没有充分证据证明发生火灾时消火栓内无水，应当承担举证不能的后果。因此，原告主张消火栓内没有消防水的事实不能确定。

(2)物业公司对扩大损失不应承担赔偿责任。原告房屋发生火灾是吴女士自身行为造成，物业公司人员在火灾发生后积极参与灭火，为消防部门顺利灭火提供保障，公司在行使物业管理职责过程中并无不当，故物业公司不应承担民事责任。综上所述，原告证据不足以证明火灾发生时消火栓内没水的事实，应当承担举证不能的后果。判决：驳回原告的诉讼请求。

根据《物业管理条例》规定，物业仅对小区公共区域的基础设施和安全秩序负责，如果只是因为业主个人原因导致失火的，物业并没有责任，但发生火灾时，物业要协助做好工作。小区发生火灾，有以下6种情况时物业要担责：

(1)消防管道无法供水；

(2)疏于对公共区域的安全维护；

(3)消防通道堵塞；

(4)其他消防设施故障，如预警灯故障、消火栓出水慢、消火栓有水但无卡扣等；

(5)未及时发现险情或配合灭火；

(6)无消防设施。

小区物业有哪些消防安全职责?

(1)建立健全消防安全制度，实行防火安全责任制，确定本单位及内设各部门、各岗位的消防安全管理人，对本单位工作人员进行消防培训；

(2)对业主或非业主使用人员开展防火宣传教育，督促、指导业主或非业主使用人履行消防安全责任；

(3)根据实际需要建立由本单位工作人员组成的义务消防队，制订灭火和应急疏散预案，定期组织消防演练；

(4)组织防火检查，开展日常防火巡查，及时消除火灾隐患；

(5)按照国家有关规定完善消防设施、消防安全标志，配置灭火器材，定期组织检查维修、保养，确保消防设施和器材完好、有效；

(6)保障疏散通道、安全出口畅通无阻；落实专(兼)职消防安全员，承担消防安全检查、宣传和督促整改火灾隐患的职责，做好义务消防的日常工作；

(7)物业管理单位每年应当将对自动消防设施维修、保养的情况按照国家有关消防安全单位分级管理的规定报所在地公安消防机构备案，属于市消防安全重点管理单位的，报市公安消防机构备案；不属于市消防安全重点管理单位的，报区分所有建筑物所在地的区、县级市公安消防机构备案。

知识准备

一、火灾的成因和特点

(一)火灾的成因

火灾是指在时间或空间上失去控制的燃烧所造成的灾害。燃烧是可燃物与氧化剂作用发生的一种放热发光的剧烈化学反应。燃烧不是随便发生的，它必须具备3个必要条件，即可燃物、助燃物和点火源。

建筑物起火的原因多种多样，主要原因可以归结为生活用火不慎引起火灾、生产活动中违规操作引发火灾、化学或生物化学的作用造成的可燃物和易燃物自燃，以及因为用电不当而造成的电气火灾等。随着我国经济的飞速发展，人民生活水平的日益提高，用电场合和用电量剧增，电气火灾在建筑火灾中所占的比重越来越大。

(二)火灾的特点

一般来说，火灾形成及蔓延可分为3个阶段，即初始阶段、阴燃阶段和火焰燃烧阶段。建筑火灾与其他火灾相比，具有火势蔓延迅速、扑救困难、容易造成人员伤亡事故和经济损失严重的特点。

(1)火势蔓延极快。现代建筑，特别是高层建筑物，楼内布满了各种竖井及管道，犹如一个个烟囱。资料表明，烟囱效应可以使火焰及烟雾垂直腾升速度达到水平流动速度的5～8倍，且建筑物高度越高，传播速度也就越快。另外，建筑物内部装修时，常把大量有机材料或可燃、易燃物质带进建筑物，一旦着火，遍布各处的可燃材料就会造成火势的快速蔓延。

(2)人员及物资疏散困难。高层建筑中人员相对密集，发生火灾时，人员与物资的疏散速度要比烟气流速慢很多，而且是逆烟火方向，更加影响疏散的速度。一旦疏散组织不当，就会造成人员盲目流动，拥挤混乱，进一步增加疏散的难度。因此，在消防系统中必须设有减灾、应急设施，以便使火灾损失降到最小。

(3)扑救难度大。高层建筑火灾的扑救难度要比一般建筑大得多。由于高层建筑多是裙楼围绕主楼的布局，楼群密集，从而使消防车难以接近火场和火源。限于经济及技术等原因，目前我国还难以大量装备现代化灭火车、大功率泵及消防直升机等灭火新型设备。经济发达的大中城市消防部门使用的消防云梯车一般在50 m左右，部分特大城市消防部门配备的消防云梯车达到90 m左右，但数量极为有限。而灭火水枪喷水扬程又是有限的，从而造成灭火的难度大、效果差。这就对建筑物内部的自动消防系统及设施提出了更高的要求。

二、建筑消防系统的特点和重要性

建筑消防系统是建筑设备自动化系统的一个组成部分。所谓建筑消防系统，就是在建筑物内建立的自动监控、自动灭火的自动化消防系统。一旦建筑物发生火灾，该系统就是主要灭火者。目前，建筑消防系统已经可以实现自动监测现场火情信号、确认火灾、发出声光报警信号、启动相应设备进行自动灭火、排烟、封闭着火区域、引导人员疏散等功能，还能与上级消防控制单位进行通信联络，发出救灾请求。

现代化建筑消防系统，尤其是服务于高层建筑的建筑消防系统，也是一个功能齐全的具有先进控制技术的自动化系统。消防系统的设计与制造大量融入计算机控制技术、电子技术、通信技术、网络技术等现代科技，消防设备的生产已经走向通用化、系列化、标准化。在结构上，组成建筑系统的设备、器件，具有结构紧凑、反应灵敏、可靠性高、模块化设计、易于组装等特点，同时因为采用了冗余技术、自诊断技术等先进技术，使系统具有良好的性能指标。

自动消防系统在建筑物防火灭火中意义重大，建筑消防系统的设计、施工与应用是贯彻“预防为主，防消结合”这一消防工作指导方针的重要内容。在我国，建筑消防系统的实施已经提高到法制化的高度。有关消防系统的施工、应用、管理等工作已经制定了一系列强制实施的法律法规和技术规范，必须严格执行。

三、建筑物高度分界线

建筑物的高度是指建筑物室外地面到建筑物檐口或女儿墙顶部的高度。此高度对建筑消防系统的规划与实施有重要的影响。《民用建筑设计统一标准》(GB 50352—2019)中将10层以上的住宅建筑划归为高层建筑。公共建筑及综合性建筑总高度超过24 m为高层建筑，但是高度超过24 m的单层建筑不算高层建筑。超过100 m的民用建筑为超高层建筑。需要注意的是，对高层建筑的规定，各国的规定并不一致。

四、消防系统的结构与组成

认识火灾报警与联动系统

一个完整的消防系统应该包括火灾自动报警系统、灭火及消防联动控制系统。火灾自动报警系统主要由火灾探测器和火灾自动报警控制器等组成。灭火及消防联动控制系统包括紧急广播系统、事故照明系统、消防给水系统、自动喷淋装置、气体灭火控制装置、防排烟控制系统等子系统。其组成和结构如图10-1所示。

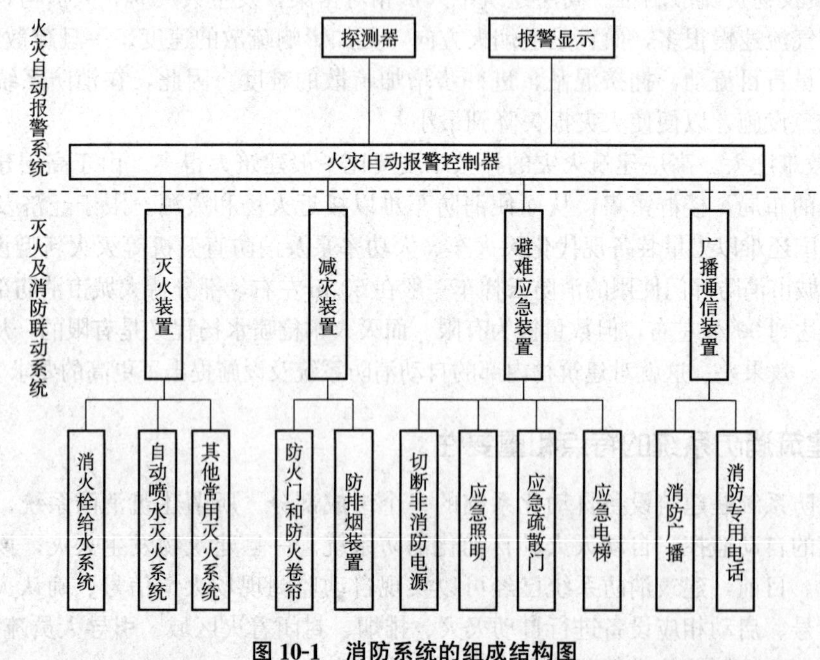

图10-1 消防系统的组成结构图

(一)火灾自动报警系统

火灾自动报警系统主要由探测器、报警显示和火灾自动报警控制器等构成。探测器能在火灾初期监控感知烟温等的变化，实现预先报警，并在主控屏上显示报警信号。一旦确认为火灾，将启动灭火及消防联动设备。

(二)灭火及消防联动系统

(1)灭火装置。灭火装置是消防系统的重要组成部分，可分为水灭火装置和其他常用灭火装置。其中，水灭火装置又可分为消火栓灭火系统和自动喷水灭火系统；其他常用灭火装置可分为二氧化碳灭火系统、干粉灭火系统、泡沫灭火系统、卤代烷灭火系统和移动式灭火器等。

(2)减灾装置。在消防系统中，不仅要妥善考虑灭火的各种问题，而且必须采取减灾措施，一旦发生火灾要将火灾损失降低到最小。常用的减灾装置有防火门、防火卷帘、防排烟装置等。

(3)避难应急装置。火灾发生后，为了及时通报火情，有序疏散人员，迅速扑救火灾，建筑物的消防系统须设置专用的应急照明、消防专用电话及消防电梯等应急避难装置。

(4)广播通信装置。火灾广播及消防专用通信系统包括火灾事故广播、消防专用电话、对讲机等，是及时通报火灾情况，统一指挥疏散人员的必备设施。

课堂练练手

为动画"火灾报警系统演示"配音

认真观看动画，根据所学的火灾报警及消防联动系统知识，为动画配音(配音时长可长于动画播放时间)，上传音频文件到学习通平台。

火灾报警系统演示

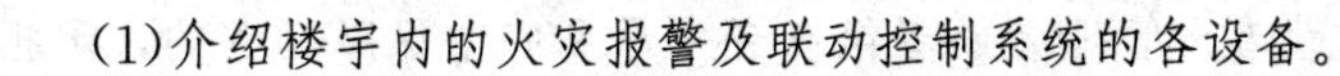
(1)介绍楼宇内的火灾报警及联动控制系统的各设备。

(2)模拟火灾发生时，各设备的报警联动工作过程。

教学任务2　认识室内消火栓灭火系统

知识目标

学习室内消火栓给水系统，能够认知室内水枪、消火栓、水龙带等，知晓其使用方法。

能力目标

具备发现物业项目消防隐患的能力。

案例引导

因在楼道堆放杂物突发起火致人重伤　业主、物业都担责

楼道是社区的基本公共空间。但一些人把旧家具、旧纸箱、垃圾袋等杂物堆砌在楼道，这不仅给居民的日常出行带来不便，也埋下了消防安全的隐患。王某是朝阳区某小区业主，退休后长期将其捡拾的废旧纸壳等大量杂物堆放在楼道内。2020 年 1 月 27 日 22 时 20 分左右，王某堆放在楼道内的杂物燃烧引发火灾，同住楼内的大学生小瑞沿楼梯间向下逃生，因火灾产生了大量浓烟、灼热气流，小瑞不幸被熏倒、烧伤。事故发生后，小瑞被家人紧急送至医院进行治疗。经诊断，小瑞全身 30%浅二度烧伤、5%深二度烧伤等不同程度烧伤，重度吸入性损伤、双眼烧伤、双耳烧伤，双手功能完全丧失，左前臂旋转功能完全丧失，体表瘢痕(除头颈部)。

【案例分析】 因就赔偿事宜无法协商一致，小瑞向法院提起诉讼，请求王某与小区物业公司共同赔偿医药费、误工费、残疾赔偿金、残疾辅助器具费等共计 1 000 余万元。一审法院认为，王某在楼道内堆放易燃物品，物业公司在日常管理中未及时发现该隐患，导致在遇火种时发生火灾。因无法确认火种的遗留人即具体侵权人，王某及物业公司应对小瑞的损失承担连带责任。顺着楼梯从顶层逐级而下，发现楼道内杂物堆积的情况反差明显。从 13 层下到 12 层的过程中楼梯及楼梯拐角处的公共空间和从 12 层下到 11 层的过程中，楼道内堆放的杂物无论从数量还是从种类上都十分惊人：破旧椅凳、电扇、花架子及大大小小的纸箱和编织袋将楼道摆得满满当当。电梯间停放的 3 辆自行车已经将消火栓稳稳地挡在了里面，紧急情况下很难取到。透过缝隙记者看到，消火栓内喷头、水带等配件已经不见踪迹，而消防设施情况检查表上的填写时间还停留在 2012 年 7 月。令人哭笑不得的是，就在这些堆积如山且遮蔽消火栓的杂物上却留有一张字条，上面写着“没有阻碍防火通道，请勿动”。法院据此判决，王某及物业公司承担连带责任，赔偿小瑞医药费、住院伙食补助费、营养费、护理费、残疾赔偿金、假肢费用、精神损害抚慰金等共计 633 万余元。

根据《中华人民共和国民法典》第 1198 条第 2 款可知，因第三人的行为造成他人损害的，由第三人承担侵权责任；经营者、管理者或者组织者未尽到安全保障义务的，承担相应的补充责任。物业公司受业主委托，对小区共用部位和公共设施履行综合管理职能，这种职能不仅是权利，更体现在义务上。结合本案例，物业公司发现违反消防安全的行为和火灾隐患，应当立即纠正排除；纠正排除有困难的，应当向消防部门进行报告。所以物业有排除消防隐患的义务。物业没有做到上述内容，因此，承担补充责任是合理的。

知识准备

一、消火栓给水系统的组成

灭火器的使用规则

消火栓给水系统由水枪、水龙带、消火栓、消防管道、消防水池、水箱、增压设备和水源等组成，如图 10-2 所示。当室外给水管网的水压不能满足室内消防要求时，应当设置消防水泵和水箱。

1. 水枪

消火栓的使用

水枪常用铜、塑料、铝合金等不易锈蚀的材料制造，按有无开关可分为直流式和开关式两种。室内一般采用直流式水枪。水枪喷嘴直径有 13 mm、16 mm、19 mm 等几种。直径为 13 mm 的水枪配备直径为 50 mm 的水龙带；直径为 16 mm 的水枪配备直径为 50 mm 或 65 mm 的水龙带；直径为 19 mm 的水枪配备直径为 65 mm 的水龙带。高层建筑消防系统的水枪喷嘴直径不小于 19 mm。

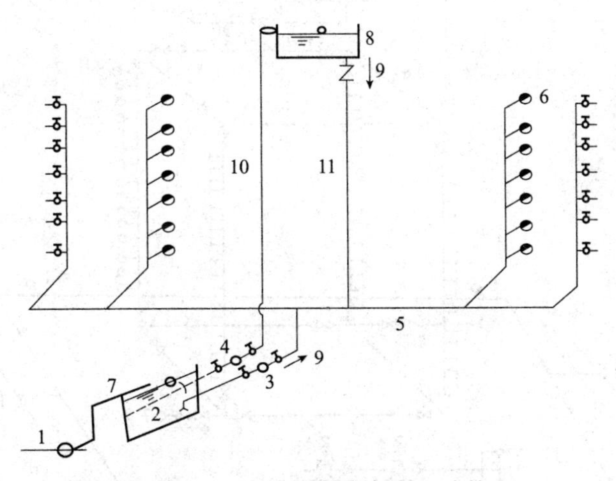

图 10-2　消火栓给水系统(低层建筑)

1—室外给水管；2—储水池；3—消防泵；4—生活水泵；5—室内管网；6—消火栓及消火立管；7—给水立管及支管；8—水箱；9—单向阀；10—进水管；11—出水管

2. 水龙带

常用水龙带材料一般有帆布、麻布和衬胶三种，衬胶水龙带压力损失小，但抗折叠性能不如帆布、麻布材料的好。常用水龙带直径有 50 mm 和 65 mm 两种，长度为 15 m、20 m、25 m 等，不宜超过 25 m。水龙带一端与消火栓相连，另一端与水枪相接。

3. 消火栓

消火栓是具有内扣式接口的球形阀式龙头，一端与消防立管相连，另一端与水龙带相接，有单出口和双出口之分。单出口消火栓直径有 50 mm 和 65 mm 两种；双出口消火栓直径为 65 mm。低层建筑中一般采用单出口消火栓；高层建筑中应采用 65 mm 口径的消火栓。

4. 消防水池

消防水池用于无室外消防水源的情况，储存火灾持续时间内的室内消防用水量。消防水池可设于室外地下或地面上，也可设于室内地下室或与室内游泳池、水景水池兼用。消防水池应设溢水管、带有水位控制阀的进水管、通气管、泄水管、出水管及水位指示器等装置。根据各种用水系统的供水水质要求是否一致，可将消防水池与生活或生产储水池结合使用，也可单独设置。

5. 消防水箱

低层建筑室内消防水箱是储存扑救初期火灾消防用水的储水设备，它提供扑救初期火灾的水量和保证扑救初期火灾时灭火设备必要的水压。消防水箱宜与生活、生产水箱合用，以防止水质变坏。水箱内应储存可连续使用 10 min 的室内消防用水量。

消防与生活或生产合用水池、水箱时，应具有保证消防用水平时不作他用的技术措施。

二、室内消火栓给水系统的类型

室内消火栓给水系统的类型按照高层、低层建筑，可分为低层建筑室内消火栓给水系统(图 10-2)和高层建筑室内消火栓给水系统(图 10-3)。

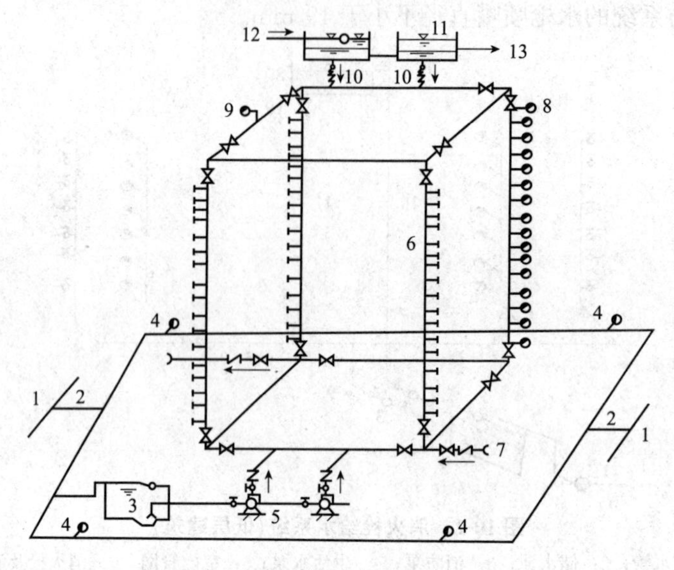

图 10-3　高层建筑室内消火栓给水系统

1—室外给水管网；2—进户管；3—储水池；4—室外消火栓；5—消防泵；6—消防管网；7—水泵接合器；8—室内消火栓；9—屋顶消火栓；10—单向阀；11—水箱；12—给水；13—生活用水

(一)低层建筑室内消火栓给水系统

(1)低层建筑室内消火栓给水系统按有无水箱、水泵，可分为以下三类：

①无水箱、水泵的室内消火栓给水系统：该系统适用室外给水管网所供水量和水压能满足室内消火栓给水系统所需的水量和水压时。

②仅设水箱不设水泵的消火栓给水系统：该系统适用室外给水管网一日间压力变化较大、但水量能满足消防需要的环境。这种方式的管网应独立设置。

③设有消防泵和消防水箱的室内消火栓给水系统。

(2)根据我国《建筑设计防火规范(2018 年版)》(GB 50016—2014)的规定，下列建筑物必须设置室内消火栓给水系统。

①建筑占地面积大于 300 m^2 的厂房和仓库。

②高层公共建筑和建筑高度大于 21 m 的住宅建筑。

注：建筑高度不大于 27 m 的住宅建筑，设置室内消火栓系统确有困难时，可只设置干式消防竖管和不带消火栓箱的 DN65 mm 的室内消火栓。

③体积大于 5 000 m^3 的车站、码头、机场的候车(船、机)建筑、展览建筑、商店建筑、旅馆建筑、医疗建筑和图书馆建筑等单、多层建筑。

④特等、甲等剧场，超过 800 个座位的其他等级的剧场和电影院等及超过 1 200 个座位的礼堂、体育馆等单、多层建筑。

⑤建筑高度大于 15 m 或体积大于 10 000 m^3 的办公建筑、教学建筑和其他单、多层民用建筑。

(二)高层建筑室内消火栓给水系统

高层建筑室内消火栓给水系统按分布不同，可分为以下两类：

(1)高层建筑区域集中的高压、临时高压室内消防给水系统。共用消防井或采用临时加压方式。这种方式便于集中管理，适用高层建筑密集区。

(2)分区供水的室内消火栓给水系统。当建筑高度超过 50 m 或消火栓处静水压力超过 800 kPa 时，为方便灭火和保障供水设备的安全，宜采用分区供水的室内消火栓给水系统。

高层建筑室内消火栓的设置应符合《建筑设计防火规范(2018 年版)》(GB 50016—2014)的规定。

三、室内消火栓给水系统的布置要求

(1)建筑高度小于或等于 21 m，体积小于或等于 5 000 m^3 的库房，应保证有一支水枪的充实水柱到达同层内任何部位。

(2)其他民用建筑应保证有 2 支水枪的充实水柱达到同层内任何部位。

(3)消火栓口距离地面安装高度为 1.1 m，栓口宜向下或与墙面垂直安装。为保证及时灭火，每个消火栓处应设置直接启动消防水泵按钮或报警信号装置。

(4)消火栓应设在使用方便的走道内，宜靠近疏散方便的通道口处、楼梯间内。

(5)在建筑物顶应设一个消火栓，以利于消防人员经常检查消防给水系统是否能正常运行；同时，还能起到保护本建筑物免受邻近建筑火灾波及的作用。

仿真演示：室内消火栓灭火系统

(6)在合并系统中，消火栓立管应独立设置，不能与生活给水立管合用。

(7)低层建筑消火栓给水立管直径不小于 50 mm，高层建筑消火栓给水立管直径不小于 100 mm。

(8)同一建筑内应采用相同规格的消火栓、水龙带和水枪。

教学任务 3 认识自动喷水灭火系统

知识目标

通过学习自动喷水灭火系统，能够区分不同类型的自动喷水灭火装置的适用场合。

能力目标

具备发现物业项目消防隐患的能力。

案例引导

业主烧纸钱引爆喷淋水淹电梯 法院判决双方均需担责

业主在公寓门口烧纸钱，引发消防喷淋头爆裂，结果由于电梯进水而发生故障。物业将业主告上了法庭，要求业主赔偿电梯维修相关费用。但是，经判决，物业也得承担相应责任。2021 年 7 月 4 日凌晨，家住海沧某小区的阿民和家人一起在家门口架起了自制铁桶，烧纸钱。烧着烧着，楼道里顶棚顶部一消防喷淋头突然爆裂，水花四射。小区物业人员在事发不久后

来到现场。从消防喷淋头爆裂到最后喷淋头故障排除，大约花了4 h。处理完事件后，物业方发现，靠近阿民家一侧的电梯发生了故障。而维修公司人员检查后，出具了《工程联系函》，称“电梯故障是因阿民一家使用不当，引起大量消防水进入电梯，导致电梯轿厢、轿顶、井道、底坑严重进水”，维修费用共计9 720元。小区物业在垫付了电梯的维修费用后，便向阿民一家追讨，阿民一家拒绝返还电梯维修费。无奈之下，物业将阿民一家起诉至法院。

【案例分析】 物业提供的证词似乎很明确地描述了过程——阿民一家在烧纸钱，由于燃烧温度过高，导致自动消防系统启动，消防水直接喷射至地面，导致电梯进水，引起电梯设备因水侵蚀而损坏无法运行。面对物业的追讨，阿民称是因为消防喷淋头的非正常运作，才导致了电梯损坏的发生，消防喷淋头在案发当晚不是喷水而是直接爆裂，导致消防出水量过高。物业处理了约4 h，其间一直在出水，这才导致电梯进水。经审理，海沧区人民法院认为，阿民一家在小区楼道公共区域烧纸钱的行为存在安全隐患，直接导致消防喷淋头出水，与电梯进水存在因果关系；但是，从原告提交的玻璃球洒水喷头自动喷水灭火系统《使用说明书》的内容来看，消防喷淋头的工作原理应为“喷头开启并按设定的洒水形状喷向保护区进行灭火”，与本案例查明的事实“一个消防喷淋头爆裂并整个脱落，喷淋头连接的水管开始出水”显然不相符，电梯大量进水受损与现场消防喷淋头的非正常工作状态也有直接关联。综合本案案情，法院酌定阿民一家的不当行为对电梯造成损坏的参与度为40%，物业方承担60%责任，即阿民一家赔偿3 888元。

知识准备

一、自动喷水灭火系统的分类

自动喷水灭火装置是一种能自动喷水灭火，同时发出火警信号的消防给水设备。这种装置多设置在火灾危险大、起火蔓延很快的场所，或者容易自燃而无人管理的仓库及消防要求较高的建筑物。

自动喷水灭火系统按喷头开闭形式，可分为闭式自动喷水灭火系统和开式自动喷水灭火系统。前者有湿式、干式、干湿式和预作用自动喷水灭火系统之分；后者有雨淋喷水灭火系统、水幕消防系统和水喷雾灭火系统之分。

（一）闭式自动喷水灭火系统

1. 湿式自动喷水灭火系统

湿式自动喷水灭火系统由闭式喷头、管道系统、湿式报警阀、火灾报警装置和供水设施等组成。由于其供水管路和喷头内始终充满有压水，故称为湿式自动喷水灭火系统。发生火灾时，火焰或高温气流使闭式喷头的热敏元件动作，闭式喷头开启，喷水灭火。此时，管网中的水由静止变为流动，使水流指示器动作送出电信号，在报警控制器上指示某一区域已在喷水。闭式喷头开启持续喷水泄压造成湿式报警阀上部水压低于下部水压，在压力差的作用下，原来处于关闭状态的湿式报警阀自动开启，压力水通过湿式报警阀流向灭火管网，同时打开通向水力警铃的通道，水流冲击水力警铃发出声响报警信号。控制中心根据水流指示器或压力开关的报警信号，自动启动消防水泵向系统加压供水，达到持续自动喷水灭火的目的。其工作原理及流程如图10-4所示。

湿式自动喷水灭火系统结构简单，施工、管理方便；经济性好；灭火速度快，控制率高；适用范围广，可以与火灾自动报警装置联合使用，使其功能更加安全、可靠。该系统适用设置在室内温度不低于 4 ℃且不高于 70 ℃的建筑物、构筑物内。

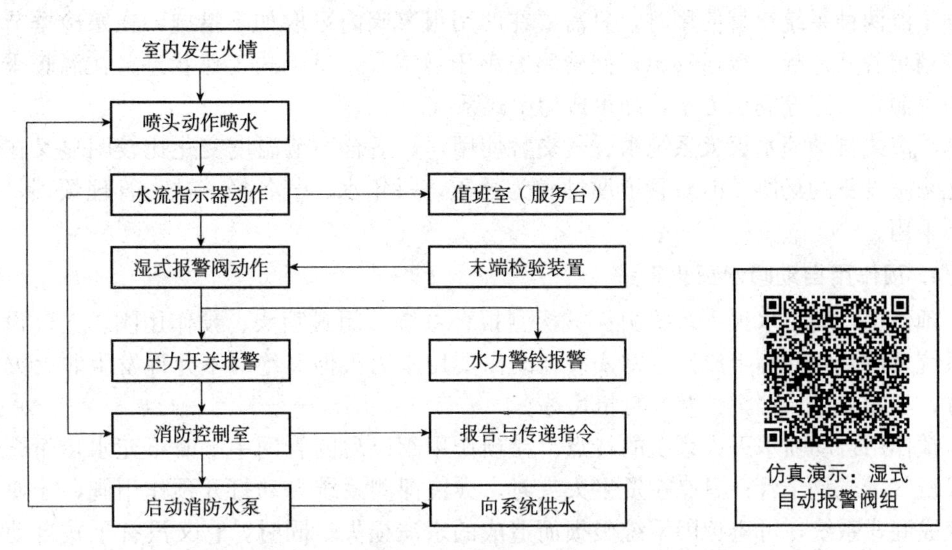

图 10-4 湿式自动喷水灭火系统的工作原理及流程

2. 干式自动喷水灭火系统

干式自动喷水灭火系统由闭式喷头、管道系统、干式报警阀、充气设备、报警装置和供水设施等组成。由于报警阀后的管道内充以有压气体，故称为干式喷水灭火系统。

干式自动喷水灭火系统的特点：报警阀后的管道中无水，故可避免冻结和水汽化的危险；由于喷头受热开启后有一个排气过程，所以灭火速度较湿式系统慢。因为有充气设备，建设投资较高，平常管理也比较复杂、要求高。干式自动喷水灭火系统适用环境温度在 4 ℃以下和 70 ℃以上而不宜采用湿式自动喷水灭火系统的地方。干式自动喷水灭火系统工作原理及流程如图 10-5 所示。

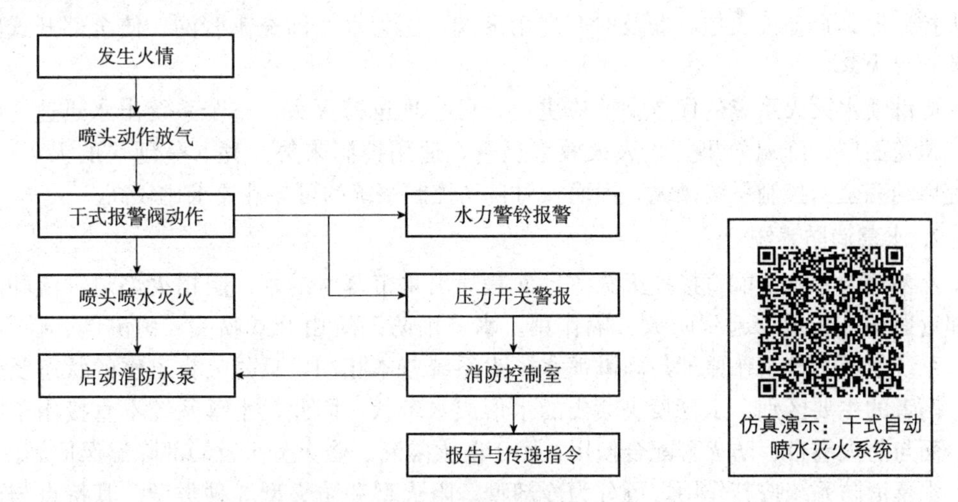

图 10-5 干式自动喷水灭火系统工作原理及流程

3. 干湿式自动喷水灭火系统

干湿式自动喷水灭火系统可称为干湿两用系统（又称干湿交替系统），是将干式和湿式两种系统的优点结合在一起的一种自动喷水灭火系统。在环境温度高于 70 ℃、低于 4 ℃时系统呈干式；环境温度为 4 ℃～70 ℃时转化为湿式系统。

干湿两种系统交替使用时，只需要在两用报警阀内采取如下措施：在寒冷季节将报警阀的销板脱开片板，接通气源，使管路充满压缩空气，呈干式工作状态；在温暖季节只需切断气源，管路充满压力水，即可成为湿式系统。

干湿式自动喷水灭火系统水、气交替使用，最适合季节温度变化比较明显又在寒冷时期无采暖设备的场所。但对管道腐蚀较为严重，每年水、气各换一次，管理烦琐，因此尽量不采用。

4. 预作用自动喷水灭火系统

预作用自动喷水灭火系统由火灾探测报警系统、闭式喷头、预作用阀、充气设备、管道系统及控制组件等组成。通常安装在既需要用水灭火但又绝对不允许发生非火灾跑水的地方，如图书馆、档案馆及计算机房等。

预作用自动喷水灭火系统的特点：在预作用阀以后的管网中平时不充水，而充加压空气或氮气，或是干管；只有在发生火灾时，火灾探测系统自动打开预作用阀，才使管道充水变成湿式系统，可避免因系统破损而造成的水渍损失；同时，它又没有干式自动喷水灭火系统必须待喷头动作后排完气才能喷水灭火、延迟喷头喷水时间的缺点；另外，系统有早期报警装置，能在喷头动作之前及时报警，以便及早组织扑救。系统将湿式喷水灭火系统与电子报警技术和自动化技术紧密结合，更加完善和安全，从而扩大了系统的应用范围。

（二）开式自动喷水灭火系统

1. 雨淋喷水灭火系统

雨淋喷水灭火系统由开式喷头、闭式喷头、雨淋阀、火灾探测器、报警控制系统、供水系统组成。

当建筑在系统保护区内任一处发生火灾时，火灾探测器会把火灾信号及时传输到自动灭火控制器，自动灭火控制器及时开启雨淋阀，压力水立即充满管网，使全部开式喷头同时喷水灭火。

雨淋喷水灭火系统的优点：反应更快，可实现迅速灭火，整个系统出水迅速，喷水量大，覆盖面广，降温效果好，灭火效率显著，适用控制来势凶猛、蔓延快的火灾；缺点：系统启动完全由控制系统操纵，因而，对自动控制系统的可靠性要求比较高。

2. 水幕消防系统

水幕消防系统不能直接扑灭火灾，而是喷出水帘幕状的水，阻挡火焰热气流和热辐射向邻近保护区扩散，起到防火分隔作用。水幕消防系统由开式喷头、雨淋阀、控制设备、供水系统组成。其工作原理与雨淋喷水灭火系统基本相同，只是喷头出水的状态及作用不同。两者的主要区别：水幕喷头喷出的水形成水帘状，因此，水幕系统不直接用于扑灭火灾，而与防火卷帘、防火幕配合使用，用于防火隔断、防火分区及局部降温保护等。

水幕消防系统按其作用，可分为冷却型、阻火型和防火型 3 种类型。其特点与雨淋喷水灭火系统基本相同，强调控制系统的高可靠性。

3. 水喷雾灭火系统

水喷雾灭火系统是利用水雾喷头在较高的水压力作用下，将水流分离成细小水雾滴，喷向保护对象而实现灭火和防护冷却作用的。

水喷雾灭火系统的工作原理与雨淋喷水灭火系统和水幕消防系统基本相同。水喷雾灭火系统利用高压水，经过各种形式的雾化喷头将雾状水流喷射在燃烧物表面时，会产生表面冷却、窒息、冲击乳化和稀释4种作用，以此实现灭火效果。水喷雾灭火系统不仅在扑灭一般固体可燃物火灾中提高了水的灭火效率，而且由于细小水雾滴形态所具有的不会造成液体飞溅、电气绝缘度高的特点，在扑灭液体火灾和电气火灾中得到广泛应用。

水喷雾灭火系统用水量少，冷却和灭火效果好，使用范围广泛。该系统适用扑救固体火灾、闪点高于60 ℃的液体火灾和电气火灾，能对可燃气体和甲、乙、丙类液体的生产、储存装置和装卸设施进行防护冷却。水喷雾灭火系统由水雾喷头、管网、雨淋阀组、给水设备、火灾自动报警控制系统等组成。

二、自动喷水灭火系统的主要组件

(一)闭式喷头

闭式喷头由喷水口、感温释放机构和溅水盘等组成。在系统中担负着探测火灾、启动系统和喷水灭火的任务。

闭式喷头按感温元件的不同，可分为玻璃球洒水喷头(图10-6)和易熔元件洒水喷头(图10-7)两种。

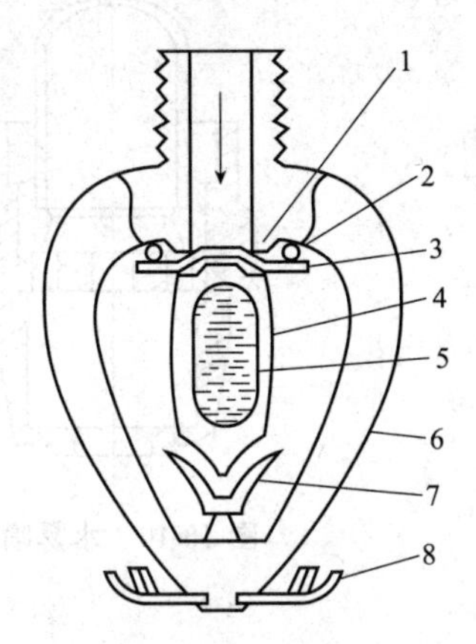

图10-6 玻璃球洒水喷头

1—阀座；2—填圈；3—阀片；4—玻璃球；5—色液；6—支架；7—锥套；8—溅水盘

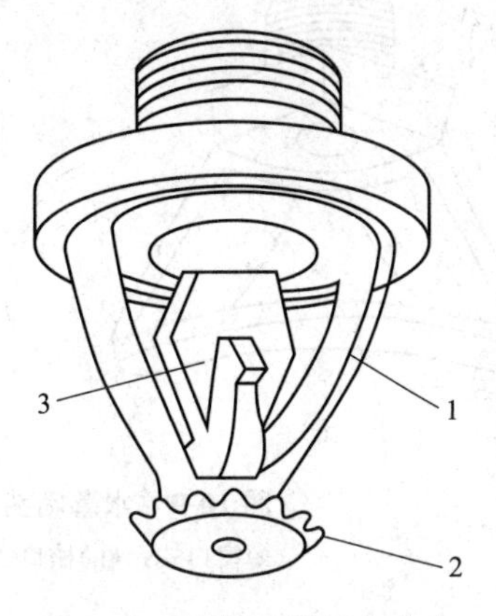

图10-7 易熔元件洒水喷头

1—支架；2—溅水盘；3—锁片

(二)开式喷头

开式喷头有开式洒水喷头、水幕喷头和水雾喷头三种形式。

1. 开式洒水喷头

开式洒水喷头是无释放机构的洒水喷头，其喷水口是敞开的。按安装形式可分为直立式和下垂式；按结构可分为单臂和双臂两种，如图10-8所示。

2. 水幕喷头

水幕喷头是开口的喷头，可将水喷洒成水帘状，成组布置时可形成一道水幕。按构造和用途不同，可分为窗口式和檐口式，如图 10-9 所示。

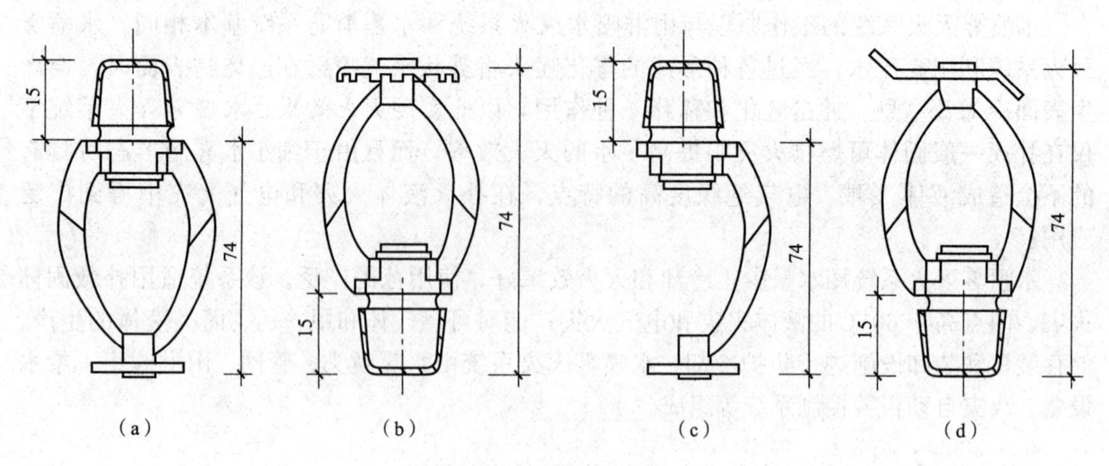

图 10-8　开式洒水喷头

(a)直立式；(b)下垂式；(c)单臂；(d)双臂

3. 水雾喷头

水雾喷头是在一定压力下，利用离心或撞击原理将水分解成细小水滴以锥形喷出的喷水部件，如图 10-10 所示。

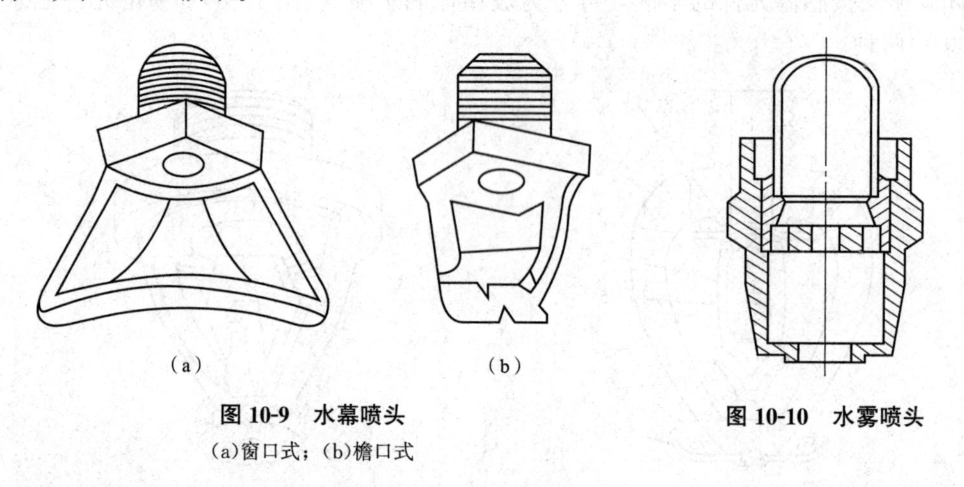

图 10-9　水幕喷头

(a)窗口式；(b)檐口式

图 10-10　水雾喷头

(三)报警阀

报警阀的作用是开启和关闭管网的水流，传递控制信号至控制系统并启动水力警铃直接报警，一般有湿式、干式和雨淋式 3 种类型。报警阀构造如图 10-11 所示。

(1)湿式阀用于湿式系统。按结构形式不同有座圈型湿式阀、导阀型湿式阀和蝶阀型湿式阀。

(2)干式阀用于干式系统。其阀瓣将阀门分成出口侧与系统管路和喷头相连两部分，内充压缩空气，进口侧与水源相连。干式阀利用两侧气压和水压作用在阀瓣上的力矩差控制阀瓣的封闭与开启。

(3)雨淋阀在自动喷水灭火系统中用于预作用系统。此外，还用于雨淋喷水灭火系统、水幕系统和水喷雾系统。雨淋阀可用自动控制系统控制，也可手动控制开启。

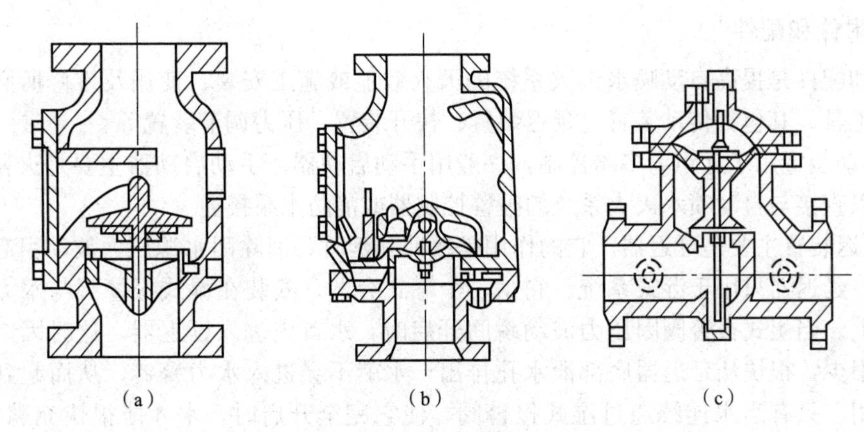

图 10-11　报警阀构造

(a)座圈型湿式阀；(b)差动式干式阀；(c)隔膜型雨淋阀

(四)报警控制装置

报警控制装置是指在自动喷水灭火系统中起监测、控制、报警作用，并能发出声、光等信号的装置。其主要由报警控制器、监测器和报警器等组成。

1. 报警控制器

报警控制器的基本功能主要包括接收信号、输出信号和监控系统自身的工作状态。报警控制器根据功能和系统应用的不同，可分为湿式系统报警控制器、雨淋和预作用系统报警控制器。

2. 监测器

常见的监测器有水流指示器、阀门限位器、压力监测器等，能分别对管网内的水流、阀门的开启状态和消防水池、水箱与水位等进行监测，并能以电信号的方式向报警控制器传送状态信息。

水流指示器安装于湿式喷水灭火系统的配水干管或支管上，利用插入管内的金属或塑料叶片，随水流而动作。当喷头喷水灭火或管道发生意外损坏，有水流过装有水流指示器的管道时，因水的流动而引起叶片移动，经过一定的延迟时间后，及时发出区域、分区水流信号，送至消防控制室，指示出发生火灾或系统故障的具体部位。

阀门限位器用于监视闸阀的开启状态，当部分或全部关闭时，即向系统的报警控制器发出报警信号。

压力监测器在自动喷水灭火系统中，常用作稳压泵的自动开关控制器件。

3. 报警器

报警器是用来发出声响报警信号的装置，包括水力警铃和压力开关。

(1)水力警铃是一种靠压力水驱动的撞击式警铃，由警铃、铃锤、转轴、水轮机、输水管等组成。当报警阀打开消防水源后，压力水由输水管通过导管从喷头喷出，冲击水轮转动，使铃锤不断击响警铃报警。

(2)压力开关是一种利用水压或气压驱动的电气开关，通常与水力警铃一起安装使用。在水力警铃报警的同时，依靠警铃管内水压的升高自动接通电触点，完成电动警铃报警，向消防控制室传送电信号或启动消防水泵。

(五)附件和配件

附件和配件是提高自动喷水灭火系统的灭火效能或施工安装、使用及维修所必需的部件和专用工具。其包括传动装置、延迟装置、快开装置、压力调节装置等。

(1)传动装置用于远距离多路控制，一般用手动启动器。手动启动器主要是火警紧急按铃。它可以直接与自动喷水灭火系统的报警控制器或消防水泵接通。

(2)延迟装置主要是延迟器。它的作用是缓冲和延时，消除因水源压力波动引起的水力警铃误报。延迟器只用于湿式系统。它是一个罐式容器，安装在湿式报警阀与水力警铃之间的管路上。当湿式报警阀因压力波动瞬间开启时，水首先进入延迟器，这时因进入延迟器的水量很少，很快从延迟器底部泄水孔排出，水就不会进入水力警铃，从而起到防止误报警的作用。只有当水连续通过湿式报警阀，使它完全开启时，水才能很快充满延迟器，并由顶部的出口流向水力警铃，发出报警信号。

(3)快开装置用于干式系统，可以起到加快排气过程、缩短阀门开启时间和提高系统灭火效果的作用。

(4)压力调节装置在系统中起调节、平衡系统管路水压的作用。

课堂练练手

找出干式自动喷水灭火系统和湿式自动喷水灭火系统的不同之处

观看消防系统仿真演示视频中的干式自动喷水灭火系统和湿式自动喷水灭火系统，简要说明两个系统的不同之处。

教学任务4 认识火灾的防火排烟系统

知识目标

根据建筑火灾的防火排烟的内容，能够识别防火排烟系统的主要设备。

能力目标

具备发现物业项目消防隐患的能力。

案例引导

餐厅火灾见烟不见火 排烟管烟雾倒排是祸首

20××年7月7日中午，南宁市七星路华星城一楼的快而美餐厅突然冒出滚滚浓烟，餐厅工作人员紧急疏散了客人并报火警。消防队员闻讯赶来，在浓烟中却怎么也找不到明火，一下子没了扑救对象。原来，是该餐厅的厨房排烟管堵塞，使得烟雾倒排。

12时50分，一位客人正在该餐厅内用餐，忽然听到餐厅厨房传来一阵嘈杂声，扭过头一看，一股黑色的烟雾从里面涌出来，工作人员正从厨房往外跑。他还没弄清楚是怎么回事，餐厅内的灯光突然熄灭，应急灯亮起。工作人员告诉客人说可能着火了，叫大家赶紧离开。此时，餐厅已经完全被黑烟雾笼罩。另一客人告诉记者，当时他坐在靠窗的位置，正吃得香，忽然发现玻璃窗外有人用一种奇怪的眼神看着自己，他莫名其妙地环顾四周，这才发现刚才还在周围一起吃饭的几十人都不见了，餐厅内浓烟密布，他赶紧站起来往外跑。

【案例分析】 数辆消防车赶到，消防队员一下车就拉起水枪往里面喷水。消防队员进入餐厅后纳闷地发现，里面并没有明火燃点，只有黑色的浓烟。于是，消防队员关闭了水枪，搬来鼓风机放在餐厅内吹散烟雾，寻找火源。记者进入餐厅时发现，里面的设施完好无损，桌面上一双双有序摆放的筷子表明客人撤离时都很镇定。直到 13 时 20 分，经过鼓风机 10 min 左右的吹风，餐厅大厅的烟雾已经散去，消防队员经过一番勘察，确认现场无危险后收队离去。7 日 20 时许，该餐厅负责人向记者透露，事后调查得知，浓烟是从餐厅厨房冒出的，但厨房并没有失火，只是排烟管道发生堵塞，导致大量积在管道内的烟倒排，才出现 7 日中午那场见烟不见火的“火灾”。

知识准备

一、火灾烟气的控制

(一)隔断或阻挡

墙、楼板、门等都具有隔断烟气传播的作用。为了防止火势蔓延和烟气传播，建筑中必须划分防火分区和防烟分区。

(1)防火分区。防火分区是指用防火墙、楼板、防火门或防火卷帘等分隔的区域，可以将火灾限制在一定局部区域内，不使火势蔓延。当然，防火分区的隔断同样也对烟气起到隔断作用。在建筑物中应合理地进行防火分区，每层应做水平分区，垂直方向也要做分区。

水平防火分区的分隔物，主要依靠防火墙，也可以利用防火水幕带或防火卷帘加水幕。防火墙是指由非燃烧材料组成，直接砌筑在基础上或钢筋混凝土框架梁上，耐火极限不小于 3 h 的墙体。防火墙上尽量不开洞口。必须开设时，应设耐火极限不小于 1.2 h 的防火门窗。

竖直方向通常每层划分为一个防火分区，以耐火楼板为分隔。对于在两层或多层之间设有各种开口，如设有开敞楼梯、自动扶梯、中庭的建筑，应把连通部分作为一个竖向防火分区的整体考虑，且连通部分各层面积之和不应超过允许的水平防火分区的面积。

(2)防烟分区。防烟分区是指用挡烟垂壁、挡烟梁、挡烟隔墙等划分的，可把烟气限制在一定范围的空间区域。防烟分区是对防火分区的细分化，防烟分区内不能防止火灾的扩大。它是有利于建筑物内人员安全疏散与有组织排烟而采取的技术措施。防烟分区使烟气集中于设定空间，通过排烟设施将烟气排至室外。防烟分区范围是指以屋顶挡烟隔板、挡烟垂壁或从顶棚向下凸出不小于 500 mm 的梁为界，从地板到屋顶或吊顶之间的规定空间。

防烟分区和防火分区的划分方法基本相同，即按每层楼面作为一个垂直防烟分区；每个楼面的防烟分区可在每个水平防火分区内划分出若干个。防烟分区不应跨越防火分区。每个防烟分区的面积不应超过 500 m^2，对装有自动灭火设备的建筑物其面积可增大一倍。

此外，还应注意竖井分区。如商场的中央自动扶梯处是一个大开口，应设置用感烟探测器控制的隔烟防火卷帘。

(二)排烟

排烟的部位有着火区和疏散通道两类。着火区排烟的目的是将火灾发生的烟气排到室外，降低着火区的空气压力，不使烟气流向非着火区；疏散通道排烟的目的是排除可能侵入的烟气，以利于人员安全疏散及救火人员通行。排烟可分为自然排烟和机械排烟。

(1)自然排烟。自然排烟有两种方式：一种是利用可开启外窗或专设的排烟口排烟；另一种是利用竖井排烟，如图 10-12 所示。

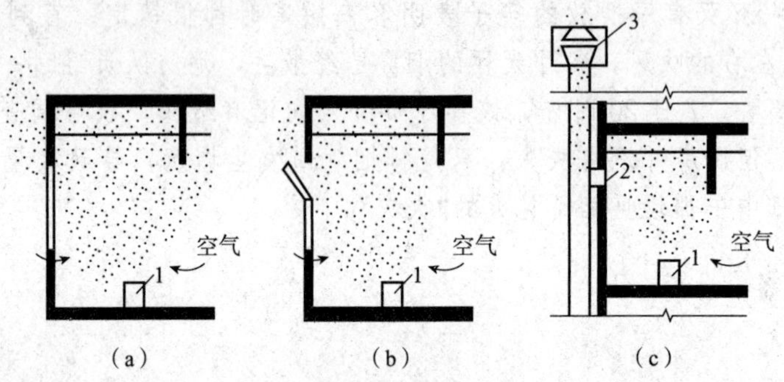

图 10-12 自然排烟

(a)利用可开启外窗排烟；(b)利用专设排烟口排烟；(c)利用竖井排烟

1—火源；2—排烟风口；3—避风风帽

自然排烟的优点：不需电源和风机设备，可兼作平时通风用，避免设备的闲置；其缺点：受室外风向、风速和建筑本身的密封性或热作用的影响，排烟效果不稳定。当开口部位在迎风面时，不仅降低排烟效果，有时还可能使烟气流向其他房间。

在高层建筑中，除建筑物高度超过 50 m 的一类公共建筑和建筑高度超过 100 m 的居住建筑外，靠外墙的防烟楼梯间及其前室、消防电梯间前室和合用前室及净空高度小于 12 m 的中庭，可采用自然排烟方式。自然排烟窗、排烟口、送风口应设开启方便、灵活的装置。

(2)机械排烟。机械排烟方式是将火灾产生的烟气通过排烟风机排到室外。机械排烟可分为局部排烟和集中排烟两种方式。局部排烟方式是在每个需要排烟的部位设置独立的排烟风机直接进行排烟；局部排烟方式投资大，而且排烟风机分散，维修管理麻烦，所以很少采用。如采用时，一般与通风换气要求相结合，即平时可兼作通风、排风使用。集中机械排烟就是把建筑物划分为若干个系统，每个系统设置一台大型排烟机，系统内的各个房间的烟气通过排烟口进入排烟管道引到排烟机直接排至室外，如图 10-13 所示。机械排烟的优点：受室外风压影响小，能有效地保证疏散通路，使烟气不向其他区域扩散；缺点：有关设备需耐受高温烟气，管理维护相对较复杂。

对机械排烟设施的要求如下：

①排烟口应设在顶棚上或靠近顶棚的墙面上，设在顶棚上的排烟口，与可燃构件或可燃物的距离不应小于 1 m。

②排烟口应设有手动和自动开启装置，平时关闭。当发生火灾时，仅开启着火楼层的排烟口。

③防烟分区内的排烟口与最远点的水平距离不应超过 30 m。走道的排烟口应尽量布置

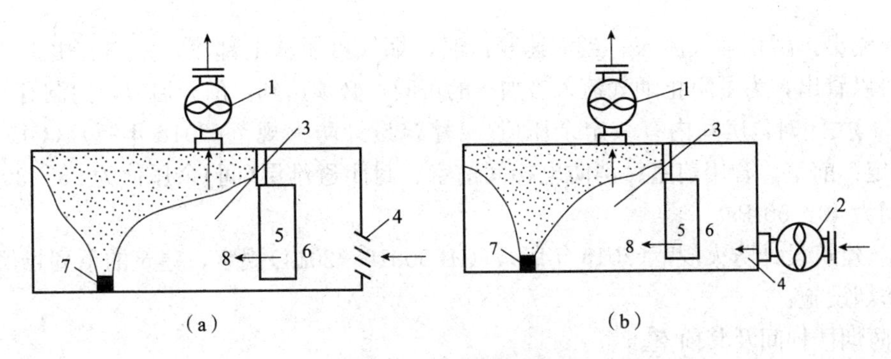

图 10-13　机械排烟方式

(a)自然进风，机械排烟；(b)机械进风，机械排烟

1—排烟风机；2—进风风机；3—排烟口；4—进风口；5—门；6—走廊；7—着火点；8—火灾室

在与人流疏散方向相反的位置。

④在排烟支管和排烟风机入口处，应设有温度超过 280 ℃时能自行关闭的排烟防火阀。

⑤当任一排烟口或排烟阀开启时，排烟风机应能自行启动。

⑥排烟风道必须采用不燃材料制作。安装在吊顶内的排烟管道，其隔热层应采用不燃材料制作，并应与可燃物保持不小于 1.50 m 的距离。

⑦机械排烟系统与通风、空调系统宜分开设置。若合用时，必须采取可靠的防火安全措施，并应符合排烟系统要求。

⑧设置机械排烟的地下室，应同时设置送风系统。

机械排烟系统由挡烟垂壁、排烟口、排烟道、排烟阀、排烟防火阀、排烟风机等组成。其适用不具备自然排烟条件或较难进行自然排烟的内走道、房间、中庭及地下室。带裙房的高层建筑防烟楼梯间及其前室、消防电梯间前室或合用前室，当裙房以上部分利用可开启外窗进行自然排烟；裙房部分不具备自然排烟条件时，其前室或合用前室应设置局部机械排烟设施。

(三)加压防烟

加压防烟是用风机把一定量的室外空气送入一房间或通道内，使室内保持一定压力或门洞处有一定空气流速以避免烟气侵入。图 10-14 所示为加压防烟的两种情况。

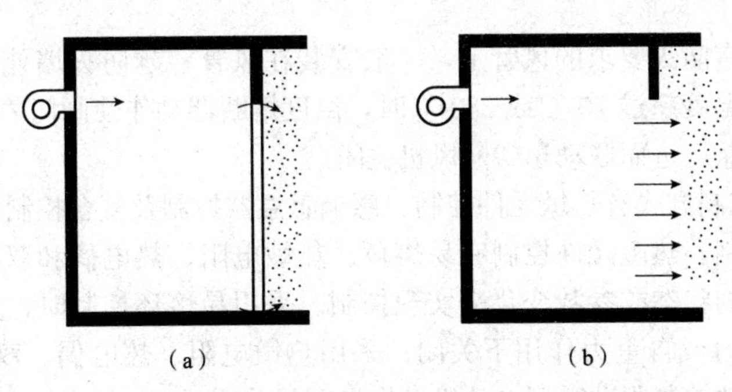

图 10-14　加压防烟示意

(a)门关闭时；(b)门开启时

其中，图 10-14(a)所示为当门关闭时房间内保持一定余压值，空气从门缝或其他缝隙处流出，防止了烟气的侵入；图 10-14(b)所示为当门开启时，送入加压区的空气以一定风

速从门洞流出，阻止烟气流入。当流速较低时，烟气可能从上部流入室内。由上述两种情况分析可以看出，为了阻止烟气流入被加压的房间，必须达到：门开启时，门洞有一定向外的风速；门关闭时，房间内有一定余压值。《建筑设计防火规范(2018 年版)》(GB 50016—2014)规定：前室、合用前室、消防电梯间前室、封闭避难层(间)余压值为 25～30 Pa；防烟楼梯间为 40～50 Pa。

根据《建筑设计防火规范(2018 年版)》(GB 50016—2014)规定，建筑的下列场所或部位应设置防烟设施：

(1)防烟楼梯间及其前室。

(2)消防电梯间前室或合用前室。

(3)避难走道的前室、避难层。

建筑高度不大于 50 m 的公共建筑、厂房、仓库和建筑高度不大于 100 m 的住宅建筑，当其防烟楼梯间的前室或合用前室符合下列条件之一时，楼梯间可不设防烟系统。

(1)前室或合用前室采用敞开的阳台、凹廊。

(2)前室或合用前室具有不同朝向的可开启外窗，且可开启外窗的面积满足自然排烟口的面积要求。

楼梯间每隔 2～3 层设置一个加压送风口；前室应每层设置一个。机械加压送风防烟系统中送风口的风速不宜大于 7 m/s。加压送风口应采用自垂式百叶风口或常开双层百叶风口。当采用常开百叶风口时，应在其加压风机的压出管上设置止回阀。加压送风口应设手动和自动开启装置，并与加压送风机的启动装置联锁。

二、防火排烟设备及部件

(一)风机

防烟风机可以采用轴流风机或中、低压离心风机。风机位置应根据供电条件、风量分配均衡、新风入口不受火和烟威胁等因素确定。排烟风机可采用离心风机或采用排烟轴流风机。排烟风机应保证能在 280 ℃时连续工作 30 min，并应在其机房入口处设有当烟气温度超过 280 ℃时能自动关闭的排烟防火阀。

(二)防火阀

防火阀应用于有防火要求的风管上，一般安装在风管穿越防火墙处，平时处于常开状态。发生火灾时，温度超过 70 ℃或 280 ℃时，温度熔断器动作使阀门关闭，切断火势和烟气沿风管蔓延的通路，进而联动送(补)风机关闭。

(1)防火阀的控制方式有热敏元件控制、感烟感温器控制及复合控制等。

①热敏元件控制。热敏元件控制有易熔环、热敏电阻、热电偶和双金属片等，它通过元件在不同温度下的状态或参数变化来实现控制。采用易熔环控制时，火灾使易熔环熔断脱落，阀门在弹簧力或自重力作用下关闭；采用热敏电阻、热电偶、双金属片等控制时，通过传感及电子元件控制驱动微型电动机工作将阀门关闭。

②感烟感温器控制。感烟感温控制是通过感烟感温控制设备的输出信号控制执行机构的电磁铁、电动机动作，或控制气动执行机构，实现阀门在弹簧力作用下的关闭或电动机转动使阀门关闭。

③复合控制。复合控制方式为上述两种控制方式的组合。

(2)防火阀的关闭驱动方式有重力式、弹簧力驱动式(或称电磁式)、电动机驱动式及气动驱动式4种。

(三)排烟阀

排烟阀结构与防火阀类似，应用于排烟系统的风管上，平时处于关闭状态。火灾发生时，感烟探测器发出火警信号，控制装置使排烟阀打开，通过排烟口排烟。

(四)排烟防火阀

排烟防火阀结构与防火阀类似，适用排烟系统管道上或风机吸入口处，兼有排烟阀和防火阀的功能，平时处于关闭状态。需要排烟时，其动作和功能与排烟阀相同，可自动开启排烟。当管道气流温度达到280 ℃时，阀门的易熔金属熔断而自动关闭，切断气流，防止火势蔓延。

(五)防火门

防火门是指在一定时间内能满足耐火稳定性、完整性和隔热性要求的门，是建筑物防火分隔措施之一。通常用在防火墙上、疏散楼梯间出入口或管井开口部位。按其耐火极限，分为甲、乙、丙三级。防火门可分为手动型和自动型。手动型防火门一般为常闭状态，平时或发生火灾时，人员可手动开启通过；自动型防火门平时处于开启状态，人员可以自由通过。当发生火灾时，可以通过手动或自动控制来关闭。自动控制是由火灾探测器或联动控制盘来发送控制信号。防火门关闭后，应有关闭信号反馈到控制盘或消防控制中心。

重点保护建筑中的电动防火门应在现场自动关闭，不宜在消防控制室集中控制。为了实现现场控制，防火门两侧应设有专用的感烟探测器组成探测控制电路。

(六)挡烟垂壁

挡烟垂壁是建筑物内大空间防排烟系统中做烟区分隔的装置。其用不燃烧材料制成，可分为固定式和活动式两种。

(七)防火卷帘

防火卷帘是一种活动的防火分隔物，一般用钢板、无机布等材料制作，以扣环或铰接的方法组成，平时卷起在门窗上口的转轴箱中，起火时将其放下展开，用来阻止火势从门窗洞口蔓延。

教学任务5　认识消防系统其他设备设施

知识目标

掌握消防系统其他设备设施的使用。

能力目标

具备发现物业项目消防隐患的能力。

案例引导

张先生家住岳阳市岳阳楼区某小区，所在楼层两梯四户，而他家与另外三家不同，需要从防火门进去，再通过一条长约 2 m、宽约 1.5 m 的通道才到家门口。张先生在房子装修前就打起了这条通道的主意，“把防火门换成防盗门，大小是一样的，对其他邻居也没有影响。”参考了其他楼层业主协调改造的先例，张先生找来了物业和同层 3 位邻居，请他们签署了一份《承诺书》，《承诺书》称张先生现已拆除本楼层入户通道安全防火门，私自安装防盗门，占用楼层公共部分。根据小区业主临时管理规约，必须经同楼层其他业主同意安装此防盗门，如出现任何问题和纠纷，由张先生协商，并承担一切责任。物业和其他 3 家邻居均签了字。其中，与张先生相邻的业主杨女士签字“以协商为准，不然就拆除”。

当张先生装修完毕后，却被邻居杨女士起诉到法院。杨女士称，原本的防火门与杨女士家入户门相邻，签字时协商的是将防火门退进通道一半，否则就拆除。张先生是直接更换了防火门，对她造成了影响。

【案例分析】 被起诉后，张先生称，占用的通道是一个宽不足 1.5 m、长仅 2 m 之狭长凹进空间，该通道仅仅能通往张先生房屋，楼层其他住户均无使用该通道的需要。因此，可以判断这条通道虽不在他的房屋套内面积之内，但与其他共有部分彼此间有明确界址、具有能够排他私用的空间范围特征，应该认定为他的专有部分。并且，他事前已由物业组织包括杨女士在内的该楼层所有业主签订了《承诺书》，都签字同意了。岳阳楼区人民法院审理认为，涉案的防火门是开发商按照设计规范设立的共用消防设施，本案例中的通道也位于杨女士和张先生两家购买的商品房套内面积之外，属于该楼层所有业主的共有部分。《中华人民共和国民法典》规定，业主对建筑物内的住宅、经营性用房等专有部分享有所有权，对专有部分以外的共有部分享有共有和共同管理的权利。《物业管理条例》中规定，物业管理区域内按照规划建设的公共建筑和共用设施，不得改变用途。业主依法确需改变公共建筑和共用设施用途的，应当在依法办理有关手续后告知物业服务企业。

张先生在未依法办理有关手续的情况下，擅自将防火门改为防盗门，且将防火门内通道面积占为已用，违反了相关法律和行政法规的规定，侵犯了其他业主的共有权。一审法院判决，张先生将涉案防火门和通道恢复原状。一审宣判后，张先生不服，上诉到岳阳中院。近日，岳阳中院二审驳回上诉，维持原判。

知识准备

一、消防电梯

消防电梯属于消防系统的应急避难装置，它是具有耐火封闭结构、防烟室和专用电源，在火灾情况下供消防员使用的电梯。高层建筑按照规定必须设置消防电梯。我国规定一类高层建筑、塔式住宅、12 层以上的单元式和通廊式住宅，以及高度 32 m 以上的二类高层建筑，其主体楼层为 1 500 m^2 以内时应设 1 台消防电梯，1 500～4 500 m^2 时设两台，超过 4 500 m^2 的则为 3 台，且宜分别在不同的防火区内设置。

消防卷帘的功能测试

当建筑物起火后，非消防电梯必须全部招回至首层。若火灾发生在首层则应停于较近层，待人员撤离后应锁上停止使用；而消防电梯是由消防人员操纵，并投入灭火救援战斗的电梯。消防人员掀动控制按钮，或将专用钥匙插入切换开关(通常设于首层电梯门旁)。消防电梯也能回到首层供消防人员使用。

为了防止烟火侵入电梯井道及轿厢，消防电梯必须设前室进行保护。前室既是消防人员开展灭火战斗的基地，又是被救护伤员的暂时避难场所。因此，前室兼有保护、基地及避难的三重作用。

二、防火门

防火门属于消防系统的减灾装置，它能防止火势在建筑物内部的通道蔓延，保证消防疏散通道的安全。目前，国内防火门主要可分为木质防火门、钢质防火门和无机防火门 3 类。

防火门按使用状态，可分为常开式和常闭式两种。常开式防火门平时呈开启状态，发生火灾时自动关闭。在疏散楼梯间，应设置常开式防火门。发生火灾时，通过各种传感器控制闭门器关门。

完整的防火门配件包括闭门器、顺序器和释放器。闭门器能够随时关闭门扇；顺序器能让双扇和多扇防火门按顺序关闭，若防火门与消防报警联控器连接，则需要安装释放器。当发生火灾时，联动系统控制释放器动作，让防火门处于常闭，当人员通过后又将门自动关闭。

特别要注意用于疏散通道的防火门应具有在发生火灾时迅速关闭的功能，且向疏散方向开启，不能装锁和插销。

三、应急照明

应急照明属于消防系统的应急装置。完善的事故照明与紧急疏散指示标志能为火灾逃生提供良好的条件。按照规定，救生通道必须设置事故照明与紧急疏散指示系统。

应急照明、疏散指示灯具一般由充电器、镇流器、应急转换器、电池、光源、灯具等部分组成。其中，应急转换器的作用是把电池提供的低压直流电，变换成足够高的交流电源，使灯顺利地启动并正常工作。

应急照明系统的电池容易损坏，主要原因有电池保险断开、寿命到期、充放电不当等。其中充放电不当是主要原因。应急照明电池目前多用镍镉电池，其中正极为镍，负极为镉，由于镉有记忆效应，新电池使用前应先充电约 20 h，一般须经 2～3 次充放电才能达到最佳容量。为延长电池组使用寿命，应在使用过程中隔一段时间对电池进行一次放电。

四、火灾监控系统设施设备

火灾监控系统是以火灾为监控对象，为及时发现和通报火情，并采取有效措施控制和扑灭火灾而设置在建筑物内的自动消防设施。它由火灾自动报警系统和联动控制灭火系统两个子系统组成。由于联动控制灭火子系统的主要作用是方便人员疏散和有效地灭火，所以通常把它划归为自动控制灭火部分。其工作原理：火灾探测器监测感受到火灾信息后，转换成电信号形式送往报警控制器，由控制器处理、运算和判断。当确认发生火灾时，在火灾自动报警控制器上发出声、光报警及数字显示火灾区域或房间的号码，并打印报警时间、地点。同时，使所有消防联动控制灭火子系统动作，如关闭建筑物空调系统，启动有关部位的排烟风机和正压送风机，启动疏散指示系统和火灾事故广播，监控电梯回降首层等，指挥人员疏散到安全区域，利用消防专用电话向消防部门报警，同时启动消防水泵和喷淋泵灭火等。

火灾自动报警系统用于尽早探测初期火灾并发出警报，主要控制对象包括火灾探测器、火灾自动报警控制器、火灾警报装置、信号线路及具有其他辅助功能的装置等。

消防联动控制灭火系统可在接收到火警信号时实现自动或手动启动相关消防设备并显示其状态。其主要控制对象包括火灾报警控制器、自动灭火系统的控制装置、室内消火栓系统的控制装置、防烟排烟系统及通风空调系统的控制装置、常开防火门及防火卷帘的控制装置、电梯回降控制装置、火灾应急广播、火灾警报装置、火灾应急照明与疏散指示标志控制装置等的部分或全部。

五、消防控制中心

仿真演示：消防火灾联动全过程

消防控制中心是设置火灾自动报警控制设备和消防联动控制设备的专门场所，用于接收、显示、处理火灾报警信号，控制有关的消防设施。消防控制中心的设备由火灾报警控制器、消防联动控制装置及消防通信设备等组成。

现代化建筑的消防控制中心，应设置显示屏和控制台，以便消防人员了解大楼各种自动灭火系统的运作情况，对大楼的灭火救灾活动进行有效的指挥。显示屏有逐点显示和分区显示两种显示方式。逐点显示能显示出火灾的具体位置；分区显示能显示出火灾区域地段。为简化线路、减少设备，消防中心通常采用分区显示方式。

消防控制中心的面积、位置、建筑耐火性能、通风、电气线路等应符合《建筑设计防火规范(2018 年版)》(GB 50016—2014)的规定。一般应满足以下要求：消防控制中心应设置在建筑物的首层，距通往室外出入口不应大于 20 m，内部和外部的消防人员应容易找到、可以接近，并应设在交通方便和发生火灾时不易延燃的位置。不应将消防控制中心设于厕所、锅炉房、浴室、汽车库、变压器室等的隔壁和上、下层相对应的房间。有条件时，宜与防盗监控、广播通信设施等用房相邻近。应适当考虑长期值班人员房间的朝向。消防控制中心的面积一般应在 15 m^2 以上，为了防止烟、火危及消防控制室工作人员的安全，消防控制室的门应有一定的耐火能力，并应向疏散方向开启。为了便于消防人员扑救火灾时联系和工作，应在入口处设置明显的标志牌或标志灯，标志灯电源应从消防电源上接入，以保证标志灯电源可靠。另外，根据消防控制室的功能要求，火灾自动报警系统、火灾自动灭火装置、电动防火门、防火卷帘、消防电话以及火灾应急照明、火灾应急广播等系统的信号线和控制线路均要送入消防控制室。消防控制室与值班室、消防水泵房、备用发电机房、变配电室、通风空调机房、排烟机房、消防电梯机房以及其他与消防联动控制有关的且经常有人值班的机房和灭火控制系统的操作装置处或控制室，应设置固定的对讲电话或专用电话分机，并应设置可向当地消防部门直接报警的外线电话。消防控制中心不应穿过与其无关的电气线路及其他管道，也不可装设与其无关的设备。

六、消防电源及传输导线

消防控制中心、消防水泵、消防电梯、防排烟设施、火灾自动报警、自动灭火装置、火灾事故照明、疏散指示标志、电动防火门窗、卷帘、阀门等消防用电，按建筑防火等级要求，一类建筑按一级负荷要求供电，二类建筑按二级负荷要求供电。

消防中心应设两路专线电源供电，自动切换，互为备用。为了确保消防用电的可靠性，还应设置备用的镉镍蓄电池组。火灾事故照明和疏散指示标志可用电池做备用电源，但其连续供电时间不应小于 20 min。火灾报警器采用蓄电池做备用电源时，电池容量应可供火灾报警器在监视状态下工作 24 h 后，能在报警器不超过 4 路时处于最大负荷条件下，以及容量超过 4 路时处于 1/3 最大负荷(但不少于 4 回路同时报警)下工作 30 min。

火灾自动报警系统的传输导线采用铜芯绝缘导线或铜芯电缆，其电压等级不应低于交流 250 V。线芯截面面积的最小值为 1 mm^2(穿管敷设的绝缘导线)、0.75 mm^2(线槽敷设的绝缘导线)和 0.5 mm^2(多芯电缆)。

所有消防系统的管线，应选用防火耐热的铜芯绝缘导线，并采用钢管暗敷。绝缘导线应采用穿金属管、硬质塑料管、半硬质塑料管或封闭式线槽保护式布线。消防控制、通信和报警线路应穿金属管保护暗敷在非燃烧体结构内，其保护层厚度不小于 3 cm。必须明敷时，金属管上应采取防火保护措施。不同系统、不同电压、不同电源类别的线路，不得共管敷设。弱电线路和强电线路的竖井宜分别设置，条件不允许时也应分置在竖井两侧。

火灾自动报警及联动系统

课堂练练手

观看消防报警及联动控制系统视频，回答以下问题：

(1)完整的消防系统由哪些子系统组成？

(2)火灾报警系统由哪些设备组成？简述其基本工作原理。

(3)灭火系统有哪几种？

(4)消防疏散系统有哪几种？

拓展阅读

物业消防应急预案

无论何时，一旦发现有火灾苗头，如烟、油、味、色等异常状态，每一位员工都必须立即向消防监控室报警(注意：当现场异味为液化气等易燃气体时，严禁在现场用手机、对讲机、电话报警，应该脱离现场到安全区域后再报警，以防电火花引爆易燃气体)。请其派人查明事实，并做好应急准备。

1. 目击报警

(1)小区任何区域一旦着火，发现火情的人员应保持镇静，切勿惊慌。

(2)如火势初期较小，目击者应立即就近用灭火器将其扑灭，先灭火后报警。

(3)如火势较大，自己难以扑灭，应采取最快方式用对讲机、电话或打碎附近的手动报警器向消防监控室报警。

(4)关闭火情现场附近的门窗，以阻止火势蔓延，并立即关闭附近的电闸及煤气。

(5)引导火情现场附近的人员用湿毛巾捂住口鼻，迅速从安全通道撤离，同时告诉疏散人员不要使用电梯逃生，以防停电被困。

(6)切勿在火情现场附近高喊："着火了"，以免造成不必要的混乱。

(7)在扑救人员未到达火情现场前，报警者应采取相应的措施，使用火情现场附近的消防设施进行扑救。

(8)带电物品着火时，应立即设法切断电源。在电源切断以前，严禁用水扑救，以防引发触电事故。

2. 消防监控室报警

(1)消防监控室值班人员一旦发现消控设备报警或接到火警报告后，应立即通知保安人员赶赴现场确认，并通知消防专管员。

(2)火情确认后立即通报保安部经理或当班领班，由其迅速召集人员前往现场灭火、警戒、维持秩序和组织疏散。

(3)立即将火情通报物业总经理或值班领导及工程部负责人。

(4)值班人员坚守岗位，密切观察火警附近区域的情况，如有再次报警，应立即再次派人前往查看确认。如有业主打电话询问，注意不要慌张，告诉业主："火情正在调查中，请保持冷静，如果需要采取其他措施，我们将会用紧急广播通知您"，同时提请业主关好门窗。

(5)接到现场灭火指挥部下达的向"119"报警的指令时，立即按要求报警，并派人前往路口接应消防车。

(6)接到现场灭火工作总指挥传达的在小区内分区域进行广播的指令时，立即按要求用普通话(或中英文)进行广播，注意广播时要沉稳、冷静，不要惊慌，语速要适当，语音要清晰。在特殊情况下，应派保安员或管理员逐单元上门通报，通报顺序：起火单元及相邻单元起火层上面2层及起火层下面1层。

(7)详细记录火灾扑救工作的全过程。

3. 报警要求

(1)内部报警应讲清或问清：起火地点；起火部位；燃烧物品；燃烧范围报警人姓名；报警人电话。

(2)向119报警应讲清：小区名称；火场地址(包括路名、门牌号码、附近标志物)；火灾发生部位；燃烧物品；火势状况；接应人员等候地点及接应人；报警人姓名；报警人电话。

4. 成立临时指挥部

(1)物业现场负责人或值班经理接到火警报告后，应立即赶赴指定地点或火情现场，并通知相关人员到场，成立临时灭火指挥部。

(2)临时指挥部由物业经理、保安部经理、工程部经理、消防专管员及其他相关人员组成，由物业总经理担任临时总指挥。物业总经理尚未到场时，由保安部经理或值班经理代任总指挥。

(3)临时灭火指挥部职责：

①根据火势情况及时采取相应对策，向各部门下达救灾指令。

②根据火势情况确定是否疏散人员。

③立即集合义务消防队，指挥义务消防队员参加灭火，并保证消防用水的供应。

④在火势难以控制时，应及时下达向119报警的指令。

⑤根据火势情况，成立疏散组、抢救组、警戒组，组织救人，抢救和保管重要物资及

档案，维持现场秩序。

⑥根据火势情况决定是否启用紧急广播进行报警。

⑦下令将消防电梯降至首层，派专人控制，专供灭火工作之用。同时，停止起火区域其他电梯和中央空调的运行。

⑧根据火势情况决定是否采用部分或全部断电、断气、打开排烟装置等措施。

⑨消防队到达后，及时向消防队领导准确地提供火灾情况和水源情况，引导消防队进入火灾现场，协助消防队灭火并协助维持现场秩序，安顿疏散人员。

⑩火灾扑灭后，组织各部门员工进行善后工作。

5. 人员疏散和救护

小区内发生火情时，各部门员工的任务是扑救火灾、疏散人员、抢救重要物资和维持秩序，危急关头以疏散、救护人员为主。火灾发生后，每一位员工都要牢记自己的首要职责是保护业主、访客及自己的生命安全。

(1)火灾发生后，由疏散组负责安排人员，为业主和访客指明疏散方向，并在疏散路线上设立岗位进行引导、护送业主和访客向安全区域疏散。这时，切记要提醒大家不要乘坐电梯。如果烟雾较大，要告知大家用湿毛巾捂住口鼻，尽量降低身体姿态，有序、快速离开。

(2)人员的疏散以就近安全门、消防通道为主，也可根据火场实际情况，灵活、机动地引导人员疏散。

(3)认真检查起火区域及附近区域的各个单元，并关闭门窗和空调。发现有人员被困在起火区域，应先营救被困人员，确保每一位业主和访客均能安全撤离火场。

(4)接待安置好疏散下来的人员，通过良好的服务稳定人们的情绪，并及时清点人员，检查是否还有人没有撤出来。

(5)疏散顺序：先起火单元及相邻单元，后起火层上面2层和下面1层。疏散一般以向下疏散为原则(底层向外疏散)。若向下通道已被烟火封住，则可考虑向屋顶撤离。

(6)在火场上救下的受伤业主、访客及扑救中受伤的员工，由抢救组护送至安全区，对伤员进行处理，然后送医院救治。

6. 警戒

(1)保安部接到火警通知后，应迅速成立警戒组，布置好小区内部及外围警戒。

(2)清除小区外围和内部的路障，疏散一切无关车辆和人员，疏通车道，为消防队灭火创造有利条件。

(3)控制起火大楼底层出入口，严禁无关人员进入大楼，指导疏散人员离开，保护从火场上救出的贵重物资。

(4)保证消防电梯为消防人员专用，引导消防人员进入起火层，维持灭火行动的秩序。

(5)加强对火灾区域的警戒，保护好火灾现场，配合公安消防部门和调查组对起火原因的勘察。

(6)保证非起火区域和全体业主、访客的安全，防止犯罪分子趁火打劫。

7. 善后工作

(1)火灾扑灭并经消防部门勘察后，工程部、消防监控室应迅速将小区内的报警和灭火系统恢复至正常状态。

(2)保安部组织人员清理灭火器材，及时更换、补充灭火器材。

(3)统计人员伤亡情况和小区财产损失情况，上报灭火指挥部及现场总负责人。

(4)综合管理部组织员工对受灾业主/用户进行慰问，并根据实际需要给予切实帮助。

(5)清洁绿化部组织员工对火灾现场进行清理，恢复整洁，对因逃生或救火损坏的花木进行抢救或补种。

(6)灭火指挥部应召开会议，对火灾扑救行动进行回顾和总结。

(7)小区财产办有保险，则由财务部门联系保险公司进行索赔。

模块 11　消防系统管理与维护

学习要求

通过本模块的学习，掌握建筑物、构筑物消防安全管理、消防安全检查和建筑消防设施操作与维护等工作要点，能够胜任消防安全检查、消防控制室监控、建筑消防设施操作与维护、消防安全管理等工作。

教学任务　熟悉消防系统管理的要点

知识目标

明确消防设备管理的内容，熟悉消防管理的基本制度要求。

能力目标

掌握室内消火栓给水系统、自动喷水灭火系统、防排烟系统、气体灭火系统和干粉灭火系统的管理与维护要点。

案例引导

上海商学院女生宿舍楼火灾

2008 年 11 月 14 日 6 时 13 分，上海市徐汇区商学院宿舍楼一宿舍发生火灾。由 602 寝室违规使用热得快导致。大火将走廊阳台封闭，4 名女生被大火围困，被逼跑到东面的阳台上。4 名女生情急之下，先后从 6 楼跳下身亡。其中，最后一个女生在阳台上犹豫了很久，但最后还是跳了下来。据另外宿舍楼的 5 楼的一名女生说，602 寝舍的女生跳楼时，有的女生身上的衣服已经烧了起来，宿舍内的 4 名女生手扒着阳台栏杆，身体悬空在外大约 1 min，一直大声呼救，最后由于体力不支，从六楼跳下身亡。据初步了解。这 4 名死亡的女生中有两名来自上海崇明和闵行，另外两名分别是浙江人和江苏人。发生火灾的建筑为 7 层宿舍楼，钢混结构，着火房间位于该宿舍楼的 6 楼 602 室，该室全部过火建筑面积约 25 m^2。烧毁蚊帐、棉被、书籍等物品，但未殃及周边寝室。

【案例分析】

(1)违反宿舍管理规定，使用热得快引发火灾。

(2)火灾发生初期缺乏有效的处置方法。

(3)室内易燃物品太多，导致火灾迅速蔓延。

(4)缺乏安全疏散经验。

(5)围观群众没有在楼下设置铺垫进行救助。

知识准备

一、消防设备管理的内容

消防设备的管理主要是对消防设备的养护与维护，应做好以下几个方面的检查工作：

(1)集中报警控制器的检查。

(2)消防泵(喷淋泵、稳压泵)的检查。

(3)水泵接合器的检查。

(4)消火栓的检查。

(5)火灾探测器的检查。

(6)消防电源、消防卷帘的检查。

(7)联动控制设备的检查。

(8)防火门的检查。

(9)紧急广播的检查。

(10)防排烟系统、气体灭火系统的检查。

二、消防管理的基本制度

物业管理部门要结合建筑物的实际情况，严格建立以下消防管理制度：

(1)消防控制中心值班制度。消防控制中心要建立 24 h 值班制度，并要求值班人员要具有消防基本知识；而且，对建筑物内的消防设备有充分的了解，并懂得火灾事故处理程序。同时，值班人员要有高度的责任心和判断事物的敏锐性。

(2)防火档案制度。物业管理部门要建立防火档案制度，对火灾隐患、消防设备状况、重点消防部位、前期消防工作概况等要记录在案，以备随时查阅。还要根据档案记载的前期消防工作概况定期进行研究，不断提高防火、灭火的水平和效率。

(3)防火岗位责任制度。要建立各级领导负责的逐级防火岗位责任制度，上至公司领导，下至消防员，都要对消防负有一定的责任。

三、室内消火栓给水系统的管理与维护

消火栓箱应经常保持清洁、干燥，防止锈蚀、碰伤或其他损坏，并定期进行全面的检查维修。检查内容包括以下内容：

(1)消火栓和消防卷盘供水闸间不应有渗漏现象。

(2)消防水枪、水龙带、消防卷盘及全部附件应齐全、良好，消防卷盘应转动灵活，报警按钮、指示灯及控制线路功能正常，无故障。

(3)消火栓箱及箱内配装的消防部件的外观应无破损，涂层无脱落，箱门玻璃完好无缺。

(4)消火栓、供水阀门及消防卷盘等所有消防部件转动部位应定期加注润滑油。

四、自动喷水灭火系统的管理与维护

自动喷水灭火系统投入使用后，主管单位应建立日常检测、维护、管理制度，确保系

统随时处于准工作状态。实践证明，一些使用单位平时忽视了对系统的管理维护及检测试验工作。当火灾发生后，系统不能启动或灭火效果不佳，从而造成了巨大损失。因此，必须重视系统的日常维护管理和检测试验工作。自动喷水灭火系统的日常维护管理工作内容及要求见表 11-1。

表 11-1　自动喷水系统的日常管理工作内容及要求

序号	维护管理部位	维护管理工作内容及要求	维护周期
1	水源	测试供水能力，符合设计要求	每年
2	蓄水池、高位水箱	检测水位及消防储备水不被他用	每月
3	消防气压给水设备	检测气压、水位符合工作条件要求	每月
4	设置储水设备的房间	检查室温，不低于 5 ℃	寒冷季节每天
5	储水设备	检查结构材料完好，无锈蚀	每两年
6	电动消防水泵	启动试运转正常；水量、水压符合要求	每月
7	内燃气驱动消防水泵	启动试运转正常；水量、水压符合要求	每周
8	报警阀	防水试验，启动性能正常	每季度
9	水源控制阀、报警控制装置	目测巡检完好状况及开闭位置正确	每日
10	系统所有控制阀门、电磁阀	检查铅封、锁链完好，状况正常	每月
11	室外阀门井中控制阀门	检查开启状况正常	每季度
12	水泵接合器	检查完好状况	每月
13	水流指示器	试验报警正常	每两月
14	喷头	检查完好状况、清除异物，重要场所要定期实测动作性能	每月

五、防水排烟系统的管理与维护

1. 防水排烟系统的管理

防水排烟系统是一个复杂、自动化程度高的系统，除依靠拥有高技术素质和高度责任心的操作运行人员进行运转管理外，还要依赖于科学的管理制度。

通风与防水排烟系统的管理要建立以下规章制度：

(1)岗位责任制：规定配备人员的职责范围和要求。

(2)巡回检查制度：明确定时检查的内容、路线和应记录的项目。

(3)交接班制度：明确交接班要求、内容及手续。

(4)设备维护保养制度：规定设备和仪表的检查、保养周期，检查的内容和要求等。

(5)清洁卫生制度：明确人员的配备和要求等。

(6)安全保卫和防火制度。

(7)制定安全操作规程。

另外，还应有执行制度时的各种记录，如运行记录、交接班记录、设备维护保养记录、事故记录等。

2. 防水排烟系统的维护

防水排烟系统的维护包括清理灰尘、巡回检查、仪表检验和系统检修。

（1）要经常清洗、更换过滤器，并不可污染滤料，安装过滤器要严密、不漏风；对于循环使用的泡沫塑料滤料，要在干净的环境中进行清洗和晾干，并测定其效率，不合格的应更换；要经常打扫风机箱，定期上漆防锈，保持通风系统洁净，必要时对风管内部进行打扫；对消声器的材料要定期清洗或更换，保持材料干净；经常检查堵漏，减少系统漏风，定期测定空气的含尘量。

（2）巡回检查的内容：挡烟垂壁的外观、送风阀外观，风机、水泵和电动机的工作状态，轴承的温度，传送带松紧度；排烟阀外观、排烟窗外观；风机箱和风管内的防锈油漆是否脱落，水阀门是否严密，开关是否灵活；管道及设备保温是否损坏，风道阀门是否工作正常，电气导线的接头是否松动、发热。

（3）单项检查的内容：风机控制柜；排烟系统的功能；送风加压系统的功能；测试风速、风压值；电动排烟阀的启闭功能；电动挡烟垂壁的控制功能。对发现的问题要做到及时记录、上报，认真分析原因并寻找解决办法，及早解决问题。若不能立即解决，必须及时联系相关部门或单位共同处理，并采取必要的补救措施，确保系统正常运行。

六、气体灭火系统的管理与维护

定期对气体灭火系统进行检查和维护是保持气体灭火系统能发挥预期作用的关键，要坚持定期检查与试验，发现问题或故障应及时解决或修复。

系统启动喷射灭火剂后，应及时恢复功能，包括充装灭火剂、增压、更换密封件和对已破坏的零部件及喷嘴防尘罩进行修复、将所有阀门和控制开关复位等。

已投入使用的气体灭火系统应具备要求审核的全部文件资料及竣工验收报告，系统的操作规程和系统的检查、维护记录图表。定期检查与维护包括日常维护、月检和年检。

1. 日常维护

日常维护由专职的管理人员担任，包括清洁、油漆、修理和每周巡检等工作。

巡检应检查所有压力表、操作装置、报警系统设备和灭火设备是否处于正常工作状态；检查所有管道和喷嘴有无堵塞或损坏；核查封闭空间的情况和储放使用的可燃物是否符合原设计要求，疏散通道是否畅通。

2. 月检

月检一般要检查以下几项内容：

（1）对灭火剂储存容器、选择阀、液体单向阀、高压软管、集流管、阀驱动装置、管网与喷嘴等全部组件进行外观检查。所有组件应无碰撞变形及其他机械性损伤，表面无锈蚀，保护涂层完好，铭牌清晰。手动操作部位的防护罩、铅封和安全标志应完整。

（2）检查卤代烷灭火剂储存容器内的压力。压力将不得大于设计储存压力的10％。

（3）检查气动驱动装置的气动源的压力。压力将不得大于设计压力的10％。

火灾自动报警及联动系统的巡视检查

3. 年检

每年应对系统进行两次检查，检查内容和要求除上述月检项目外，还包括下述项目：

（1）检查每个防护区的开口情况、防护区的用途及可燃物的种类、数量和分布情况，应符合原设计规定。

(2)检查灭火剂储瓶、设备、管网和支、吊架的固定情况，应无松动现象。高压软管应无变形、裂纹及老化现象。如有不合格项目，则应逐根进行水压强度试验和气压严密性试验。

(3)检查各喷嘴孔口，应无堵塞现象。

(4)对灭火剂储存容器逐个进行称重检查，灭火剂净重损失不得大于设计量的5%。

(5)检查中如发现输送灭火剂管网有损伤或可能堵塞现象，应对其进行气压严密性试验和吹扫。

(6)对每个防护区进行一次模拟自动启动试验。如试验结果有不合格项目，按前述的方法和要求对相应的防护区进行一次模拟喷气试验。

维护检查工作应注意安全，防止压力容器、压力气体或电器设备对人员造成意外伤害。

七、干粉灭火器的维护与管理

干粉灭火器维护与管理的主要检查项目内容如下：

(1)灭火器应避免高温、潮湿和有严重腐蚀的场合，防止干粉灭火剂结块、分解。应放置在通风、干燥、阴凉并取用方便的地方，环境温度为−5 ℃～45 ℃。

(2)每半年检查干粉是否结块，储气瓶内二氧化碳气体是否泄漏。检查二氧化碳储气瓶，应将储气瓶拆下称重，检查称出的质量与储气瓶上钢印所标的数值是否相同，如小于所标值7 g以上，应送维修部门修理。如为储压式，则检查其内部压力显示表指针是否指在绿色区域。如指针已在红色区域，则说明已发生泄漏，无法使用，应尽快送维修部门检修。

(3)灭火器一经开启必须再充装。再充装时，绝对不能变换干粉灭火剂的种类，即碳酸氢钠干粉灭火器不能换装磷酸铵盐干粉灭火剂。

每次再充装前或灭火器出厂3年后，应进行水压试验。对灭火器筒体和储气瓶应分别进行水压试验。水压试验压力应与该灭火器上标签或钢印所示的压力相同。水压试验合格后才能再次充装使用。

(4)维护必须由经过培训的专人负责，修理、再充装应送专业维修单位进行。

教学实训1　学校消控室实地考察

一、实训目的

(1)了解消控室的功能，熟悉消控室的主要设备。

(2)掌握消控室值班的主要技能。

火灾报警控制柜的操作方法

二、实训要求

假设物业公司工程部新来了一名员工(没有物业行业从业经验)，而你的身份是工程部部门主管，需要由你来向他介绍以下两部分内容：

(1)水泵房的主要设备有哪些？

(2)水泵房巡视检查的主要工作内容包括什么？

三、实训步骤

(1)各小组每位成员都假设为工程部经理，以8302实训室的设备进行模拟介绍。

(2)由老师指定1～2人作为工程部经理，拍摄介绍视频或音频，其他小组成员可以提问。作业要求：①视频；②音频+图片，两种形式二选一。

四、实训报告

(1)设计表格，表格中应包括消防水泵房有哪些设备，数量，各个设备的功能；记录消控室中火灾报警控制器的主要功能分类。

(2)记录教师现场介绍的要点。

(3)谈谈你对消防水泵房巡视检查工作的认识及建议。

教学实训2　住宅小区消防演练总结汇报

一、实训要求

住宅小区消防演练总结汇报

假设你是××小区物业公司的消防安全管理人员，11.9全国消防主题日临近，上级领导让你负责编制××小区消防演练方案。领导提出以下思路，请你负责具体实施，编制出详细实施方案：

(1)针对小区居民：事前做好宣传通知，积极营造重视消防演练的氛围，活动积极动员小区居民参加，并通过各种渠道让小区居民知晓活动内容。

(2)针对物业公司员工：做好分工，确定重要岗位的人员，让设备管理人员熟练掌握设备应急操作，组织疏散演练，完善消防应急预案，编制演练方案，做好对外的联络，明确演练的时间、地点、内容和流程，落实演练的物资和经费。

二、实训要点

(1)认真学习“消防演练培训流程”学习素材，观察学校开展的消防演练活动的形式和效果，以便对编制住宅小区的消防演练方案提供参考。

(2)作业的形式为PPT，要求汇报住宅小区消防演练的前、中、后的各个环节，涉及消防演练的各个细节，包括方案编制、人员安排、活动筹备、宣传报道、物资准备、对外联络、总结分析等方面。

学习素材

为了不断提高员工的防火灭火的意识和自救互救能力，使每一位员工更深入地了解消防处置知识，最大限度地减少各类损失。所以，有必要进行消防演练培训。消防演练包括消防演练的方式、消防应急预案的完善、消防演练方案的编制、消防演练前的准备工作、消防的过程控制、消防演练的后续工作、消防演练的注意事项7个方面。

一、消防演练的方式

(1)桌面推演，也称沙盘推演。通过角色扮演，按既定流程及台词由各部门扮演，扮演相应角色，在办公室内模拟火灾、火警、应急的整个流程，以让各相关岗位及部门人员明白在发生紧急情况时自己的角色分工及各部门间的流程。

(2)灭火操练。主要是让相关人员掌握灭火器具的使用方法，主要包括各类灭火器的灭火、水带灭火、油锅灭火、灭火沙灭火。

(3)疏散演练。多用于学校、大型写字楼、商场、住宅，让大型人员、密集场所人员懂得疏散的路线和方法。

(4)设备应急演练。主要让各设备管理人员熟悉在应急情况下的各设备系统的应急操作，具体包括消防联动、电梯迫降、风机启动、应急照明、水泵启动、警铃和广播。

(5)一般综合演练。由本单位组织各相关岗位或部门进行了综合消防演练，包括火警报警、疏散、警戒、救援、灭火、设备应急等。

(6)大型综合演练。除本单位各部门外联合相关客户，政府、消防、安监、救护、交通、派出所等相关单位及新闻媒体单位联合进行的大型综合性消防应急演练。演练包括常规的火警报警、人流疏散、物品转移、伤员救治、灭火救援、新闻报道等各环节。

二、消防应急预案的完善

(一)应急组织架构及职责

应急组织架构如图 11-1 所示。

1. 总指挥

职责：负责应急救援的全面工作。

2. 副总指挥

职责：协助总指挥做好应急救援工作的落实，在总指挥未到达现场前履行总指挥的职责。

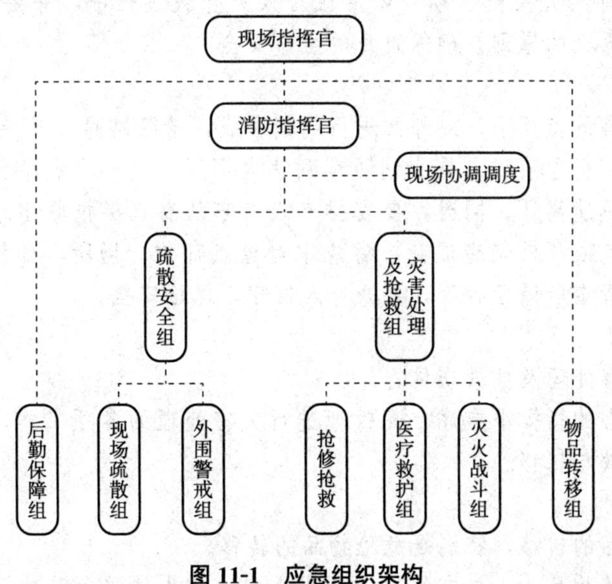

图 11-1　应急组织架构

3. 现场指挥官

职责：负责紧急事件发生时，现场应急救援的全面组织指挥、决策。当紧急情况发生后，总指挥或副总指挥尚未到达时，应急救援工作的最高领导；当副总指挥或总指挥到场后，向副总指挥或总指挥移交指挥权，并在随后的救援工作中密切配合总指挥的工作。

4. 消防指挥官

职责：负责现场灭火的指挥工作。考虑到消防工作在应急救援过程中专业性强，实践性强和对有效协同配合要求高的特点，赋予消防指挥官行驶现场消防工作最高指挥权。

5. 消防副指挥管

职责：听从消防指挥官命令，协调调度现场各部门组织灭火救援工作，并在随后的救援工作中密切配合消防指挥官的工作。

6. 报警联络组

职责：负责内外部信息的联络沟通。

要求：当发生紧急情况时及时报警详细告知公司的地址，火灾发生的位置，并及时与公司值班领导联系。当有人受伤时，应立即拨打120。与医疗救助中心进行联系。在紧急抢救的全过程中，负责内部与外部信息的联络沟通，并确保所有信息的及时性与准确性。

7. 疏散安全组

职责：负责组织指挥人员安全快速地撤离现场。并保证外部救援车辆的畅通。要求是，按人员疏散图的要求，准确、及时地指挥所有员工撤离现场，在指定地点集合并进行人数清点。在救援队伍未达到公司的时候，负责所有的交通指挥，并引导消防车、救护车到达出事地点，防止车道受阻。当救援队伍到达公司后，所有的指挥权交由外部专业机构负责。

8. 灭火战斗组

职责：负责火灾初期的扑救和被困人员的解救，在指挥官的指挥下，根据火情迅速利用最近的消防器材对火灾实施初期扑救。在对火灾扑救过程中，并要首先抢救被困人员，要坚持先救人、后灭火的原则，确保自身的生命安全。

9. 外围警戒组

职责：在指挥官的指挥下，对外围进行封锁警戒，清除路障，劝导过路行人撤离现场，维持好外围的秩序，引导消防人员为消防车到达火厂灭火创造有利条件，严禁无关人员进入，引导疏散人员迅速离开。同时，要安排专人看守从着火层抢救出来的物资，防止有人趁火打劫、浑水摸鱼或趁机制造混乱。警戒中对重点部位、场所，如银行金库、总经理办公室、金银珠宝、贵重店铺柜台等，要派专人值守，保证安全。

10. 抢修抢救组

职责：负责灾害处理及抢救伤员。

要求：在指挥官的指挥下有序、高效地进行灾害处理的各项工作，如灭火堵漏等，并对伤员进行紧急抢救与转移。

11. 物品转移组

职责：负责物品的转移，特别是危险物品的转移。

要求：抢救转移物品，人员有组织地分成小组，首先转移危险物品及贵重物品，而后转移一般物品。分批搬运到安全地带，有人看管、抢救、转移工作中清除通道上的障碍物，确保通道畅通，开启所有安全通道，保证救援队伍能及时顺利地进入出事地点并开展抢救转移工作。

12. 医疗救护组

职责：协助医护人员负责现场伤员、中毒人员的救护和处置工作。

13. 后勤保障组

职责：保障落实火灾事故应急救援的资金，为各组提供后勤资源。

(二)信息报告的流程

信息报告流程如图 11-2 所示。

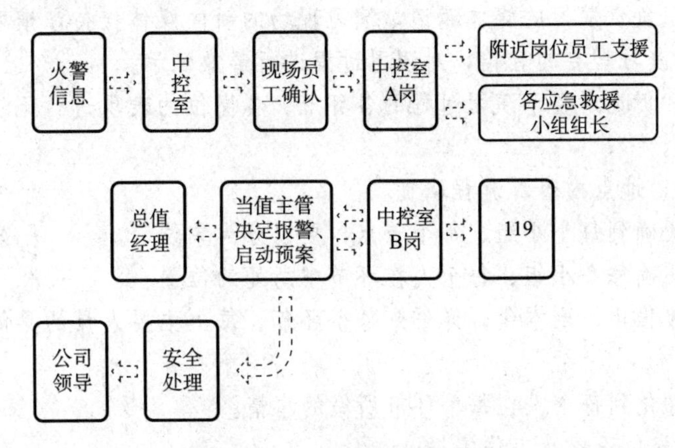

图 11-2　火警信息报告流程

(三)应急响应程序

应急响应程序就是收到火警信号之后，先进行火警信号的确认，确认火灾发生之后立即启动应急预案。在处理完成之后，对处置的结果进行总结分析。

三、消防演习方案的编制

(一)演习组织架构及职责

演习组织架构如图 11-3 所示。

(1)总组织：负责对消防方案的审核，负责消防演习活动的组织、协调和安排，组织对消防演习人员的培训、交底活动，协调处置消防演习过程中的意外事件，保证消防演习顺利开展，发布消防演习开始及结束指令。

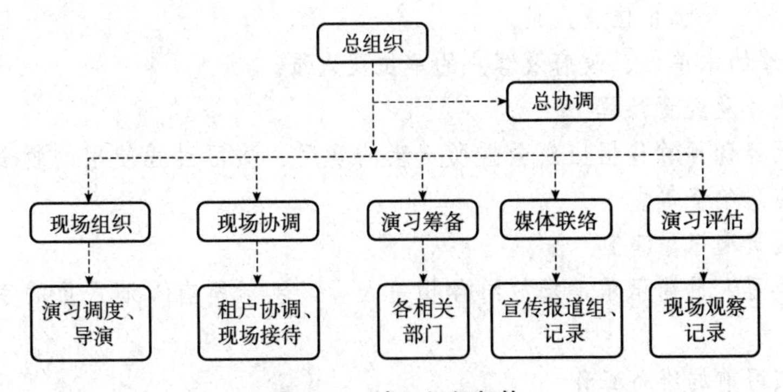

图 11-3　演习组织架构

(2)总协调：负责演习前与相关部门的协调沟通，邀请相关单位领导观摩，负责领导及嘉宾的接待工作。

(3)现场组织：负责消防演习时的现场组织协调，演习过程中协调总组织，保证演习活动的各项工作顺利进行。演习结束后，组织召开演习总结分析会。

(4)现场协调：负责演习前与客户的沟通与解释，保证本次演习客户的参与，演习时各部门之间的协调，负责领导及嘉宾的接待工作，演习过程中协助疏散安全组统计清点疏散人员及签到工作。

(5)演习筹备：负责演习前义务消防队员的培训，演习具体时间的安排，消防设施设备的运转，检查物业公司内部与消防演习有关的其他统筹工作。

(6)媒体联络：负责演习的媒体邀请，演习现场的新闻媒体接待，演习观摩场地及背景舞台的制作，落实演习需要的音箱，对演习过程进行影像记录。

(7)演习评估：负责对整个演习过程的各环节、各岗位的表现进行记录，并对应急预案的适用性进行评估。

(二)演习时间、地点内容、流程职责

(1)时间必须明确到每个小组、每个节点，要以分为单位。

(2)地点必须明确每个小组、每个人在环节中所处的位置。

(3)内容必须流程化、剧本化，详细到每个环节、每个主要人员的具体动作、道具和人员所说的每句话。

(4)职责必须细化到每个人在每个环节所做的事情。

(三)演习现场岗位设置及工作安排

(1)演习应急预案设置的各应急岗位。

(2)演习物资及后勤保障小组。

(3)演习应急反应小组。

(4)演习接待小组。

(5)演习观摩记录评估小组。

(6)客户协调小组。

(7)媒体应对及宣传小组。

(四)参加单位及人员观摩、人员安排

(1)本单位参加的部门人员。

(2)客户参加的单位及人员。

(3)政府机构，参加单位及人员。

(4)参观观摩的本单位、政府及客户的单位及人员。

(五)演习物资及经费预算

演习物资及经费预算包括应急救援所产生的费用、演习过程使用的物资、参演嘉宾礼品、演习意外应急物资等。

(六)演习人员通讯录事宜

先编制好演习人员通讯录，发放给各相关人员，包括所有参演人员的手机号码、对讲机编号等。

四、消防演习前的准备工作

(一)方案编制及详化剧本

在原方案的基础上，把每个步骤剧本化。明确时间、情景、物资、人员、语言。

(二)沟通协调

需沟通协调的单位具体包括政府单位、各部门参演领导、参演客户。

(三)沙盘推演及人员培训

正式演习前，各小组应根据演习剧本进行一次沙盘推演及流程培训，务必做到每个参演人员均熟练掌握自己在每个环节的角色动作，各小组间还进行沙盘演练，以确保各环节不掉链。

(四)物资准备

物资准备具体包括灭火物资条幅、警戒告示牌，对讲机起烟装置、点火油观摩台，以及应急物资、医疗救护物资、饮用水、纪念品。

(五)现场检查及设备测试

在正式演习前，对所有消防设备设施进行全面检查测试，确保设备设施安全正常。

(六)分解演练及走场

各环节各小组现场分解实操走场估计时间，确保时间节点受控。

五、消防演习的过程控制

(一)参演人员安排

(1)物业公司员工，包括护卫队员、义务消防员、工程维修人员、保洁绿化人员、客服员工、财务人员、管理层。具体的分工如下：

①护卫队员主要负责警戒、灭火、救援等工作。

②工程队员主要负责设备检测及救援配合。

③保洁、绿化人员配合做好环境、资源、物资转移、人员疏散等工作。

④客服人员主要负责信息沟通、客户沟通。

⑤行政人员主要做好接待、协调等工作、后勤支持。

⑥财务人员主要做好物资支援。管理层负责沟通、协调、指挥。

(2)客户参与演习，做群众演员，注意提前培训，以防意外。

(3)政府部门包括消防部门、交警、街道、派出所等。

(二)观摩人员接待

(1)演习前沟通、发邀请函。

(2)演习现场座位安排，礼仪人员接待，主持人讲解。

(3)观摩位置安排。具体是在中控室或室外一个集中的观摩点。

(4)现场消防常识问答，消防操练实操。

(5)礼品。

(三)进程控制

(1)演习开始前人员清点动员。

(2)统一指挥、导演。

(3)参演最高领导为活动时间把控，计算好各节点间路程流程及时间使用量。

(4)掌握起火、警车到达时间节点，最后收队集结时间点。

(5)客户人员必须由物业公司人员带领参与，由物业公司人员带领进行演习。

(四)演习观摩及过程记录

(1)设置合适观摩地点。如起火点、中控室、救援点、主要疏散通道、集合点等。

(2)记录各节点演习情况时间节点。人员疏散情况，设备启动情况，流畅度，意外情况。

(3)根据观察结果对演习安排，提出一些合理性的意见，以利于以后演习的优化，根据观察结果，对应急预案有效性提出改进建议。

(五)意外防范及演习应急措施

1. 设备设施意外故障

(1)演习前全面检测。

(2)演习过程中设置应急岗及应急方案。

2. 人员意外伤害

(1)对主要危险点做好安全交底培训。

(2)设置应急救援人员及设施、药物。

(3)对参演人员必须进行前后的清点确认。

3. 天气意外

(1)做好恶劣天气备用方案，备用地点。

4. 火情意外

(1)准备真火景应对预案。

(2)事先设置好演习期间真火情的信息通报特别信号。

5. 演习环节断裂

(1)所有环节由总指挥统一指挥。

(2)现场主持人化解尴尬，包括消防应知、应会介绍、消防知识抢答等。

(3)由物业公司员工带领参演客户进行演习，确保客户活动受控。

(4)有熟知流程的员工陪同关键参演领导在旁边提示。

(六)演习汇报

(1)各组汇报本组演习过程中实际收到的信息过程、存在的问题等。

(2)评估小组汇报整体评估结果。

(3)领导就存在的演习问题及预案问题进行讨论，并形成改进建议。

(4)编剧演习报告提出正式演习结论及整改报告。

六、消防演习的后续工作

(一)总结分析

就演习的流畅性、实用性、安全性、完好性进行评估，并提出改进建议。

(二)改进预案

根据演习所暴露的问题，就应急预案的完善性、可行性与实际吻合度进行分析后，对应急预案进行优化修订。

(三)宣传报道

一是演习前的宣传，利用相关的通知、平台、海报和培训来开展宣传；二是演习中的宣传，条幅、消防标语、消防看板、消防知识问答、消防常识介绍、消防实操演示、消防灭火实操、拍摄照相；三是演习后的宣传看板，新闻媒体。

七、消防演习的注意事项

(一)围绕目的

各部门协调磨合、设施设备有效性、客户意识与政府机构协调、应急预案熟悉度，应急预案实用性，灭火战斗技巧的掌握等。

(二)结合实际

疏散通道、照明日常运营、支援人员日常信息沟通渠道、责任权限。

(三)预防意外

意外伤害、演习期间真实火警、设备设施意外、天气意外、演习环节断裂。

教学实训3　消防专题会议及相关任务布置

2017年6月22日5时杭州城东高档小区蓝色钱江18楼一业主家中大火，女主人和3个孩子不幸殒命。保姆莫某某用打火机点燃了客厅内物品，过火面积为50 m²。而失火的住宅足足有300 m²。6月22日5时7分，杭州消防支队指挥中心接到蓝色钱江小区的火警；5时54分，现场火势得到控制；6时48分，现场火灾被扑灭。

模拟召开消防专题会议

杭州市公安消防局参谋长陈骏华：社会上对物业的消防管理是否存在问题确实存在疑问，事后我们迅速收集并固定相关证据，一是物业消防安全管理落实不到位，物业管理单位未按规定严格落实巡查制度，事后有关人员补填部分消防器材检查记录表；消防车道被绿化覆盖，影响消防车辆通行、停放；火灾发生时，消控室值班人员中有一人未取得建构筑物消防员职业资格证书，属无证上岗；火灾发生时，水泵房的消火栓泵控制开关未处于自动状态，室内消火栓箱门用大理石装饰包裹，部分开启不便；二是物业管理单位应急处置能力不足。火灾发生后，消控室值班人员不清楚消火栓泵控制开关是否处于手动状态，5时07分确认火警后未及时启动消火栓泵；5时40分现场消防员按下消火栓按钮后，消火栓泵仍未启动；5时44分，消控室值班人员接到物业负责人通知后启动消火栓泵。工程部值班人员处置不及时，5时10分物业负责人通知工程部值班人员，要求查看消防水泵运行情况，工程部值班人员于5时36分到达水泵房，将消火栓泵控制开关转为自动状态，未启动消火栓泵。

该建筑在电梯前室等公共部位安装有感烟探测器、手动报警按钮、应急广播、室内消火栓、防排烟设施等，设计符合《建筑设计防火规范(2018年版)》(GB 50016—2014)等消防技术规范要求。5时7分火灾确认后，应急广播、消防电源、消防电梯、防排烟设施等动作显示正常，但消火栓泵未及时启动。5时44分消火栓泵启动后，供水管网压力没有明显上升，无法满足灭火要求。使用的消火栓水泵接合器锈死，消防车无法通过接合器向大楼管网供水，仅依靠屋顶水箱，无法满足长时间持续供水灭火需要，水枪压力不足。消防设施运行不正常给灭火行动带来了影响。

假设时间倒退到2017年6月23日，在媒体报道了蓝色钱江火灾事件后，杭州湖畔花园物业项目召开了专题会议，参会的人员是物业项目的领导及中层管理人员。每组指定一名同学作为项目经理，一名同学为工程部主管，一名同学为管家系统负责人，另一名同学保安队长，合力完成以下任务：

(1)模拟召开一次消防专题会议，由项目经理召集并作为主要发言人(开场白、把握会议进程、指定其他发言人)，作业形式：会议记录、会议视频、会议录音3种形式任选其一。

(2)会议结束后，各小组根据教师提供的消防管理制度及台账表格确定湖畔花园消防设备设施检查的主要内容，以Word文档的形式提交到学习通平台。

教学实训4　由你来做“建(构)筑物消防员职业资格证书”考试的考官

一、背景资料

模拟担任初级消防设施操作员的考评员

消防控制室是企业确保消防安全的第一道“防火墙”，值班人员熟练掌握操作系统，可将初起火灾消灭在萌芽状态。

2016年11月29日上午，宝安公安分局流塘派出所消防民警根据群众投诉，对辖区西乡街道某物业分公司进行消防安全监督检查。经检查发现，该物业分公司所负责的小区消防控制室内的两名值班人员均没有取得“建(构)筑物消防员职业资格证书”，属无证上岗。

消防民警随即将涉嫌指使他人违反消防安全规定冒险作业的该物业分公司安全主管史某口头传唤回所进行调查。经审查，史某对指使他人违反消防安全规定，冒险作业的违法事实供认不讳，根据《中华人民共和国消防法》第64条一项及第21条第2款的规定，宝安警方对史某处以行政拘留10日的处罚。

消防控制室是设有火灾自动报警控制设备和消防控制设备，用于接收、显示、处理火灾报警信号，控制相关消防设施的专门处所。具有消防联动功能的火灾自动报警系统的保护对象中应设置消防控制室。

根据法律、法规的要求，消防控制室设立24 h持证人员上岗值班，每班至少两人。近年来，一些单位由于消防控制室无人值班，值班操作人员玩忽职守、不会操作消防联动设备或将火灾自动报警系统人为设置在手动状态而导致小火酿成大灾，教训十分深刻。

二、实训内容

假设你是初级消防设施操作员的考评员，请仔细阅读以下关于考试实施和考核内容的具体要求，每个小组分别出一些理论考核题及实操考核题(6个左右，理实比例为1∶2)，两个小组分别相互进行考核。

实操部分以学校实训设备操作为主，具体为火灾报警控制器的操作和使用，以及相关台账表格的填写，火灾及误报的应对处理。两个小组相互考核时，由教师对问题的提出和回答情况进行评分，确定各组本次作业的成绩。

三、考核素材(供参考)

(一)消防控制室值班人员职责

(1)熟悉和掌握消防控制室设备的功能及操作规程，按照规定测试自动消防设施的功能，保障消防控制室设备的正常运行。

(2)对火警信号应立即确认，火灾确认后应立即报火警并向消防主管人员报告，随即启动灭火和应急疏散预案。

(3)对故障报警信号应及时确认，消防设施故障应及时排除，不能排除的应立即向部门主管人员或消防安全管理人报告。

(4)不间断值守岗位，做好消防控制室的火警、故障和值班记录。

(二)初级消防设施操作员考核方式

1. 申报条件

(1)经消防设施操作员正规职业培训机构，达规定标准学时数并取得结业证书。

(2)在本职业连续见习工作1年以上。

2. 鉴定方式

鉴定方式分为理论知识考试和技能操作考核。理论知识考试采用闭卷笔试方式，技能操作考核采用建筑消防设施实际操作、功能测试等方式。理论知识考试和技能操作考核均实行百分制。消防设施操作技师、消防设施操作高级技师还须进行综合评审。

考评人员与考生配比：理论知识考试考评人员与考生配比为1∶20，每个标准教室不少于两名考评人员；技能操作考核考评员与考生配比为1∶5，且不少于3名考评员；综合评审委员不少于5人。

3. 鉴定时间

理论知识考试时间不少于90 min；技能操作考核时间：初级、中级不少于30 min，高级不少于40 min，技师、高级技师不少于60 min；综合评审时间不少于30 min。

4. 鉴定场所设备

理论知识考试在标准教室进行；技能操作考核在能够满足技能操作鉴定条件的专业场所进行。

(三)“初级消防设施操作员”职业功能

1. 消防安全检查

(1)每日防火巡查。

技能要求：①能识别巡查区域内的各种火源，并能判定违章用火行为；②能识别安全出口、疏散通道、疏散指示标志和应急照明等安全疏散设施；③能判断安全出口、疏散通道、消防车通道是否畅通；④能判断疏散指示标志和应急照明是否完好；⑤能识别防火门、防火卷帘等消防分隔设施；⑥能判断各类防火分隔设施是否处于正常工作状态；⑦能填写《防火巡查记录》。

相关知识：①火源管理的基本内容和检查要求；②安全疏散设施的作用、种类及设置要求；③疏散通道、消防车通道的作用及设置要求；④应急照明设施的作用、种类及设置要求；⑤防火分隔设施的概念及种类；⑥防火门的分类、构造、作用及设置部位；⑦防火卷帘的分类、构造及检查要求；⑧《防火巡查记录》的填写要求。

(2)定期防火检查。

技能要求：①能对疏散指示标志、应急照明进行自检测试；②能对各类防火分隔设施进行功能测试；③能填写《防火检查记录》。

相关知识：①疏散指示标志、应急照明的自检测试要求；②各类防火分隔设施的工作原理及功能测试内容；③《防火检查记录》的填写要求。

2. 消防控制室监控

(1)设备状态记录与检查。

技能要求：①能识别火灾报警控制器、消防联动控制器、消防控制室图形显示装置；②能使用火灾报警控制器完成自检、消声、复位的操作；③能检查火灾报警控制器主备电源工作状态；④能填写《消防控制室值班记录》和交接班记录。

相关知识：①消防控制室的作用及设置要求；②消防控制设备的组成；③火灾报警控制器的操作与检查方法；④《消防控制室值班记录》和交接班记录的填写要求。

(2)处置火灾与故障报警。

技能要求：①能区分火灾报警信号和故障报警信号；②能通过报警控制器信号显示、查看报警信息，查明火警报警部位；③能在现场确认火警；④能处理误报火警并恢复控制系统正常工作状态；⑤能在火灾确认后，拨打 119 火警电话报警。

相关知识：①火灾自动报警系统基础知识；②火灾报警控制器的分类、功能、组成及工作原理，报警信息的处理方法；③现场判断火警的依据；④误报警的处置程序；⑤火灾报警的基本方法。

3. 建筑消防设施操作与维护

(1)使用与维护灭火器材。

技能要求：①能使用简易灭火工具、灭火器灭初起火灾；②能核查灭火器是否有效；③能对灭火器进行清洁维护。

相关知识：①简易灭火工具、灭火器的使用方法；②灭火器有效性的检查要求；③灭火器的清洁维护要求。

(2)使用与维护火灾自动报警系统。

技能要求：①能使用手动火灾报警按钮报警；②能够对手动报警按钮、火灾警报装置的外观进行清洁维护。

相关知识：①手动火灾报警按钮的分类、工作原理及操作要求；②手动报警按钮、火灾警报装置的清洁维护方法。

(3)使用与维护固定灭火系统。

技能要求：①能使用室内(外)消火栓扑救初起火灾；②能对室内(外)消火栓、消火栓启泵按钮进行清洁维护；③能对自动喷水灭火系统喷头进行清洁维护。

相关知识：①室外消火栓的类型及构造、适用范围、设置及操作要求；②室内消火栓设备的组成及操作要求；③室内(外)消火栓设备的清洁维护方法；④自动洒水喷头的类型及清洁维护方法。

(4)使用与维护应急广播和消防专用电话。

技能要求：①能使用消防专用电话报警；②能对应急广播系统的扬声器外观进行清洁维护；③能对消防专用电话的分机电话、插孔电话进行清洁维护。

相关知识：①消防专用电话的作用、使用及清洁维护方法；②应急广播系统的组成及清洁维护方法。

(5)维护应急照明和疏散指示标志。

技能要求：①能对应急照明的灯具进行清洁维护；②能对疏散指示标志外观进行清洁维护。

相关知识：①应急照明设施的清洁维护方法；②疏散指示标志的清洁维护方法。

(6)证书发证单位。

发证单位：国家人力资源和社会保障部、公安部。

核发单位：各地(市级)人力资源与社会保障局。

教学实训 5　结合实训设备了解湿式报警系统的工作流程

一、知识准备——湿式喷水灭火系统简介

湿式喷水灭火系统由喷头、管道系统、湿式报警阀、报警装置和供水设施等组成。由于该系统在报警阀的前后管道内始终充满着压力水，故称湿式喷水灭火系统或湿管系统。

湿式火灾报警阀组的工作原理

火灾发生时，在火场温度的作用下，闭式喷头的感温元件温升达到预定的动作温度范围时，喷头开启，喷水灭火。水在管路中流动后，打开湿式阀瓣，水经过延时器后通向水力警铃的通道，水流中水力警铃发出声响报警信号，与此同时，水力警铃前的压力开关信号及安装在配水管始端上的水流指示器信号传送至报警控制器、控制室，经判断确认火警后启动消防水泵向管网加压供水，达到持续自动喷水灭火的目的。

湿式喷水灭火系统具有结构简单、施工和管理维护方便、使用可靠、灭火速度快、控火效率高等优点。但由于其管路在喷头中始终充满水，所以应用受环境温度的限制，适合安装在室内温度不低于 4 ℃，且不高于 70 ℃能用水灭火的建(构)筑物内。

二、实训目的

了解湿式报警阀的结构，结合现场设备了解湿式报警系统的工作原理。

三、实训要求

认真看动画及三维模型以了解部件的内部结构和联动程序，对应实训设备认识系统的关键部件并知道其作用，仔细观察教师的演示过程以掌握湿式报警系统的工作原理。

四、实训步骤

(1)观看动画：了解湿式报警阀的工作流程，了解节流孔板作用。

(2)教师解释系统的工作原理，对应实训设备认识系统的关键部件并知道其作用：湿式报警阀、压力开关、水流指示器、节流孔板、水力警铃、喷淋泵控制柜。

(3)演示末端放水实验阀门动作并观察各部件及火灾报警控制器、喷淋水泵控制柜的动作情况。

(4)以提问或操作等各种形式对学生进行现场考核。

项目小结

本项目主要介绍了建筑消防系统概述、室内消火栓给水系统、自动喷水灭火系统、建筑火灾的防火排烟、消防系统其他设备设施、消防系统的管理与维护等内容。建筑消防系统概述包括火灾的成因和特点、消防系统的特点和重要性、建筑物高度分界线、消防系统的结构与组成等内容。室内消火栓给水系统包括消火栓给水系统的组成、消火栓给水系统的类型、消火栓给水系统的布置要求等内容。自动喷水灭火系统包括自动喷水灭火系统的分类、组件等内容。火灾的防火排烟包括火灾的防火排烟、火灾烟气的控制、防火排烟的设备等内容。消防系统其他设备设施包括消防电梯、防火门、应急照明等。本项目还着重讲述了消防系统的管理与维护的内容。

课程思政

通过观看纪实影片《烈火英雄》片段，让学生感受火灾所带来的毁灭性，明确物业消防管理的重要意义。使学生受到影片中消防官兵的大无畏精神的感召，能够恪尽职守做好物业消防管理工作。

基础知识练习

一、单选题

1. 最廉价有效的灭火剂是(　　)。

A. 水　　B. 二氧化碳
C. 干粉　　D. 泡沫

2. 消防系统的主旨是(　　)。

A. 以消灭火灾为主
B. 以预防火灾为主
C. 以防为主，防消结合
D. 自动捕捉火灾探测区域内火灾发

3. 如果把消防系统整体比作一个人，(　　)相当于人的大脑。

A. 火灾探测器
B. 火灾报警控制器
C. 手动报警按钮
D. 消防水泵

4. 如果把消防系统整体比作一个人，(　　)相当于人的眼睛。

A. 火灾探测器　　B. 报警控制器
C. 手动报警按钮　　D. 消防水泵

5. 如果把消防系统整体比作一个人，(　　)相当于人的四肢。

A. 火灾探测器　　B. 消防联动装置
C. 手动报警按钮　　D. 消防水泵

二、多选题

1. 火灾自动报警系统的基本组成包括(　　)。

A. 触发器件　　B 报警装置

C. 火灾警报装置　　D 消防控制设备

E. 消防专用电源

2. 消防系统的功能包括(　　)。

A. 火灾探测

B. 自动报警

C. 根据火情位置，进行装置联动

D. 提醒现场人员迅速逃离现场

3. 火灾探测器是火灾自动报警控制系统中的检测元件，按探测火灾参数的不同可分为(　　)。

A. 感烟式探测器　　B. 感温式探测器

C. 感光式探测器　　D. 可燃气体探测器

E. 烟温、温光、烟温光等复合式探测器

4. 火灾自动报警控制器的主机的功能有(　　)。

A. 火灾声光报警功能

B. 声光报警消声功能

C. 故障自动报警功能

D. 火警优先功能

E. 自动消防设备联动控制和执行机构状态监视功能

F. 自检、计时，记录

5. 常用灭火方法的冷却法是指用(　　)的方法达到灭火目的。

A. 向燃烧喷水

B. 湿麻袋盖在燃烧物上

C. 把尚未燃烧的物品转移

D. 各种灭火器控制火势

6. 消防管理的主要内容有(　　)。

A. 建立专职消防班组

B. 制定完善的消防制度和规定

C. 管理好消防设备

D. 发生火灾时，保证住户人身及财产安全

7. 物业管理区域内供水管线上设置的地下消防井、消火栓等消防设施，由(　)负责维护管理。

A. 消防部门　　B. 物业管理公司

C. 供水部门　　D. 房地产管理部门

三、判断题

1. 火灾报警控制器在消控中心，必须有专门的消监控人员负责对火灾报警控制器进行看管。(　　)

2. 火灾报警系统中，包含火灾自动报警设备和手动报警设备。（　　）

3. 自动喷水灭火系统是利用在楼体内敷设消火栓水管网，由人操纵水枪进行灭火的固定设备。（　　）

4. 对供电设备的维护可分为日常巡视维护和定期检查保养两个方面。（　　）

5. 喷淋系统的信号阀是常开的。（　　）

6. 有时可以用消火栓水浇花、洗地。（　　）

项目 6

安防系统的维护与管理

☞思维导图

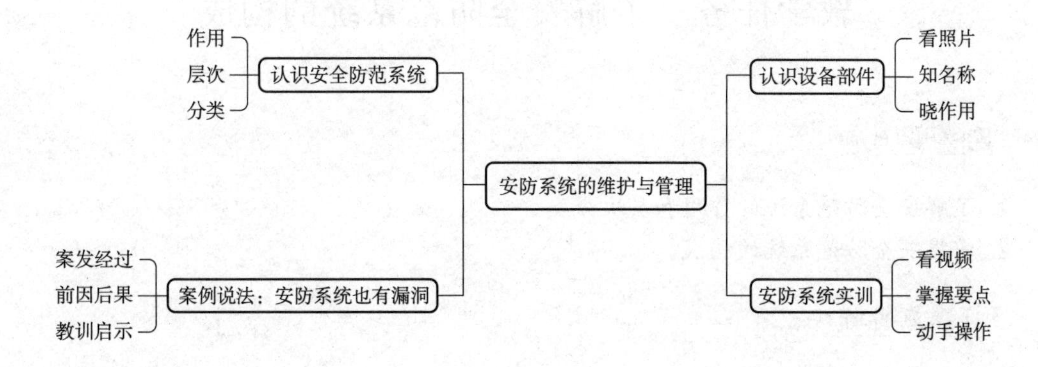

模块 12　认识安全防范系统

学习要求

通过本模块的学习，掌握物业管理区域中所采用的安全防范系统的构成和使用方法，能够分析和处理简单的故障，学会安全防范系统的维护和保养。

教学任务　了解安全防范系统的构成

知识目标

1. 了解安全防范系统的作用和层次分类。
2. 掌握安全防范系统的构成。

能力目标

能够认识安全防范系统的各组成部件的工作原理。

案例引导

“万御安防”品牌发布　万物云进一步平台化
万物君万物有云

2021 年 5 月 25 日，万物云(图 12-1)在杭州发布安防机电服务品牌“万御安防”(以下简称“万御”)，这是继 2020 年 10 月从万科物业升维后，万物云的又一重大战略举措。本次分拆，意味着万物云家族在“成长”(GROW)版块的一次成功孵化，也代表着万物云向平台型企业又迈近一步。

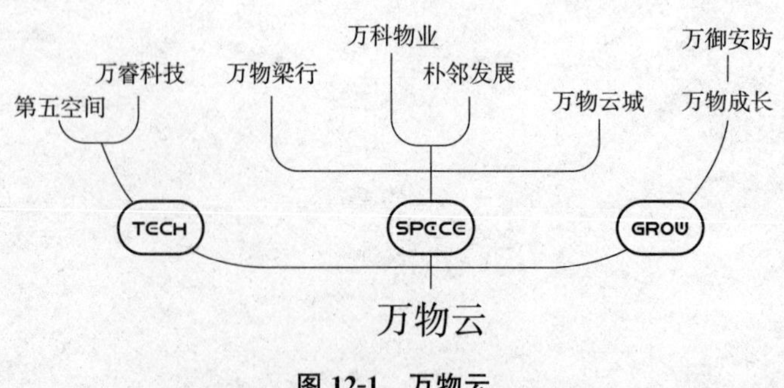

图 12-1　万物云

“万御”原为万科物业的安防机电运营中心，主营物业服务“四保”之中的安防业务和机电业务。安防业务一直是万科物业的核心竞争力，此次分拆意味着万物云将对外输出积累30年的安防机电服务能力。

对于此次分拆的影响，万物云CEO朱保全表示："更名升维为'万物云'时，就决定了我们要走平台化、生态化的发展路线。万物云的SPACE(空间)板块将更加管家化，万物云的GROW(成长)板块会持续内部孵化、外部整合基于空间服务的产业链，在TECH(技术)板块，万物云将与万御一同发展基于物业领域的BPaaS，非物业场景则由万御独立展开研发。"如图12-2所示。

图12-2　万御安防品牌战略发布会

"万御安防"是万物成长板块的一次成功孵化。作为公司的孵化器，"万物成长"通过收并购连接成熟企业、孵化创新企业，不断完善万物云在垂直产业链上的业务模块布局，除为行业输出垂直类产品和专业的操作系统外，更致力于打造覆盖物业管理行业全产业链、全生命周期的开放型生态系统，用产业互联网、用区块链技术去改造传统服务业，提升运营效率和信息化能力，可更好地服务客户，也通过投资和连接来服务更多客户。

在发布会现场，万物云管理合伙人李庆平讲解万物成长和为什么孵化万御安防。经过多年发展，截至目前，万御涉足安防服务、电梯维保、消防维保等领域，业务范围覆盖全国百余个大中城市，拥有超过5万名员工。

【案例分析】 万御安防的前身为万科物业的安防机电运营中心，主营物业服务"四保"之中的安防业务和机电业务。从万科物业拆分出来后，万御安防将致力于打造中国的"西科姆"模式。西科姆(SECOM)是日本最大的安防公司之一，也是安防行业精工、品质和全球化的典范，服务范畴从商业客户扩展到家庭安全保障，逐渐在日本全国建立了完整的安全服务网络，并建立了一系列行业标准文件。安防业务一直是万科物业核心竞争力，20年前，万科物业将保洁业务进行外包，但一直坚持安防机电能力的打造。本次将安防业务拆分，一方面是因为业务成熟具备足够竞争力；另一方面则是规模优势凸显，可以更高效地开展业务。

万御安防此前还获得了国内知名安防科技公司海康威视的战略投资。万御安防相关负责人表示，与海康威视的联合，意味着公司安防机电业务在高科技的加持下如虎添翼，效率更高、质量更好。

将机电安防业务拆分后，万科物业将进一步向"管家型"物业发展。物业分为"管家型"

和“四保型”。“四保型”物业是具体的作业者，而“管家型”物业，是要给业主方提建议，并从专业视角管理“四保作业”(保安、保洁、保绿、保修)类型。未来万御安防也将从内部的一个成本中心转型为独立运作的公司。本次拆分，也标志着物业行业进一步走向垂直细分，将物业产业链中的底层能力进行标准化，把服务品质和管理经验向行业开放和分享，势必改变整个行业的发展路径。

知识准备

一、安全防范系统的作用

安全防范系统的作用是提供外部入侵保护、区域保护和目标保护三个层次的保护。

(1)外部入侵保护。外部入侵保护是为了防止无关人员从外部侵入建筑物，具体来说是防止外人从窗户、门、天窗或通风管道等侵入建筑物。

(2)区域保护。区域保护是指如果犯罪分子突破了第一道防线，进入楼内，安全防范系统将探测得到的信息发往控制中心，进行报警，由控制中心根据实际情况做出相应处理决定。

(3)目标保护。目标保护是针对具体的物体的安全防范系统，保护的目标如保险柜、重要文件、重要场所等。

二、安全防范系统的组成

安全防范系统主要由出入口控制系统、闭路电视监控系统、电子巡更系统、停车场管理系统、入侵报警系统、楼宇对讲系统等组成。

(一)出入口控制系统

出入口控制系统也称门禁管理系统，它对建筑物正常出入通道进行管理，控制人员出入，控制人员在楼内或相关区域的行动。常见的出入口控制方式有以下三种：

(1)在需要了解其通行状态的门上安装门磁开关，如办公室门、营业大厅门等。

(2)在需要监视和控制的门上(如楼梯间通道门、防火门等)，除安装门磁开关外，还要安装电动门锁。

(3)在需要监视、控制和身份识别的门或有通道门的高保安区(如金库门、主要设备控制中心机房、配电室等)，除安装门磁开关、电控锁外，还要安装磁卡识别器或密码键盘等出入口控制装置，采用计算机多重任务处理，对各通道的位置、通行对象及通行时间等进行实时控制或设定程序控制，并将所有的活动用打印机或计算机记录，为管理人员提供系统所有运转的详细记录。

(二)闭路电视监控系统

闭路电视监控系统是一种先进的、防范能力极强的安全系统。其主要功能是通过遥控摄像机及其辅助设备，监视被控场所且把监测到的图像、声音内容传输到监控中心。

闭路电视监控系统按功能可分为摄像、传输、显示与记录和控制 4 个部分。

(1)摄像部分安装在现场，包括摄像机、镜头、防护罩、支架和电动云台，它对被摄体进行摄像并将其转换成电信号。

(2)传输部分是把现场摄像机发出的电信号传送到控制中心，一般包括线缆、调制与解调设备及线路驱动设备等。

(3)显示与记录部分把从现场传来的电信号转换成图像在监视设备上显示，如有必要，将用录像机录下来，所以它包含的主要设备是监视器和录像机。

(4)控制部分负责所有设备的控制与图像信号的处理。

(三)电子巡更系统

电子巡更系统是小区安全防范系统的重要补充，通过对小区内各区域及重要部位的安全巡视，可以实现不留任何死角的小区防范。保安巡更人员携带巡更记录器按指定的路线和时间到达巡更点并进行记录，并将记录信息传送到管理中心。管理人员可调阅打印各保安巡更人员的工作情况，加强对保安人员的管理，实现人防和技防的结合。如果在指定的时间内，信号没有发到中央控制中心，或不按规定的次序出现信号，认为系统是异常情况。有了巡更系统后，如果保安人员出现问题或危险，会很快被察觉，从而增强了安全性。电子巡更系统一般可分为在线巡更系统和离线巡更系统两种。

(1)在线巡更系统。在线巡更系统一般以与入侵报警系统设备共用的方式实现，可由入侵报警系统中的警报接收机与控制主机编程确定巡更路线，每条路线上有数量不等的巡更点。巡更点可以是读卡机或门锁，巡更人员经过时，通过刷卡、按钮及开锁等作为巡更信号，从而将巡更到达处时间、动作等记录到系统。通过查阅巡更记录，可对巡更质量进行考核，从而有效地防止漏巡、随意减少巡更点、变更巡更时间等行为。监控中心也可通过对讲系统或内部通信方式与巡更人员建立联系，随时查询。在线巡更系统采用感应识别的巡更手持机及非接触感应器。

(2)离线巡更系统。顾名思义，离线巡更系统无须布线，只要将巡更巡检点安装在巡逻位置，巡逻人员手持巡更巡检器到每一个巡更巡检点采信信息后，将信息通过数据线传输给计算机，就可以显示整个巡逻巡检过程(如需要再由打印机打印，就形成一份完整的巡逻巡检考察报告)。相对于在线巡更系统，离线巡更系统的缺点是不能实时管理，如有对讲机，可避免这一缺点，并可真正实现实时报警，同时，再根据产品的可拍照功能，更能做到在第一时间留下事故照片，三点合一，保证及时安全地处理突发事故。它的优点是无须布线，安装简单，易携带，操作方便，性能可靠；不受温度、湿度、范围的影响，系统扩容、线路变更容易且价格低，又不宜被破坏；系统安装维护方便，适用于任何巡逻或值班巡视领域。

(四)停车场管理系统

建筑物的停车场管理系统能够满足住户对车辆管理的需要，避免车辆被盗、被破坏，避免车辆乱停放，同时，还可以加强对外来车辆的管理。

现代化的停车场管理系统将机械技术、电子计算机技术、自动控制技术和智能卡技术有机地结合起来，通过计算机管理，实现了对车辆进出记录的管理并能自动储存。图像对比识别技术有效地防止了车辆被换、被盗；车位管理有效地提高了停车场的利用率；收费系统能自动核算收费，有效地解决了管理中费用流失或乱收费的现象。

(五)入侵报警系统

入侵报警系统具有对设防区域的非法入侵、盗窃、破坏和抢劫等进行实时有效的探测和报警及报警复核功能。

1. 入侵报警系统的组成

入侵报警系统负责建筑内外各个点、线、面和区域的侦测任务，由探测器、区域控制器和报警控制中心 3 个部分组成。系统分 3 个层次，最底层是探测和执行设备，负责探测非法入侵，有异常情况时发出声光报警，同时向区域控制器发送信息；区域控制器负责下层设备的管理，同时向控制中心传送自己所负责区域内的报警情况。一个区域控制器和一些探测器、声光报警设备等就可以组成一个简单的报警系统。

2. 入侵报警系统探测器的分类

入侵报警系统所用探测器的基本功能是感知外界、转换信息及发出信号。常见的入侵报警系统探测器有以下几种：

(1)开关探测器。常用的开关包括微动开关、磁簧开关两种。开关一般安装在门窗上，线路的连接可分为常开和常闭两种。其中，常开式处于开路状态，当门、窗被推开，开关就闭合，使电路导通，启动警报。这种方式的优点是平常开关不耗电，可以使用电池为电源；缺点是如果电线被剪断或接触不良，开关将失效；常闭式则相反。

(2)振动探测器。振动探测器主要用于铁门、窗户等通道和防止重要物品被人移动的地方，以机械惯性式和压电效应式两种形式为主。机械惯性式探测器的工作原理是利用软簧片终端的重锤受到振动产生惯性摆动，振幅足够大时，碰到旁边的另一金属片而引起报警；压电效应式探测器的工作原理是利用压电材料因振动产生机械变形而产生电特性的变化，检测电路根据其特性的变化来判断振动的大小。由于机械惯性式探测器容易锈蚀，且体积较大，已逐渐由压电效应式探测器代替。

(3)玻璃破碎探测器。玻璃破碎探测器使用压电式拾音器并将其安装在面对玻璃的位置上，由于它只对 10～15 kHz 的玻璃破碎高频声音进行有效的检测，因此对行驶车辆或风吹门窗时产生的振动信号不会产生响应。目前，双探测技术的特点是需要同时探测到玻璃破碎时产生的振荡和音频声响，才会产生报警信号，因而不会受室内移动物体的影响而产生误报。这增加了报警系统的可靠性，适合昼夜 24 h 防范，一般应用于玻璃门窗的防护。

(4)热感式红外线探测器。热感式红外线探测器又称为被动式立体红外线探测器，是利用人体的温度所辐射的红外线波长(约 10 μm)来探测人体，故也称为人体探测器。

(六)楼宇对讲系统

楼宇对讲系统是为来访客人与业主之间提供双向通话或可视通话，并由业主遥控防盗门的开关或向保安管理中心进行紧急报警的一种安全防范系统，又称访客对讲系统。

楼宇对讲系统按功能可分为单对讲系统和可视对讲系统两种。

1. 单对讲系统

单对讲系统一般由电控防盗安全门、对讲系统、控制系统和电源等组成。多数基本功能型对讲系统只有一台设于安全大门口的门口机；而一部分多功能型对讲系统，除门口机外，还连有一台设于物管中心的管理员机(也称为主机)。在主机和门口机中，一般装有放大语音信号的放大电路和一个微处理机。

2. 可视对讲系统

可视对讲系统适用单元式的公寓和经济条件比较富裕的家庭，它由视频、音频和可控防盗安全门等系统组成。视频系统的摄像机可以是彩色的也可以是黑白的，最好选用低照度摄像机或外加灯光照明；摄像机的安装要求隐蔽且防破坏。户主从监视器的屏幕上看到访客的形象并且与其通话，决定是否打开可控的防盗安全门。

教学实训　找找安全防范系统的漏洞

阅读以下内容，回答以下问题

1. 这个案例中提到了几个安全防范的系统？请详细列举。
2. 根据案例中的情节说明天才如何被“猪队友”拉下水的？
3. 你最佩服犯罪活动中的哪些细节？

案例

模块13 安全防范系统的维护与管理

学习要求

通过本模块的学习，能够了解开放式小区对安全防范系统的要求变化，认识安全防范系统的设备部件，知晓其具体作用，并且能够结合实训设备进行操作。

教学任务 安全防范系统的维护与管理

知识目标

1. 了解开放式小区对安全防范系统的要求变化。
2. 认识安全防范系统的设备部件。

能力目标

能够认识安全防范系统的组成部件，知晓其具体作用。

案例引导

住宅小区"开放化"引社会各界热议："拆了小区围墙，还有安全吗？"

2016年2月21日，中央公布了一份重磅文件，创新性地提出"新建住宅要推广街区制，原则上不再建设封闭住宅小区，已建成的住宅小区和单位大院要逐步打开"。这一提法一经发布，立即引发网友和公众热议。记者调查发现，柳州市民普遍关注没有围墙后，物业公司怎么管、是否违反《中华人民共和国物权法》、治安和噪声如何解决等问题。

其实在柳州，也存在着个别开放式或半开放式住宅小区。如较新的宝莲新都小区，以及屏山小区、胜利小区等老旧小区。这些小区，社会车辆可以随便驶入小区内部道路。虽然一定程度上方便了周边交通，但管理起来难上加难。

宝莲新都小区位于城市主干道柳石路旁，是一个集商务、购物、居住为一体的大型成熟居住社区。该小区从2005年开始逐步有居民入住，共有住户3 700多户。

小区中间有一条东西走向的道路，该道路长500 m，从柳石路穿过该道路，可以直通小区东边的鸡喇路。鱼峰区白莲街道办事处宝莲社区相关负责人介绍，小区东边有春晖中学、莲花村小学两所学校，小区内的这条道路，也大大方便了孩子们上下学。若是没有这条路，绕行鸡喇路或南环路，至少要多走1.3～1.8 km。

宝莲新都由统一的物业公司进行管理。因小区大，进出口多，小区分 A、B、C 3 块进行管理。在小区、商铺、道路等进出口，至少设置了 7 个门岗。而一般的封闭式小区，仅需要一两个门岗，该小区管理成本大大增加。

【案例分析】 中央提出逐步开放住宅小区，必然有其合理性，但具体落实到各地方、各小区还有很多需要考虑的地方。重新打开围墙肯定大大方便了周围群众，无论买菜、上学还是上班都可以抄近路，时间节省了不少。不过人们担心，一旦拆了围墙，这个居住区又回到过去混乱的状态。安防是这一政策实施中老百姓最担心的问题。政府加强在街区的视频监控，有效保证业主的安全，保障原先的生活不被打扰，这是居民对打开住宅小区最基本的要求。

未来打开住宅小区围墙，原有物业服务方式肯定要跟着转变。小区道路变成公共道路后，随着原来物业停车收费方式改变，小区公共保洁方式改变等，物业服务或将面临较大挑战。这就要求物业公司加强巡防，提高安保水平，保障业主的人身财产安全。未来将封闭住宅小区打开后，可能没有了小区大物管，而是由楼栋“小物管”负责保洁、安全等问题。封闭小区开放会给物管增加难度，有关方面应该增加保安措施或增加社区民警，解决好停车、物业管理、环境保洁等问题。

知识准备

一、认识安全防范系统的常用配件

1. 管理机

管理机(图 13-1)安装在监控中心，主要负责接收住户异常报警信息并储存，行使查询异常报警信息地址、类型、日期、时间等；呼叫网区内任一住户并双向对讲；接收门口主机呼叫并与之双向对讲；呼叫、监视各主机等功能。

2. 围墙机和门口机

围墙机和门口机(图 13-2)安装在小区(单元)出入口，主要功能是呼叫本单元各住户，同时将图像传到各住户，与之双向对讲；呼叫管理中心并与之双向对讲；具有密码开锁功能；可与门禁系统集成；摄像头(图 13-3)具有监控功能。

图 13-1　管理机

图 13-2　围墙机和门口机

图 13-3　摄像头

二、日常工作中安全防范系统的维护与管理

24 h 监控关键镜头被遮蔽 3 min 内能及时发现；及时发现可疑人员、情况并通知就近人员监视和处理，并跟踪处理结果。

(2)建立周界报警防区清单，与设备管理岗位配合，对每个防区定期测试，测试情况记录在《指挥中心工作记录表》上。

需要完成的工作记录表如下：

(1)《指挥中心工作记录表》。

(2)《中心与现场岗位夜间联络表》。

(3)《钥匙损配申请表》。

(4)《周界红外报警处理情况登记表》。

(5)《监控镜头清单》。

(6)《钥匙领借用登记表》。

(7)《居家报警情况登记表》。

(8)《指挥中心交接班记录表》。

(9)《钥匙清单》。

(10)《钥匙移交记录表》。

(11)《岗位工作任务提醒单》。

(12)《红外测试记录登记表》。

(13)《消防主机运行记录表》。

(14)《监控录像效果评估表》。

(15)《消防联动柜运行记录表》。

(16)《消防设施设备测试记录表》。

(17)《设施设备保养维修记录表》。

三、门禁系统的管控

(1)对经常出入小区的外来人员引导至服务中心指纹备案和办理出入管理证。

(2)将收集到的备案资料，建立外来人员花名册清单，打印放置出入口和指挥中心，每月更新一次。

(3)系统负责人每月对更新的人员清单送至辖区派出所，查询有无犯罪记录，做好风险登记。

(4)人行出入口岗对外来人员进入小区门口登记入场时间后，联动通知指挥中心远程监控去到访房号是否有误。

(5)可视对讲核实时，要求外来人员出示出入证，核对无误后再进行开门。

(6)指挥中心关注外来人员进入小区的时间，有异常情况的通知当值秩序岗巡逻查看。

(7)指挥中心通知出入口外来人员的出行动态，提醒岗位关注人员出行有无携带异常物资。

(8)每天 18:00—19:00 通知秩序岗对当天施工/装修人员清场，记录离场时间。

(9)各出入口岗位值守区域和指挥中心值班室处应安装拾音器和监控录像。

(10)需要填写开门记录表，提升岗位对外来人员进出场的动态和保证质量记录可追溯性。

四、其他需要指挥中心配合的工作内容

(1)业主遭遇紧急事件，通过家里的门禁对讲机联系到指挥中心，现场班长和秩序岗第一时间到达现场核实情况后，通知对应负责人 2 min 内到达处理，落实 2341 的处理流程。

(2)业主如果通过门禁对讲系统联系到指挥中心，要求送水指挥中心记录好房号送水时间及诉求完成派单，通知接单安排送水，在水卡上记录好桶数，并提醒业主签名及剩余桶装水的数量。在报告指挥中心完成送水单。

(3)在日常工作中，明确指挥中心和前台的分工。指挥中心主要工作是有效运用中心设备、配合值班经理对管理服务区域的公共秩序状况、各类信息、各项任务进行即时监控、传递、调度、督促，确保项目有序运转。前台的主要工作是高效完成日常业务办理，为客户提供便捷的服务，展现专业的服务岗位形象。

(4)业主车辆被刮花。物业工作人员，先排查周边是否有可疑车辆，如车辆颜色，以及车辆刮花部位的高低判断；引导业主自行报保险，通过车辆损失险进行赔付；若业主不肯报保险，则引导业主报警，让警方协助处理。

(5)业主财物被盗。物业工作人员，先通过监控排查是否有可疑人员进出小区；引导业主报警，请警方协助处理；事后可以适当调整监控角度或是增加摄像头。

(6)业主要求调取监控时，物业公司的处置程序。

①业主是无权调取公共区域监控，除公安机关执法部门。

②如业主需要查看监控，指挥中心人员要问清楚时间段、事件原因并填写查看监控记录表，特殊情况下指挥中心可电话通知系统负责人同意后方可查看，不得调取。

③如果查看内容事关重大必须向安全专家请示，同意后才能查看，在查看过程中系统负责人陪同，其他人员无权查看。

(7)如有公安机关因办案需要调取监控，指挥中心应积极配合不得阻拦，事后及时向上级反馈，查看结果指挥中心要留档备查，并做好相关保密工作。

(8)车场岗主要的设备包括计算机、道闸、地感、打卡机、纸卡、车辆标识(限速、限高、导向、分道行驶、禁止鸣笛、车位已等标识)停车场管理系统、地桩、备用电源、防砸车红外装置、停车缴费二维码、营业执照、收费许可、监控、车牌识别装置等。

(9)停车场系统出现的问题有系统脱机、计算机黑屏、车牌识别错误、车位紧张异常占位、道闸砸车等。

(10)道闸伤人由以下几点原因引起：

①没有道闸标识(如禁止行人通行、闸杆下禁止站人、一车一杆、禁止尾随等)，解决办法：及时制作粘贴。

②岗位值班责任心不够及部门培训不到位，解决办法：针对道闸伤人、砸车，场所负责人要每季度组织演习，让值班人员当遇到此类事件时知道怎么做；新员工入职要经过培训才能上岗。

(11)车牌识别错误原因有系统故障、岗位未及时修改、识别错误车牌、岗位值班期间过于紧张输入错误等原因。

解决办法：每周联合检查人员检查系统，每天夜班盘点进出车辆核对车牌，班长在班前10 min进行盘点结果通报，系统负责人每周进行两次车牌抽查。

(12)雨雪天气门口车辆拥堵原因有小区车辆较多(进出时间较为固定)、小区车辆停放混乱、天气原因、小区车辆出入口较少。

(13)车辆拥堵的解决办法：每天6：00对小区乱停车辆进行清除确保路面通顺，车辆进出高峰期安排巡逻岗指引车辆进出，车场岗双岗值班。

(14)车辆管理值班岗的秩序维护员，技能要求包括秩序维护员须经过部门训练师一对一现场培训后进行实操演练，以“我说我做，我说你做，你说你做”的方式培训，认证通过后可以安排上岗值班。

①要求车辆巡查统计表填写入场异常车辆进行统计信息联系车主确认。

②要求每月清查车场内长时间停放的僵尸车辆。

③要求临停放车辆超过10天，联系车主确认情况并做好实量记录。

④要求移车器使用必须熟练，平时必须训练换备用车胎。

⑤要求熟记业主车位资料和车牌号码，资料及时统计更新。

⑥车场管理员值班期间必须着反光背心。

⑦要求会车库车辆火灾事故应急处理流程，紧急事件及时上报值班经理。

教学实训　安防系统实训

一、实训要求

认识安全防范系统的子系统，掌握安防系统维护与管理的要点。

二、实训步骤

(1)观看教学视频，认识包括门禁系统、停车场管理系统、周界报警系统、闭路电视监控系统的设备部件。

(2)按照老师演示，能够完成门禁卡发放、人脸识别录入、车辆信息录入、监控录像查询等常见工作内容。

安防系统的设备实操

三、考核作业

请大家根据安防操作要求，拟一个监控室值班人员的招聘要求，说明监控岗位操作人员的知识和技能要求，要求内容全面，文字简练。

项目小结

本项目通过介绍安全防范系统的组成，熟悉包括门禁系统、停车场管理系统、周界报警系统、闭路电视监控系统的工作原理，了解安全防范系统的构成。了解开放式小区对安全防范系统的要求变化；能够认识安全防范系统的设备部件，能够通过实训掌握安全防范的维护与管理要点。

课程思政

引入案例讨论——万科物业联合海康威视拆解安防业务成立“万御安防”，意义何在？按照马斯洛需要层次理论，安全是人的基本需求，做好智慧安防设备运营同时尊重业主隐私需求，强化学生的安全意识。以物联网应用于车行系统、访客系统和门禁系统入手，引导学生掌握规范化的端到端的业务流程，增强学生的规则和流程意识。

基础知识练习

一、单选题

按照国际惯例，物业管理公司应与车主签订车辆停放管理合同和协议，签订协议后，如果车辆在物业管理区域内停车场丢失，车内物品丢失造成的损失由(　　)负责。

A. 物业管理公司　　　　B. 物业管理公司和车主

C. 车主　　　　D. 停车场保安人员

二、判断题

1. 物业管理区域的大门门卫要坚持验证制度，对所有车辆都要严格检查，验证放入。(　　)

2. 车辆入库后，车内贵重物品丢失由物业管理公司负责。(　　)

项目 7

电梯系统的维护与管理

思维导图

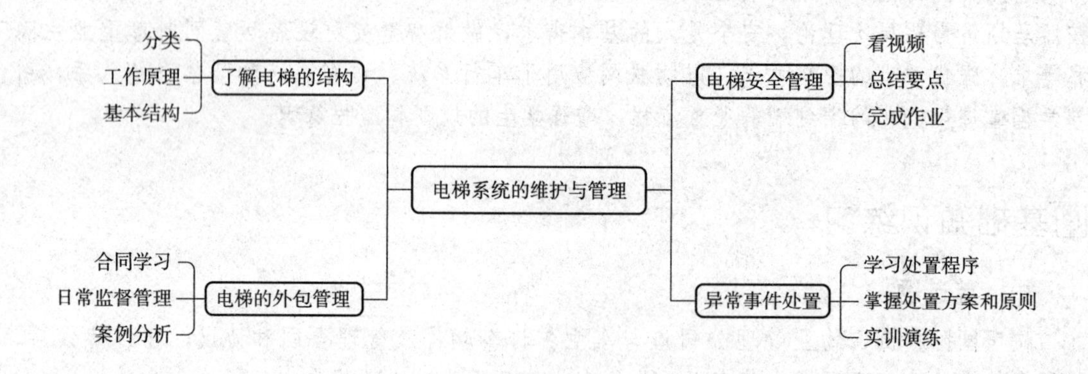

模块14　了解电梯的结构

学习要求

通过本模块的学习，掌握电梯不同的分类标准，熟悉电梯的类别，能够识别电梯不同的分类。

教学任务1　电梯的分类

知识目标

掌握电梯不同的分类标准，熟悉电梯的类别。

能力目标

能够识别电梯不同的分类。

案例引导

电梯维保质量是影响电梯安全运行的重要因素，近日，杭州市拱墅区市场监管局举行了拱墅区首届电梯“维保之星”评选活动，来自15家电梯维保单位的38名电梯维保人员参加了评选。经过理论笔试考试、维保质量现场评价和网络投票等多个项目的激烈角逐，10位选手脱颖而出，让我们看一下这10位“维保之星”的风采吧。

1. ××电梯有限公司杭州分公司汪××

踏入社会从事电梯行业已经5年了，身边的业内人士都在忙碌着。我们承受很大的压力。我们渴望得到业主的尊重，得到社会的认同。让我印象最深的一次是年三十的晚上，吃完晚饭，躺在床上，急促的电话铃声将我从惊醒，原来是物业报修，称有多个单元楼层水管爆裂，水流入电梯井开始结冰，当时已经是凌晨2点多，我还是立即穿好衣服赶到现场查看情况，协同物业人员立即对涉水严重的电梯进行清水、除冰处理直到第二天上午。保证每个单元电梯恢复正常运行，其间不了解情况的业主还抱怨新电梯又坏了，但在听到我们的解释后还是对我们工作表示了认可。

2. ××电梯有限公司杭州分公司黄××

10年的维保工作遇到很多事情，记得一次在一个小区里面做维保，这时候走过来一个业主看到电梯停掉了，边走边说这个破电梯又坏了，我解释说电梯没有坏，是在做正常的保养；电梯好比汽车一样，汽车开一段时间就要去做保养，电梯也是需要做保养，不然使用时不安全。业主听完我的解释后认同了我的说法，说那是应该要好好保养，不然会有危险。通过这件事情，说明现在的业主对电梯还不是很了解，我们还需要对电梯的安全使用和维护保养方面加强宣传。

3. ××电梯(中国)有限公司浙江分公司闻××

自2015年入职，公司领导就时刻教导和告诫我们，要时刻牢记电梯安全的重要性、电梯维保的必要性、电梯服务的责任性。记得有一次，我接到公司400热线报修，告知有一位业主将私人物品掉入井道要求处理，接完电话我就立即赶到现场。单元门口有位阿姨在那里焦急地等待着，原来是阿姨掏手机时不小心将装着钱的信封带出来又恰巧从地坎间隙掉进井道，进入底坑后，我发现满地都是散落的钞票，有的还挂在井道壁的支架上！最后，这些钱终于完璧归赵！我与阿姨核对了数额无误后，阿姨向我道谢并且要给我酬金，我连忙拒绝了。为每一个电梯使用者服务是我们维保员应尽的责任和义务！

4. ××电梯有限公司杭州分公司冯××

1993年开始接触电梯行业，已从业至今。1993—2003年从事电梯安装相关工作，2004年至今一直从事电梯维保相关工作。现担任路线组长，负责以武林广场为中心多个重要单位的保养工作。在日常的工作中，尽心尽责，一直热心主动地为业主服务，想业主所想，急业主所急；哪怕是轮休期间，也经常主动加班，第一时间业主解决问题，多次受到业主的表扬表彰。在公司内部，多次被评为部门先进代表、分公司先进代表。

5. ××电梯有限公司杭州分公司王××

2008年开始接触电梯行业，已从业至今，2008—2010年从事电梯维保工作，2011—2012年从事工地主管，2013—2015从事技术支持工作，2015年进入奥的斯机电电梯有限公司，2016—2018年从事工地主管工作，2018年转岗做技术支持岗位。目前负责以市中心武林商圈为中心范围内的电梯维保维修工作，并担任服务站的技术支持。工作中技术扎实、能钻研、对业主认真负责、态度热忱，赢得了业主的认可、表扬和信任。

6. ××电梯有限公司杭州分公司杜××

从事电梯维保工作将近14年，经历了许多的是是非非，记得刚入行时师父教导的一句话一直铭记在心：电梯维保工作始终要保持一颗责任心！有一年的7月份我负责维保的一小区经历了一场台风暴雨，雨水飘落入户走廊导致多台电梯进水，接到物业报修电话后我立即召集维保站的所有同事第一时间赶往现场，一直到凌晨将所有进水的电梯全部抢修正常运行，避免了业主的财产损失也第一时间能让业主安心的乘坐电梯。

在高楼大厦林立的城市里，还有许许多多从事电梯维保的兄弟，我们没有惊天动地的事迹，我们在平凡的岗位上从事平凡的工作，让业主开开心心地乘坐电梯上班，安安全全地乘坐电梯回家是我们应尽的职责！

7. ××电梯有限公司杭州分公司谢××

我的家乡是江西省赣州市，来杭州务工已有10多年，一直从事电梯行业。自从进入电梯行业我就认定电梯行业是个发展前景广阔的行业。所以我一直坚守在电梯维保第一线。

有一年的夏天一个工地的电梯坏了，我和同事一起赶到现场发现是接触器卡死造成电路板损坏。因更换接触器和电路板的工作间隙小且夏天天气热搞得满身是汗，这时顶楼的业主正要出门，看到我们在维修电梯从房间里拿出两瓶水给我们喝，并安慰我们慢慢修别急。从这件事中我感到现在我们电梯维修工的社会地位在提升并获得社会的认同。

8. ××电梯(中国)有限公司浙江分公司钱××

从入职那天起，我就深知电梯维保工作的重要性。我不聪明，但是我认真努力，每一个故障，无论难易大小，我都认真分析、仔细揣摩，直到把电气原理和故障原因搞懂、弄通。不管现场情况多复杂、多困难，我始终把电梯的安全摆在第一位，努力给电梯使用人员创造一个安全的出入环境。

记得有一次，高楼层电梯突然故障停梯了，这个单元是单梯，碰巧17楼有一位腿脚不便的老大爷急着和家人外出去办事！接到报修电话后，我马上赶到现场，1 h后电梯就恢复正常使用，老大爷一家连连向我道谢。

9. 杭州××电梯有限公司付××

本人从事电梯维保工作将近6年了，从什么都不会的学徒工到现在的“老师傅”，切身体会到这个行业的变化与发展，以前，由于大家对这个行业的不了解，每次我们去保养电梯的时候，听到最多的一句话就是“电梯怎么又坏了”，这时候，我都会耐心地解释，“没有，这是每半个月一次例行保养，为了保证电梯正常运行，我们每半个月都要来检查一下的”。

现在，随着越来越多的人关注电梯安全，大家对我们这个行业也有了了解，看到我们去了都说“师傅，你们又来保养啦，真是辛苦你们了”。说实话，这时候我很开心、很满足，大家认可了我的工作，我的付出。以后希望有更多的人关注电梯，关注我们，大家共同努力，创造更好的电梯运行环境，为大家的安全出行尽一份力。

10. ××电梯(中国)有限公司浙江分公司郑××

2018年8月22日8时，阮家桥公寓电梯“告急”！由于B层蓄水箱自动补水装置失灵，导致了5幢1单元的两台电梯同时被淹。我赶到现场时，物业公司已将电梯停梯，并切断了主电源。当我打开负2楼厅门，不禁倒吸一口冷气！底坑此时就像个水帘洞，又像是成了“鱼塘”……这可是我第一次碰到这么严重的进水事故，我紧急将轿顶所有积水扫出抹净，用物业准备的3台大功率排风扇吹干；所有的电梯部件，我一个一个用干布擦拭过去，保证不会在通电后发生因潮湿导致的短路……这样经过一上午的奋战，到中午时我们终于可以启用一台电梯，另一台电梯于15时多也恢复了运行。经过这次事件，我的应急处理能力大大提高，我的电梯维保能力也得到了物业和业主们的认可。

【案例分析】 电梯维保员，24 h随时待命，手机必须开机，工资不高却每天顶着“安全、速度、效率”的宗旨和十二分精神在工作。在寻常业主的印象里，电梯维保员只是电梯坏了修修电梯，其实他们的工作内容远不止这样，如半夜三更有人被困电梯需要紧急处理。所以业主能安全地乘坐电梯，是因为有一群日夜兼程的人，在为业主守护。电梯维修工的付出，只是想换来业主的安全乘梯及尊重。

就具体工作而言，按照国家规定，每台电梯15天必须保养一次(俗称半月保)，扫灰、检修、润滑，1～2 h就完成了，还有季度保、半年保、一年保，那些项目更多，需要的时间更长，一台电梯几个小时才能检修完。一个电梯维保工手上平均60台电梯，一个月120次保养，一台电梯2 h，就是240 h，每天8 h，一个月一天不能休息才能干完，这个是维保，此外还有维修。有些电梯故障需要通宵达旦地紧急抢修。

知识准备

电梯是沿固定导轨自一个高度运行至另一个高度的升降机，是一种置于建筑物内的竖向交通工具。随着城市化进程的加快，作为高层建筑中主要竖向交通工具的电梯得到普遍应用。电梯的类型、数量及电梯厅的位置对高层建筑人员的疏散起着重要作用。

一、按使用性质分类

电梯根据不同的用途可分为客梯、货梯、观光电梯、病床电梯、消防电梯及其他专用电梯。

(1)客梯。客梯是为运送乘客而设计的电梯，主要用于宾馆、饭店、办公楼、大型商店等客流量大的场合。这类电梯为了提高运送效率，其运行速度比较快，自动化程度也比较高，轿厢的尺寸和结构形式多为宽度大于深度，以便乘客能畅通地进出；而且安全设施齐全，装潢美观。

(2)货梯。货梯是为运送货物而设计的、通常有人看管的电梯，主要用于两层楼以上的车间和各类仓库等场合。这类电梯的装潢不太讲究，自动化程度和运行速度一般比较低，而载重量和轿厢尺寸的变化范围比较大。

(3)观光电梯。观光电梯是一种供乘客观光用的、轿厢壁透明的电梯。一般安装在高大建筑物的外壁，供乘客观赏建筑物周围的外景。

(4)病床电梯。病床电梯是为医院运送病床而设计的电梯。其特点是轿厢窄而深，常要求前后贯通开门。

(5)消防电梯。消防电梯是在火警情况下能使消防员进入使用的电梯，非火警情况下可作为一般客梯或客货梯使用。

消防电梯轿厢的有效面积应不小于 1.4 m^2，额定载重量不得低于 630 kg，厅门口宽度不得小于 0.8 m，并要求以额定速度从最低一个停站直驶运行到最高一个停站(中间不停层)的运行时间不得超过 60 s。

(6)建筑施工电梯。建筑施工电梯是指建筑施工与维修用的电梯。

(7)自动扶梯。自动扶梯用于商业大厦、火车站、飞机场，供顾客或乘客上、下楼用。

(8)自动人行道(自动步梯)。自动人行道用于档次规模要求很高的国际机场、火车站。

(9)特种电梯。除上述常用的几种电梯外，还有为特殊环境、特殊条件、特殊要求而设计的电梯，如防爆电梯、防腐电梯等。

二、按行驶速度分类

电梯按行驶速度可分为高速电梯、中速电梯和低速电梯。

(1)高速电梯。速度大于 2 m/s 的电梯为高速电梯。

(2)中速电梯。速度为 1～2 m/s 的电梯为中速电梯。

(3)低速电梯。速度在 1 m/s 以内的电梯为低速电梯。

消防电梯的常用速度大于 2.5 m/s，客梯速度随层数增加而提高。目前，世界上已有 9 m/s 的超高速电梯投入使用。

三、按拖动方式分类

(1)交流电梯。交流电梯是指曳引电动机是交流异步电动机的电梯，有交流单速电梯、交流双速电梯、交流调速电梯和交流高速电梯 4 类。

①交流单速电梯：曳引电动机为交流单速异步电动机，梯速 $v \leqslant 0.4$ m/s，如杂物梯等。

②交流双速电梯：曳引电动机为电梯专用的变极对数的交流异步电动机，梯速 $v \leqslant$

1 m/s，提升高度 $h \leqslant 35$ m。

③交流调速电梯：曳引电动机为电梯专用的单速或多速交流异步电动机，电动机的驱动控制系统在电梯的启动—加速—稳速—制动减速(或仅是制动减速)的过程中采用调压调速或涡流制动器调速或变频变压调速的方式，梯速 $v \leqslant 2$ m/s，提升高度 $h \leqslant 50$ m。

④交流高速电梯：曳引电动机为电梯专用的低转速的交流异步电动机，其驱动控制系统为变频变压加矢量变换的 VVVF 系统，其梯速 $v > 2$ m/s，一般提升高度 $h \leqslant 120$ m。

(2)直流电梯。直流电梯是指曳引电动机是电梯专用的直流电动机的电梯，有直流快速电梯和直流高速电梯两类。

①直流快速电梯。直流快速电梯的曳引电动机经减速箱后驱动电梯，梯速 $v \leqslant 2.0$ m/s。目前，由直流发电机供电给直流电动机的一种直流快速梯已被淘汰，现在使用的直流快速电梯多是晶闸管供电的直流快速电梯，一般提升高度 $h \leqslant 50$ m。

②直流高速电梯。直流高速电梯的曳引电动机为电梯专用的低转速直流电动机。电动机获得供电的方式是直流发电机组供电或是晶闸管供电，其梯速 $v > 2.0$ m/s，一般提升高度 $h \leqslant 120$ m。

(3)液压电梯。液压电梯的升降是依靠液压驱动的，有柱塞直顶式液压电梯和柱塞侧顶式液压电梯两类。

①柱塞直顶式液压电梯。这是一种液压缸柱塞直接支撑在轿厢底部，通过柱塞的升降而使轿厢升降的液压梯，梯速 $v \leqslant 1$ m/s，一般提升高度 $h \leqslant 20$ m。

②柱塞侧顶式液压电梯(俗称"背包"式)。这是一种油缸柱塞设置于轿厢旁侧，通过柱塞升降而使轿厢升降的液压梯。梯速 $v \leqslant 0.63$ m/s，一般提升高度 $h \leqslant 15$ m。

(4)齿轮齿条式电梯。齿轮齿条式电梯无须曳引钢丝绳，其电动机及齿轮传动机构直接安装在电梯轿厢上，依靠齿轮与固定在构架上的齿条之间的啮合来驱动轿厢上下运行。建筑工程用的电梯(又称为施工升降机)即为此种电梯。

(5)螺旋式电梯。螺旋式电梯通过螺杆旋转带动安装在轿厢上的螺母使轿厢升降。

四、按控制方式分类

根据控制方式不同，电梯可分为以下几类：

(1)手柄操纵控制电梯。手柄操纵控制电梯由司机操纵轿厢内的手动开关，一般用于载货电梯。

(2)按钮控制电梯。按钮控制电梯通过操纵层门外侧按钮或轿厢内按钮发出指令，使电梯停靠、运行。

(3)信号控制电梯。信号控制电梯是由电梯司机操纵轿厢运行的电梯。它是能将层门外上下召唤信号、轿厢内选层信号和其他各种专用信号加以综合分析判断的电梯，因而自动控制程度较高。

(4)集选控制电梯。集选控制电梯自动控制程度更高，可将层门外上下召唤信号、轿厢内选层信号和其他各种专用信号加以综合分析判断后，自动决定轿厢运行。该电梯一般均设"有/无司机"操纵转换开关，如遇人流高峰或有特殊需要，可转换为有司机操纵，而成为信号控制电梯。在其他情况下，做正常行驶时，可转为无司机操纵。

(5)并联控制电梯。并联控制电梯是将 2 台或 3 台电梯集中排列，共同接收层门外召唤信号，按规定顺序自动调度，确定其运行状态的电梯。一般一部为基梯，一部为自由梯，

第三部为备用梯。基梯启动后，自由梯自动启动至基站等待，应答与其同方向的所有召唤，相反的方向由基梯应答。此种运行方式可节省乘客的候梯时间。

(6)群控制电梯。群控制电梯是多台电梯进行集中排列，并共用层门外按钮，按规定集中调度和控制的电梯。此种方式利用负载自动计量装置及计算机管理系统，根据不同时段客流量选择运行电梯，增加电梯的运输能力，提高效率，缩短乘客的候梯时间，适用配用在需 3 台以上电梯的高层建筑。

(7)智能控制电梯。智能控制电梯应用先进的计算机技术，根据厅外召唤，给梯群中每部电梯做试探性分配，以心理性等候时间最短为原则，避免乘客长时间等候和将厅外呼梯信号分配给满载性较大的电梯而使乘客失望，提高了分配的准确性，保障了电梯的运行效率。

教学任务 2　电梯的工作原理

知识目标

掌握电梯的构造；熟悉自动扶梯的布置。

能力目标

根据电梯的构造，能够掌握电梯主要部分构造及其功能；学习自动扶梯的布置、构造与维护，能够掌握自动扶梯的构造及其功能。

案例引导

杯子挡梯门　电梯惨爆炸

7 月 23 日 11 时多，在临平山北荷禹路和振兴西路交叉口位置的汀洲花苑小区里，一部住宅电梯突然发出一声巨响，等住户出门查看才发现整个电梯厅一片狼藉，大理石门套已经掉落大片(图 14-1)，一位大妈眼神发呆站在边上，看上去头部还有受伤。

图 14-1　电梯事故现场

原来是大妈出电梯时可能是想着马上要回去，时间较短，所以用个杯子先挡一下，以为电梯就不会下去了，没料到会有这么严重的后果。

目前，电梯门有两种保护措施：一种是光幕；一种是触板。而现在很多的电梯使用的都是光幕。

光幕就像手电筒一样，在一个电梯内，它并不是从上到下全部是光幕，它有分布了几个点。大妈用杯子挡了一下门，而杯子并没有碰到这个点(光幕)。从电梯的光幕的角度来说，它不认为中间有东西挡住它了，所以电梯就强制关门了。强制关门之后它就带着杯子往上运行或者往下运行，导致电梯发生故障。

【案例分析】 电梯光幕是一种光线式电梯门安全保护装置，适用客梯、货梯，保护乘客的安全。由安装在电梯轿门两侧的红外发射器和接收器、安装在轿顶的电源盒及专用柔性电缆4大部分组成。在发射器内有32个(16个)红外发射管，在MCU的控制下，发射接收管依次打开，自上而下连续扫描轿门区域，形成一个密集的红外线保护光幕。当其中任何一束光线被阻挡时，控制系统立即输出开门信号，轿门即停止关闭并反转开启，直至乘客或阻挡物离开警戒区域后电梯门方可正常关闭，从而达到安全保护目的，这样可避免电梯夹人事故的发生。

所以我们在乘坐电梯时，尽量不要用手或其他物品去挡电梯门以阻止其关门，切莫为了省一点不必要的时间，拿自己的生命做赌注。

知识准备

一、电梯的工作原理

载人电梯和运货电梯虽然具有不同的形式与结构，但主要组成部分的作用都是相同的。

(1)电梯的主要传动部分——升降机械电动机带动曳引钢绳与悬吊装置，依靠对重装置和其他活动部件带动轿厢在井道内上下移动。

(2)电梯的轿厢两侧装有导靴，导靴从3个方向箍紧在导轨上，以使轿厢和对重装置在水平方向准确定位。一旦发生运行超速或曳引钢绳拉力减弱的情况，安装在轿厢上(有的在对重装置上)的安全钳启动，牢牢地把轿厢卡在导轨上，避免事故发生。如果轿厢和对重装置的控制系统发生故障时急速坠落，为了避免其与井道地面发生碰撞，在井坑下部设置了挡铁和弹簧式缓冲器，以缓冲其着地时的冲击。

二、电梯的基本结构

电梯是机电一体化产品。其机械部分就像是人的躯体，电气部分相当于人的神经，控制部分相当于人的大脑。各部分通过控制部分调度，密切协同，使电梯可靠运行。目前使用的电梯绝大多为电力拖动、钢丝绳曳引式结构。图14-2所示为曳引电梯的基本结构示意。

从电梯的空间位置使用看，由4个部分组成：依附建筑物的机房、井道；运载乘客或货物的空间——轿厢；乘客或货物出入轿厢的地点——层站。4个部分即机房、井道、轿厢、层站。

从电梯各构件部分的功能上看，电梯可分为曳引系统、导向系统、轿厢、门系统、重量平衡系统、电力拖动系统、电梯控制系统和电梯安全保护系统八个部分。

1. 曳引系统

现代电梯广泛采用曳引驱动方式，如图 14-3(a)所示。曳引机是曳引驱动的动力，钢丝绳挂在曳引机的绳轮上，一端悬吊轿厢，另一端悬吊对重装置。曳引机转动时，由钢丝绳与绳轮之间的摩擦力产生曳引力来驱使轿厢上下运动。为使井道中的轿厢与对重各自沿井道中导轨运行而不相蹭，曳引机上设置有导向轮使两者分开。轿厢与对重装置的重力使曳引钢丝绳压紧在曳引轮槽内产生摩擦力。电动机带动曳引轮转动，驱动钢丝绳拖动轿厢和对重做相对运动，从而完成垂直运送任务。

(1)曳引机。曳引机是电梯轿厢升降的主拖动机械，一般由曳引电动机、电磁制动器、齿轮减速器(无齿轮曳引机完此装置)、曳引轮、底座等组成。曳引机通常有齿轮曳引机和无齿轮曳引机之分，如图 14-3(b)、(c)所示。

(2)曳引钢丝绳。两端分别连接轿厢和对重(或者两端固定在机房上)，承受着电梯的全部悬挂重量，在电梯运行中绕着曳引轮、导向轮或反绳轮做单向或交变弯曲。因此，钢丝绳应具有较大的安全系数。

(3)导向轮。导向轮将曳引钢丝绳引向对重或轿厢的钢丝绳轮，安装在曳引机架或承重梁上。

(4)反绳轮。反绳轮是指设置在轿厢顶部和对重顶部位置的动滑轮及设置在机房里的定滑轮，用以构成不同的曳引绳传动比，数量可以是一个、两个或更多。

(5)制动器。制动器是安全装置，在正常断电或异常情况下均可实现停车。电磁制动器安装在电动机轴与蜗杆轴的连接处。

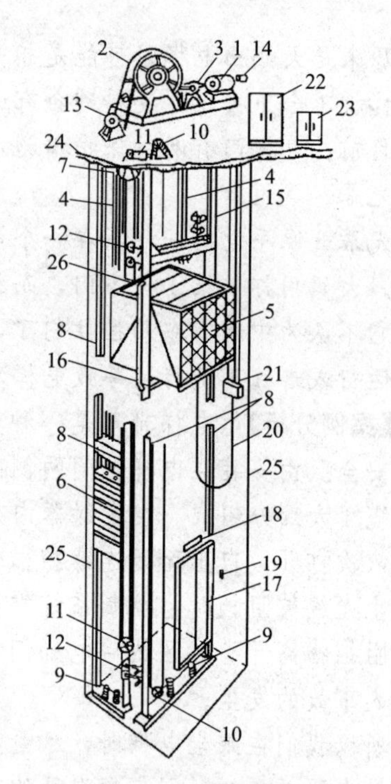

图 14-2　电梯基本结构示意

1—主传动电动机；2—曳引机；3—制动器；4—牵引钢丝绳；5—轿厢；6—对重装置；7—导向轮；8—导轨；9—缓冲器；10—限速器(包括转紧绳轮、安全绳轮)；11—极限开关(包括转紧绳轮、传动绳索)；12—限位开关(包括向上限位、向下限位)；13—层楼指示器；14—球形速度开关；15—平层感应器；16—安全钳及开关；17—厅门；18—厅外指层灯；19—召唤灯；20—供电电缆；21—接线盒及线管；22—控制屏；23—选层器；24—顶层地坪；25—电梯井道；26—限位器挡块

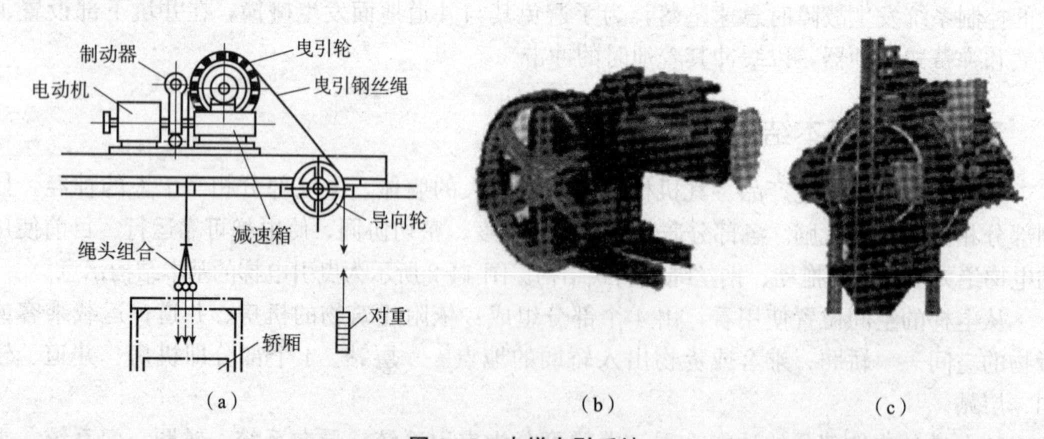

图 14-3　电梯曳引系统

(a)曳引系统示意；(b)有齿轮曳引机(实物)；(c)直流永磁无齿轮曳引机(实物)

2. 导向系统

导轨和导靴是电梯轿厢和对重的导向部分。

(1)导轨。导轨是轿厢和对重借助于导靴在导轨面上下运动的部件。电梯中大量使用的是T形导轨(还有L形、槽形等),具有通用性强和良好的抗弯性能。导轨长度一般为3～5 m,需用专门的连接板连接,不允许采用焊接和螺栓直接连接。

(2)导靴。电梯轿厢导靴被安装在轿厢上梁和轿底安全钳座的下面(与导轨接触处),每个轿厢4套;对重导靴安装在上、下横梁两侧端部,每个对重4套。通常有固定式滑动导靴、弹性滑动导靴之分。图14-4所示为导轨和导靴的配合示意。

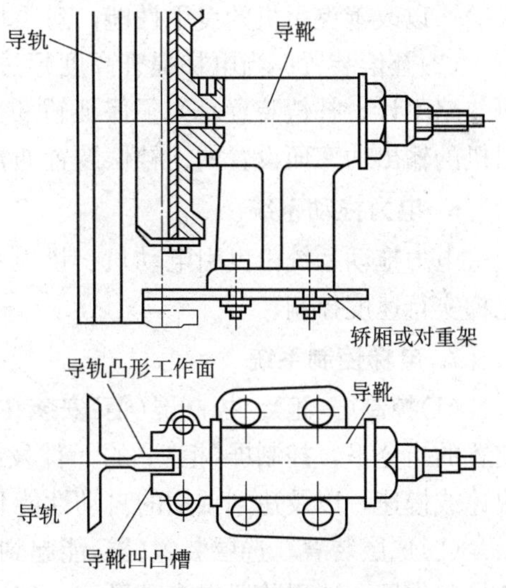

图 14-4　导轨与导靴配合示意

3. 轿厢

(1)轿厢的组成。轿厢一般由轿厢架和轿厢体组成。高度不小于2 m,宽度和深度由实际载重量而定。载客电梯轿厢额定载重量约为350 kg/m^2(其他电梯有不同规定)。

轿厢架是固定和悬吊轿厢的框架,它是轿厢的主要承载构件,由上梁、立梁、下梁、拉条组成。

轿厢体由轿厢底、轿厢壁、轿厢顶、轿厢门组成。轿顶上的强度应能支撑两个维修人员的重量;为了维修方便,轿顶还设有轿顶检修盒,包含系列开关;轿箱门一般是封闭门,可分为中分、双折中分、双折单方向旁开门。

(2)轿厢内操纵箱通常设置以下功能:运行状态控制、定向启动、开关门、选层、直驶、急停、报警(警钟按钮)、厅外召唤显示、检修控制、照明控制、风扇控制、超载指示灯和超载警钟、轿内层楼指示器(显示轿厢在运行中所处的楼层位置)、平层感应器。

4. 门系统

电梯门系统包括轿厢门、层门、开门机、门联锁、关门防夹装置。门区是电梯事故高发区,也是电梯监督检验和安全管理的重点。

(1)自动开门机。自动开门机安装在轿厢靠近轿门处,由电动机通过减速装置(齿轮传动或蜗轮传动或带齿胶带传动)带动曲柄摇杆机构去开、关轿门,再由轿门带动层门开关。

(2)轿厢门。轿厢门是随着轿厢一起运动的门,通过轿厢门上的开门刀插入该层门门锁内,使门联锁首先断开电气开关,然后将层门一起联动着打开或关闭,是主动门。

(3)层门。层门是电梯在各楼层的停靠站,也是供乘客或货物进出电梯轿厢通向各层大厅的出入口。可根据需要在每层楼设1个或2个出入口。不设层站出入口的楼层在电梯工程中称为盲层,层门是被动门。

(4)门联锁。门联锁是带有电气触点的机械门锁,是电梯中最重要的安全部件之一。电梯安全规范要求所有厅门锁的电气触点都必须串联在控制电路内。只有在所有层的层门都关好后电梯才能启动运行。当轿厢到达某一层站并达到平层位置时,这一层的层门才能被轿门上的开门刀拨开。

5. 重量平衡系统

(1)对重。对重又称为平衡重，其作用是借助其自身重量来平衡轿厢重量加上轿厢额定载重量的40%～50%(电梯平衡系数，经常轻载的电梯可选0.4～0.45；经常重载的可选0.5)，以改善曳引机的曳引性能。对重块可由铸铁制造或用钢筋混凝土来填充。

(2)补偿装置。当电梯提升高度超过30 m以上时，曳引钢丝绳和随行电缆的重量不能再忽略不计。补偿装置是为了保证轿厢侧与对重侧重量比在电梯运行过程中不变，减小曳引机的输出功率而设置的。补偿装置通常一端悬挂在轿厢下面，另一端挂在对重装置下部。

6. 电力拖动系统

电力拖动系统由曳引电动机、供电系统、调速装置、速度反馈装置构成。其作用是对电梯实行速度控制。

7. 电梯控制系统

(1)控制屏(柜)。控制屏(柜)安装在机房中，是电梯实行电气控制的集中部件。在操纵装置的指令下，控制屏(柜)上的元件发挥预期作用，使电动机运转或停止、正转或反转、快速或慢速，以及达到预期的自动性能和安全动作。

(2)选层装置。选层装置(器)能起到指示和反馈轿厢位置、决定运行方向、发出加减速信号等作用。选层装置有多种形式，如机械选层器、电气选层器和电子(电脑)选层器。

(3)召唤按钮盒。一般是安装在厅门(层门)外离地面1.3～1.5 m右侧墙壁上，而集选、群控电梯是把按钮箱安装在两台电梯的中间位置。

(4)层楼指示器。用以显示轿厢的运行方向和所处的层站。

(5)随行电缆。轿厢内外所有电气开关、照明、信号控制线等都要与机房控制柜连接，轿内按钮也要与机房控制柜连接，所有这些信号都需要通过电梯随行电缆传输。随行电缆在轿厢底部固定牢靠并接入轿厢。

8. 电梯安全保护系统

电梯安全保护系统由机械安全装置和电气安全装置两大部分组成。其中，部分机械安全装置需要电气方面的配合和联锁才能实现其安全功能。

(1)超速(失控)保护装置。超速(失控)保护装置由限速器和安全钳两部分组成，两者必须成对使用、联合动作才能发挥作用，是电梯中最重要的安全装置之一。

限速器是限制轿厢(或对重)速度的装置，安全钳则是使轿厢(或对重)停止运动的装置。在轿厢或对重故障下落超速时，限速器先动作，断开安全钳电气安全开关，切断曳引机电源，之后拉起安全钳拉杆使安全钳钳头将轿厢卡在井道导轨上，使轿厢不致下坠，从而起到超速时的安全保护作用。

凡是由钢丝绳悬挂的轿厢均需设安全钳。安全钳可分为瞬时式安全钳(用于低速梯)和滑移式安全钳(用于高速梯)两种。安全钳设在轿厢下横梁上，限速器通常安装在机房内或井道顶部。

(2)终端保护装置(超越上下极限工作位置的保护装置)。为防“冲顶”“蹲底”现象，在井道中常设置减速开关、限位开关和极限开关。

①减速开关(强迫减速开关)——安装在电梯井道内顶层和底层附近，是第一道防线。

②限位开关(端站限位开关)——电梯有上、下限位开关各1个，安装在上下减速开关后面。上限位开关动作后，如下面层楼有召唤，电梯能下行；下限位开关动作后，如上面

楼召唤，电梯也能上行。

③极限开关(终端极限开关)——电梯安全保护装置中最后一道电气安全的保护装置。其有机械式和电气式两种。机械式常用于慢速载货电梯，是非自动复位的；电气式常用于载客电梯中(该开关动作后电梯不能再启动，排除故障后在电梯机房将此开关短路，慢车离开此位置之后才能使电梯恢复运行)。

极限开关必须在轿厢或对重未触及缓冲器之前动作。

(3)撞底(或冲顶)保护装置——缓冲器。缓冲器是电梯机械安全装置的最后一道措施。当电梯在井道下部运行时，由于断绳或其他故障，下部限位开关不起作用，轿厢就要向底坑掉落蹲底。这时，设置在底坑的缓冲器可以减缓轿厢与底坑之间的冲击，使轿厢停止运动。缓冲器有弹簧缓冲器和液压缓冲器两种。弹簧缓冲器是一种蓄能型缓冲器，常用于低速电梯；液压缓冲器是耗能型缓冲器，常用于快速与高速电梯。

(4)电磁制动器。电磁制动器也称电磁抱闸，得电时松闸、失电时抱闸，是电梯安全装置中最重要的一种。在轿厢超速、越位、超载溜车或其他原因造成坠落等危急情况下都需要电磁制动器动作。

(5)平层感应装置。当电梯轿厢按轿内或轿外指令运行到站进入平层区时，平层隔磁(或隔光)板即插入感应器，切断干簧感应器磁回路(或遮挡电子光电感应器红外线光线)，接通或断开有关控制电路，控制电梯自动平层。平层感应装置安装在轿顶上，平层隔磁(隔光)板安装在每层站平层位置附近井道壁上。

(6)超载与称载装置。超载与称载装置用于防止电梯发生超载事件，确保电梯运行的安全。当轿厢载员达到额定荷载的 110%时，称重机构动作，切断电梯控制电路使电梯不关门、不运行；同时点亮超载信号灯，超载蜂鸣器响。常用超载装置类型有轿底式称重装置、轿顶式称重装置、机房称重式称重装置。

(7)盘车手轮和松闸扳手。盘车手轮和松闸扳手是结构简单但能在电梯困人情况下通过人工操作对乘客进行安全解救的重要工具。

(8)安全窗。安全窗是当轿厢因故停在两个楼层中间且轿厢又无法移动而设置的紧急救助出入口。为防止启用安全窗时，电梯突然启动运行而造成人身伤害事故，安全窗具有打开即切断控制回路的功能。

(9)限速钢丝绳张紧保护。可防止电梯在超速保护装置失灵的情况下运行。

(10)急停开关。在轿顶、底坑、机房处检修电梯时，关闭急停开关就可切断电源。在轿厢里遇到紧急情况只要按下急停按钮或扳动急停开关，即可及时停车。可根据需要分别安装在轿厢操纵盘、轿顶操纵盒及底坑内和机房控制柜上。

(11)过载短路及相序保护装置。防止电动机因超载、电路短路或供电线路出现相序错误或缺相而被烧毁。当运行中出现以上情况则可立即切断控制回路。

(12)报警装置。轿厢内与外界联系的警铃、电话等安全保护装置。

三、电梯的设置原则

电梯的设置应考虑安全可靠、方便用户的原则。电梯由于运行速度快，可以节省人们的交通时间，在高层住宅、大型宾馆、医院、商店、写字楼等均应设置。一般来说，一部电梯的服务人数在 400 人以上，服务面积为 450～500 m^2。在住宅开发建造中，为满足日常使用，电梯的设置原则如下：

(1)7 层及 7 层以上的住宅，其入口层楼面距离室外设计地面高度超过 16 m 的，必须设置电梯。

(2)12 层及 12 层以上的高层住宅，每栋楼设置电梯不应少于两部，其中需配置一部可容纳担架的电梯。

(3)高层住宅电梯宜每层设站，当住宅电梯非每层设站时，连续不设站的层数不应超过两层。塔式和通廊式高屋住宅电梯宜成组集中布置。单元式高层住宅每单元只设一部电梯时，应采用联系廊连通。

模块15 电梯的外包管理

学习要求

熟悉电梯外包合同文中的相应条款，包括维保内容与要求；维保的时间频次与期限；维保单位和使用单位双方的权利、义务与责任；能够对照合同判断电梯维保工作的开展情况。

教学任务1 电梯外包合同学习

知识目标

熟悉电梯外包合同文中的相应条款，包括维保内容与要求；维保的时间频次与期限；维保单位和使用单位双方的权利、义务与责任。

能力目标

能够对照合同判断电梯维保工作的开展情况。

案例引导

杭州住宅电梯夹死名校女生续：官方称事故原因是抱闸系统故障

2015年7月30日10时15分左右，杭州新华坊小区18幢发生一起电梯事故，18幢16楼一名住户王某在16楼被电梯夹中，经消防官兵破拆营救，送杭州市红十字会医院抢救，抢救一个多小时，宣告不治。事故发生辖区杭州市下城区区政府立即启动应急程序，成立“7·30”电梯事故处置领导小组，并由下城区市场监督管理局与相关部门组成“7·30”电梯事故调查小组。

电梯事故调查小组已经组织浙江省杭州市特检院专家，现场对该台事故电梯的机房、井道、轿厢等进行勘查、试验。勘查发现：电梯门锁电气连锁回路正常，无短接情况；制动器电气回路正常；制动器闸瓦明显磨损，其厚度为5 mm，为正常厚度一半；制动器铁芯间隙为5 mm，正常为0.6 mm，间隙明显偏大，该间隙增大将导致运行中制动轮闸瓦磨损；在制动状态下进行盘车试验，能很轻松向上盘动电梯；闸瓦有明显过热痕迹。

杭州市下城区市场监督管理局特种设备安全监察科科长陈丹坚解释说：“事故原因通俗地理解就是电梯抱闸失灵，就像汽车刹车片失灵一样，王某正准备进入电梯时，突然抱闸失灵，电梯继续上行，导致王某被夹在电梯与内墙之间。”

记者了解到，此次事故电梯上一次日常维保日期为7月17日。陈丹坚说：“抱闸系统属于维保范围，通过保养是可以发现此问题的。并且日常维保规定每半个月检查一次，一年一次的电梯年检更是会对抱闸系统进行检查，事故责任与原因还需进一步调查。”

【案例分析】 据悉，下城区相关部门对辖区同型号电梯48台、15年以上住宅电梯147台进行全覆盖地毯式排查，48台同型号电梯中1台存在问题，已立即停机检修。

澎湃新闻(www. thepaper. cn)此前从现场知情人士处获悉，被电梯夹住的死者王某是华东师范大学的一名大三学生。

澎湃新闻从参与救援的现场消防人员处获悉，该女子被邻居发现时已卡在了16～17楼中间的位置，当时胸部以上部位，特别是头部，被卡在电梯外侧的缝隙中。消防员将电梯固定在16楼后打开电梯门才将她救出。

住在该楼的业主表示，“去年有一天我坐电梯时就遇到突然下坠，当时电梯里只有我一个人，被吓坏了。物业说要对电梯进行大修，需要用维修基金，找我们业主签字，我不假思索就同意了，可是签字快一年了，还不见有人来修，我去问物业，他们说在走流程，还没有批下来。”

9月8日下午，杭州市下城区政府发布“7·30”电梯事故处置领导小组通报：该事故是一起特种设备安全责任事故，维保单位通达公司负主要责任，管理单位新鸿物业负次要责任。对上述责任单位给予行政处罚，对5名责任人给予相应处理，按程序注销通达公司维保资质。

知识准备

根据《特种设备使用管理规则》(TSG08—2017)第2条规定：“产权单位通过符合法律规定的合同关系确立的特种设备实际使用管理者。特种设备属于共有的，共有人可以委托物业服务单位或者其他管理人管理特种设备。”

维保合同至少包括以下内容：

(1)维保的内容与要求；

(2)维保的时间频次与期限；

(3)维保单位和使用单位双方的权利、义务与责任。

除此之外，合同中还应明确：双方责任、权利和义务；电梯困人时，维修保养作业人员及时抵达的时间；价格和付款方式；维保内容和要求，应急困人处理和电梯故障维修要求，争议及违约的处理方式等。电梯外包合同示例见表15-1。

表15-1 电梯外包合同示例

电梯维护保养合同

甲方：		乙方：	
单位名称：		单位名称：	
地址：		地址：	
法人代表：		法人代表：	
承办人：		承办人：	
电话：	传真：	电话：	传真：
开户银行：		开户银行：	
开户名：		开户名：	
账号：		账号：	

经甲、乙双方友好协商，甲方现将所管理的项目的电梯保养业务委托乙方负责，在双

方完全清楚、理解本合同条款的基础上，根据《中华人民共和国民法典》和相关行业法规，特签订如下协议：

一、保养电梯数量、价款

保养电梯数量、价款见表 15-2。

表 15-2　保养电梯数量、价款

电梯品牌	型号规格	层/站/门	台数/台	合同金额		
				单价/[元·(台·月$^{-1}$)]	小计金额/(元·月$^{-1}$)	合计金额/(元·年$^{-1}$)
共计：　　　元/年						
合计人民币金额(大写)：　万　千　佰　拾　元整 ¥　　　　元整						

二、保养起止时间

从____年____月____日至____年____月____日止，共____个月。如遇甲方退出小区物业管理，则本合同终止。

三、付款方式及条件

付款方式双方协商按第____种方式。

(1)按季支付，每季度首月 5 日前，乙方向甲方送达维保费用发票，甲方收到乙方发票后，于当月 30 日前支付上季度保养费，付款方式为转账方式。

(2)按月支付，每月 5 日前，乙方向甲方送达维保费用发票，甲方收到乙方发票后，于当月 30 日前支付上月保养费，付款方式为转账方式。

(3)其他：________________________________

四、保养范围、内容及要求

(1)甲方委托乙方的电梯日常维护保养为全责任保养方式。具体要求如下：

①本合同有效期内，乙方对甲方使用或管理的电梯设备进行清理、润滑、检查、调整、修理、更换在电梯井道及机房内属于电梯的设备与装置，以及所有控制、指示、运行零部件。定期检查与测试机械、电器设备及安全装置。

②在正常使用条件下，负责修理或更换正常损坏零配件，范围包括电梯井道及机房(控制柜)内属于电梯的设备与装置及所有控制、指示、运行零配件、主板与乙方移交的电

子监视屏。

③不含主机及任何非电梯公司提供的电梯附加设备及装置(如非电梯公司提供的电梯轿厢空调以及三方通话和监控视频线由客户敷设的部分等)。

④本合同有效期内，在乙方专业维护保养及电梯设备正常使用条件下：电梯曳引机质保期12年(不含主机旋转编码器、曳引轮、导向轮)，曳引钢丝绳质保5年，主控电子板质保期10年，门电动机质保期12年，驱动主机质保期10年，扶梯的扶手带质保5年，梯级链质保期室外3年、室内5年，梯级滚轮及梯级链滚轮质保期不低于5年；上述部件质保期届满之日起由甲方承担全部更换及必要检测费用。

⑤免费更换电梯在正常使用情况下损坏的相应零、部件，免费提供维保用油料(包括导轨机油、植物黄油、柴油等)、维保用易耗件(包括棉纱团、各类紧固件、油毛毡、滑块、靴衬、打磨砂纸等)，免费提供维保过程中需要的标识、围栏、工具，并负责免费运送上述部件至项目现场。

⑥乙方应确保电梯维护保养合同期内所有损坏、磨损、存在隐患的电梯零、部件得到及时更换维修。对上面所列工作中的任一予以更换的零、部件，必须是电梯公司认可的崭新零、部件。

⑦对于非乙方原因导致的人为损坏的电梯零、部件，经甲方确认后乙方及时更换，相关费用由甲方承担。

(2)在本合同到期后，在同等条件下，乙方享有优先续约权。

五、维保工作的组织与实施

1. 维保人员的要求

(1)乙方须按每名维保技术员维保不超过20台电梯的标准为甲方项目配置持有政府颁发的有效操作证的电梯专业维保技术人员。

(2)乙方负责维护保养的小区电梯台数≥20台的，在甲方有要求的情况下，经双方协商一致，乙方需要安排技术人员驻点。驻点人员可以辐射周边项目，但在同时发生电梯困人事件的情况下，需要优先保障甲方驻点项目的求援。驻点项目见表15-3。

表15-3 驻点项目

项目名称	项目地址	驻点人数	项目名称	项目地址	驻点人数

(3)乙方必须做好员工的安全生产教育，承担因乙方过错产生的安全生产责任。乙方负责乙方员工的保险，乙方人员在维护保养工作中的伤亡均由乙方负责。

(4)乙方维保人员应遵守甲方或甲方委托人的规章制度，在甲方社区应举止文明，对待甲方客户应有礼有节，维修、施工现场标识清晰，现场整洁、工完场清。乙方员工在甲方作业现场因不文明行为引起的相应责任由乙方承担。

2. 维保时间的约定

(1)乙方应按照甲方要求时间提供维保、维修服务，具体见表15-4。

表 15-4 维保、维修服务

项目名称	维保时间	项目名称	维保时间
××四季花城	8:00—12:00 14:00—18:00	××金色家园	14:00—18:00 20:00—24:00

(2)乙方对电梯设备提供 365 天×24 h 全天候应急处理服务。乙方全国免费服务热线：800-830-××××、400-830-××××。

(3)电梯出现故障时，甲方应立即通知乙方。发生一般故障时，乙方工作人员应在接到通知后 30 min 内赶到现场；当发生如困人等紧急事件时，乙方工作人员应在接到通知后 15 min 内赶到现场处理。

(4)除以上约定外，对于故障处理到达时间有特别要求的，双方另行约定。

3. 维保计划

(1)乙方应根据甲方项目的电梯情况分别制订半月、季度、半年、年度维保计划，保养计划中的保养项目和要求不低于《乘客电梯、载货电梯日常维护保养项目(内容)和要求》(附件 2)中载明的项目和要求，且保养计划需事前提交甲方确认后实施(半月维保计划在每月 28 日前提交下月计划；季度维保计划在每季度末 28 日前提交下季度计划；半年维保计划在 6 月/12 月 28 日前提交下一周期维保计划；年度维保计划在 12 月 28 日前提交下年维保计划)。具体的季度、半年和年度保养的计划时间以当月报送的保养计划为准。

(2)本协议列明的及相关法规和标准规定的周期较长的保养内容，合同期内由乙方判断是否需要保养，但无论是否需要保养，都应在年度保养计划中逐项注明。如果因为乙方没有保养产生设备损坏或事故，责任由乙方承担。

(3)乙方为本合同下的电梯免费提供电梯服务支援系统，设专职后台值班工程师监控电梯运行状况及提供保养和维修的技术支持。

4. 维保工作的实施

(1)维保基本要求。

①乙方实施电梯维保须严格按照国家相关技术规范操作，逐台电梯做好保养记录，建档备查。

②乙方至少每半月对甲方项目的每台电梯按保养计划的内容和要求进行一次例行保养，每次保养现场作业人员不少于两名。

③乙方每季度安排技术专家对所保养的电梯进行一次全面检查，重点检查安全装置、保护开关、计算机控制板，对电梯的安全运行状况做出评估，评估报告提交甲方对应分公司，抄报甲方总部。

④乙方对电梯每 5 年进行一次负荷调校试验(也可根据甲方需求进行调校)。

⑤每次保养工作完成后，乙方保养人员应请甲方工作人员在列明保养内容和保养情况的记录或报告书上签认。相关的保养记录和报告一式两份，双方各执一份。甲方有权督促乙方人员严格执行保养项目，如没有按规定项目进行保养，甲方有权拒签相关记录和报告。

⑥乙方需要妥善保存合同期内电梯维保和检修记录，双方发生争议，乙方需要提供相

关记录证明。

(2)维保的质量。

①乙方维保的质量标准应符合国家相关法律法规及技术规范的要求。

②因乙方保养不善或疏忽引起的电梯事故、不正常运行等，给甲方带来的直接经济损失，由乙方承担。

(3)维保停梯管理。乙方根据维保计划，提前3日向甲方提出停梯需求，甲方根据乙方具体要求，安排合理的停梯作业时间，并及时通知客户，确保乙方能有足够时间实施维修保养作业。

(4)维保故障处理。

①超过4 h的电梯停梯维修，乙方应向甲方物业服务中心申报，由甲方通知客户。

②电梯部件损坏需要更换部件的，一般部件更换乙方须在24 h内更换完毕并恢复电梯使用；大型、核心部件更换(仅限于计算机主板、变频器、曳引机、钢丝绳、厅、轿门、轿厢壁板、扶梯盖板、裙板、扶梯玻璃、扶手带、梯级链)应在72 h内完成并恢复电梯使用。

③乙方下属机构对电梯软性故障超过一周无法排查出故障原因的，乙方总部须协调专业人员开展诊断，确保在1个月内完成问题处理并向甲方提交故障诊断和处理报告。

(5)电梯年检。乙方负责按时向甲方项目辖区政府指定的检测单位申报办理电梯安全年检手续，并保证取得《安全检验合格证》，避免现场张贴的《安全检验合格证》出现过期的现象，保养期内如属于因乙方保养不良而需要复检的电梯产生检测费用及造成的损失费用则由乙方承担。

(6)电梯的装修、翻新、改造。

①甲方对电梯进行装修、翻新、改造时，乙方应免费提供技术支持，并保证采用最新的技术为甲方电梯进行免费升级，相关装修、翻新、改造涉及的材料费用及施工过程中的人工费用由甲方负担。

②国家相关法规或技术规范中对电梯安全运行参数的要求发生变更，且需要对使用的电梯进行相应的改造后才能达到相关要求时，其改造的费用由甲方承担。

③在双方下属机构签订的维保合同有效期间，未经乙方或其下属机构同意，甲方或其下属机构不得委托其他单位或个人对标的电梯进行保养、维修及附件加装。需要增加监控、报警等设备的，甲方或其下属机构须提前与乙方或下属机构对讲对接，得到乙方或下属机构同意和技术支持。

(7)双方工作配合。

①在乙方工作人员遵守甲方相关管理规定的情况下，甲方须对乙方工作人员出入机房、大堂、层门和设备所在区域提供便利。

②甲方有重大活动或相关管理单位、部门进行检查时，乙方须根据甲方的要求配合相关工作。

③当发生灾害性天气时，乙方配合甲方提供预防性保护及应急处理的技术支持，如遇紧急情况时，甲方应及时通知乙方，并在能力范围内采取措施防止损失扩大。

④电梯保修期。双方约定电梯保修期为两年，从甲方/开发商向业主办理房屋集中交付首日开始计算。保修期内，乙方按全责任保养要求，承担全部维保责任。

六、维保相关费用

(1)办理电梯设备的年检费用由甲方承担。

(2)甲方按合同约定，定期支付乙方维保费用。甲方不按时缴交保养费，延期 1 个月以上的，应向乙方赔偿延期支付保养费总金额 10%的违约金。

七、违约责任

(1)如乙方违反下列情形之一，应向甲方支付违约金，甲方或甲方下属公司有权从每月支付乙方的维保费中扣除、违约扣款内容：

①发现维保人员非持证保养电梯：扣款违约金为 300 元/(人·次)；

②乙方保养、维修时，基站不设警示标识：违约金为扣款 100 元/次，若因乙方安全预防措施不到位而导致的事故，均由乙方承担责任；

③乙方接到报修没有在 30 min 内到达现场：违约金为扣款 100 元/次；接到困人报修没有在 15 min 内到达现场：违约金为扣款 300 元/次；

④乙方未按保养计划进行保养工作：违约金为扣款 100 元/次；

⑤乙方未在规定时间内完成零、部件更换：违约金为扣款 200 元/次；

⑥因乙方保养不善，导致同样故障一个月内重复出现两次：违约金为扣款 200 元/次；

⑦因电梯保养不到位，引起客户有效投诉的：违约金为 100 元/次；

⑧电梯维保计划未按合同约定时间提交，每延误一天支付违约金为 100 元；

⑨维保维修记录、评估报告填写不规范或未按要求填写、电梯故障统计数据或故障原因不实偏差 5 单以上，每次违约金为 100 元；

⑩单台电梯维保时人员低于两人的，发现一次，违约金为 200 元；

⑪乙方员工与甲方员工或客户发生打架的，每发生一起违约金为 500 元；

⑫乙方在使用证到期前一个月履行年检手续而检测单位未按时检测出证，乙方将相关履行年检手续证明资料及延期出证信息及时(使用证到期自然月末前 2 日)告知甲方，如不属以上所述原因在使用证到期前未办理更换，责任由乙方承担，每台电梯向甲方支付 1 000 元违约金，并承担因逾期年检面导致的政府主管部门的处罚；

⑬甲方检查电梯故障隐患问题如属乙方维保不当责任，依据问题重要性每条扣款违约金为 200 元。

(2)合同期内，乙方未按维保计划实施维保发生 3 次及以上的，甲方有权终止电梯维护保养合同，并乙方赔偿甲方合同总金额 20%的违约金，违约金不足以赔偿甲方损失的，甲方有权继续向乙方追偿给甲方造成的直接经济损失。

(3)电梯维护保养合同生效后，任何一方均可提出解除合同，但应提前 1 个月通知对方；否则应向对方赔偿合同总金额 10%的违约金。

八、免除责任的事项

(1)由于不可抗力原因(不可抗力是指战争、火灾、水灾、地震、风暴等非人力控制的事件)造成的损失，乙方免除赔偿责任。

(2)因人为损坏(非乙方或乙方授权的相关人员)导致电梯发生意外所引起的经济及法律责任与乙方无关。

九、协议的生效、变更和终止

(1)本合同一式两份，甲方执一份，乙方执一份。

(2)本合同经甲、乙双方盖章后生效，有效期止于____年____月____日。若万科与××电梯的战略合作协议无变更，且双方无任何一方在合同到期前1个月提出书面通知变更或终止，则本合同在到期日后次日起按年自动延续一年；若战略协议发生变更的，按新协议内容签订后续合同。

(3)若合同期间就本合同有关事项提出变更，双方需另行签订变更合同。

(4)若合同一方将合同的权利和义务部分或全部转让给第三方，须书面通知合同另一方，并得到书面同意转让，否则该转让无效。

(5)如遇万科物业退出小区物业管理，则合作双方签订的《电梯维护保养合同》终止。

十、争议处理

本协议如有争议，应由甲、乙双方协商解决，如调解不成，任何一方可向甲方所在地人民法院起诉。

十一、其他约定事项

甲方严禁自己的任何员工接受乙方的礼品、娱乐性招待、金钱或其他形式的馈赠。乙方不得有任何馈赠或贿赂甲方人员的行为，否则，甲方视为乙方违约，并有权立即解除电梯维护保养合同。

十二、附件

附件1 《临时电梯使用协议》

附件2 《乘客电梯、载货电梯日常维护保养项目(内容)和要求》

甲方：	乙方：
甲方代表：	乙方代表：
日期：	日期：

教学任务 2 电梯外包的日常监督管理

知识目标

熟悉电梯外包的日常监督工作内容，掌握电梯使用中异常事件及投诉处理，熟悉电梯维保相关法律条文。

能力目标

能够结合法律条文对电梯事故相关的案例及分析

案例引导

2019 年肇庆市端州区“4 · 7”电梯事故

2019 年 4 月 6 日晚，肇庆市端州区某小区 42 幢 2 号梯发生困人故障，由某电梯维保单位主管赵某安排工作人员曾某、冯某实施应急救援，与端州区某物业管理人员一起成功解救被困乘客。随后继续检查发现 2 号梯是层门故障，因当时已是深夜，曾某就在机房拔除为检查需要而设置的层门短接线，打急停与检修状态，将轿顶的检修及急停恢复正常。曾某在微信中与覃某交接，讲明了故障情况以及电梯状态，并进一步通过电话向覃某确认，当时覃某本人也同意第二天去处理故障。随后，曾某在物业公司的管理微信群里说明该电梯因故障停用的情况后，于 4 月 7 日凌晨 0:10 左右离开现场。

2019 年 4 月 7 日 10 时 32 分，某电梯修理人员覃某独自一人，穿便装、没有戴安全帽、脚上穿着运动鞋，乘坐小区 42 幢 1 号电梯直接到达顶层(31 楼)，然后上行进入电梯机房。10 时 43 分，覃某在机房内通过操纵控制盒，将电梯轿厢检修运行上升至次顶层(30 楼)，随后离开机房，在顶层(31 楼)进入电梯的轿厢顶，将轿顶控制盒转换至“检修”状态。从 10 时 51 分开始，覃某在井道内的轿厢顶上，从顶层(31 楼)逐层向下检修运行，检查和排查各层的层门故障，其间在第 6 层(耗时 15 min)和 2 层(耗时 11 min)检查耗时最长。至 11 时 46 分电梯轿厢下行至第 1 层与负 1(B1)层之间，但不是在平层位置，覃某开始检查第 1 层的层门装置。检查完成后，将随身的工具包、万能表等工具从电梯轿厢顶移出层门外的地面上，并准备从电梯轿厢顶往第 1 层层门方向撤离。在覃某从电梯轿厢顶往第 1 层层门方向撤离的过程中，在没有先解除机房控制柜处的电梯层门电气安全回路短接措施且确认保护装置有效情况下，在轿厢顶通过控制盒把电梯转换为“正常”状态，电梯立即自动启动，向上运行自找位平层。11 时 53 分 07 秒，电梯开始向上运行，至 11 时 53 分 17 秒，电梯停止运行，覃某被夹紧在电梯轿厢与电梯第 1 层层门顶框之间，其头部、双臂、右腿处于轿厢顶内侧，而身体躯干和左腿挂在轿厢外侧，造成严重的颅脑损伤并导致死亡。

【案例分析】

(一)事故的直接原因

覃某违反了电梯安全操作规程，从电梯轿厢顶往第 1 层层门方向撤离时，在电梯控制系统的安全回路已导通(短接)，机房控制盒处于“正常”状态下，将轿厢顶控制盒开关由“检修”转换为“正常”状态，从而引发电梯的自找位平层动作(向上运行)。当覃某发现电梯自找位平层向上运行后，又把轿厢顶控制盒从“正常”换为“检修”状态，但没有按下“急停”开关，电梯没有被有效制动，电梯外露的机械部件勾住了覃某的挎包致其无法撤离，电梯轿厢把覃某提升并夹紧在电梯轿厢与电梯第 1 层层门顶框之间，挤压造成覃某颅脑严重损伤死亡。

(二)事故的间接原因

电梯维保单位对生产(修理)作业现场管理不严，对该修理人员违反《广东省电梯使用安全条例》第 15 条第(二)款“实施维护保养期间现场作业人员不得少于两人，并做好自身安全防护。”有关规定，现场一人作业、不佩戴安全帽、作业时随身携带挎包，没有做好个人安全防护措施等违反规定的行为没有及时发现并有效阻止。

(三)专家点评

电梯维保单位没有按照法律法规、安全技术规范以及该单位《安全管理规范》等规定进行修理作业施工，对电梯生产(修理)过程安全管理不严，对修理人员违反了《广东省电梯使用安全条例》第 15 条第(二)款“实施维护保养期间现场作业人员不得少于两人，并做好自身安全防护。”有关规定，一人上岗作业、不佩戴安全帽等违规行为没有及时发现并采取有效措施进行纠正。修理人员修理时没有按下“急停”开关安全作业。物业公司对电梯维保单位一人上岗作业的违规行为没有及时发现并予以制止。造成电梯修理过程中，处于非平层位置的电梯被启动后，自找位平层向上运行，电梯轿厢把来不及撤出的修理人员覃某提升并夹紧在电梯轿厢与电梯第 1 层层门顶框之间，造成颅脑严重损伤死亡。

知识准备

一、电梯外包的日常监督工作

(一)外观检查

(1)控制柜内的排风扇运行正常，柜内温度符合要求，线路整洁，电器表面无积尘现象；主回路接触器无打火碳化迹象。各种开关、按钮、蜂鸣器、电铃、对讲、指示灯、照明工作正常，无缺损，接线端子压接牢固，导线编号清楚无误。

(2)轿厢内照明良好，应急照明灯、报警功能应正常，轿厢通风风机无异常噪声，按钮面板整洁，字迹清晰。

(3)轿厢内张贴电梯有效年检合格证、安全乘梯须知、电梯使用标识、电梯保险标识、电梯维保标识(按当地特检部门要求执行进行张贴，24 h 紧急救援电话及禁止吸烟标识)。

(4)紧急对讲话筒有使用提示标识，摘挂便利、通话声音清晰。监控探头确保画面能分辨乘客面孔及电梯楼层显示面板所显示楼层。

(5)电梯运行、增速、减速平稳。从启动到平层皆无异常振动、冲击及异常声响。行驶过程中轿厢无明显晃动，厢门无晃动而产生的撞击声，电梯门开启闭合灵活，无卡、擦声音。

(二)配合电梯维保工作

(1)每次保养工作完成后，电梯管理员应在保养内容和保养情况的记录或报告书上签认。如没有按规定对相关部位进行保养，电梯管理员有权拒签相关记录和报告。

(2)电梯出现故障时，应立即通知维保方。发生一般故障时，维保方人员应在接到通知后 30 min 内赶到现场；如发生困人等紧急事件时，维保方工作人员应在接到通知后 15 min 内赶到现场处理。

(3)维保单位每季度安排技术专家对所保养的电梯进行一次全面检查，重点检查安全装置、保护开关、计算机控制板等，对电梯的安全运行状况做出评估，并提交评估报告。

(4)维保方对电梯每 5 年进行一次负荷调校试验(也可根据甲方需求进行调校)。

(5)维保方需在使用证到期前 1 个月向特检院提出电梯年检申请，未履行相关年检手续，责任由维保方承担，向甲方支付相应的违约金，并承担因逾期年检而导致的政府主管部门的处罚。

(三)电梯使用中异常事件及投诉处理

(1)电梯困人时，应及时通知维保方，并对被困业主进行安抚工作，告知其不要进行扒门等危险行为，安静等待救援。

(2)电梯故障时，超过 4 h 的电梯停梯维修，维保方应向物业服务中心申报，由物业向业主发布通知，并做好解释工作。

(3)电梯部件损坏需要更换部件的，一般部件更换，乙方须在 24 h 内更换完毕并恢复电梯使用；大型、核心部件更换(仅限于计算机主板、变频器、曳引机、钢丝绳、厅、轿门、轿厢壁板、扶梯盖板、裙板、扶梯玻璃、扶手带、梯级链)，由应在 72 h 内完成并恢复电梯使用。

(4)乙方下属机构对电梯软性故障超过一周无法排查出故障原因的，乙方总部须协调专业人员开展诊断，确保在 1 个月内完成问题处理并向甲方提交故障诊断和处理报告。

二、熟悉电梯维保相关法律条文

在电梯维护管理中，《中华人民共和国特种设备安全法》相关的法律条文规定如下。

第十四条　特种设备安全管理人员、检测人员和作业人员应当按照国家有关规定取得相应资格，方可从事相关工作。特种设备安全管理人员、检测人员和作业人员应当严格执行安全技术规范和管理制度，保证特种设备安全。

第二十二条　电梯的安装、改造、修理，必须由电梯制造单位或者其委托的依照本法取得相应许可的单位进行。电梯制造单位委托其他单位进行电梯安装、改造、修理的，应当对其安装、改造、修理进行安全指导和监控，并按照安全技术规范的要求进行校验和调试。电梯制造单位对电梯安全性能负责。

第三十三条　特种设备使用单位应当在特种设备投入使用前或者投入使用后 30 日内，向负责特种设备安全监督管理的部门办理使用登记，取得使用登记证书。登记标志应当置于该特种设备的显著位置。

第三十四条　特种设备使用单位应当建立岗位责任、隐患治理、应急救援等安全管理制度，制定操作规程，保证特种设备安全运行。

第三十五条　特种设备使用单位应当建立特种设备安全技术档案。安全技术档案应当包括以下内容：

(一)特种设备的设计文件、产品质量合格证明、安装及使用维护保养说明、监督检验证明等相关技术资料和文件；

（二）特种设备的定期检验和定期自行检查记录；

（三）特种设备的日常使用状况记录；

（四）特种设备及其附属仪器仪表的维护保养记录；

（五）特种设备的运行故障和事故记录。

第八十九条　发生特种设备事故，有下列情形之一的，对单位处五万元以上二十万元以下罚款；对主要负责人处一万元以上五万元以下罚款；主要负责人属于国家工作人员的，并依法给予处分：

（一）发生特种设备事故时，不立即组织抢救或者在事故调查处理期间擅离职守或者逃匿的；

（二）对特种设备事故迟报、谎报或者瞒报的。

三、电梯事故相关的案例及分析

案例：2018年10月31日10点46分，在遂宁城区一小区里，一部住宅电梯突然发出一声巨响，出现故障。经调查事故经过：装修工人完工后拿着设备及工具走向电梯，准备离开。在电梯内整理工具时发现，遗漏了工具，于是便转身回去拿。为图一时方便，该工人用手中一细长的工具来阻挡电梯门的关闭，转身向之前工作的地方跑去，当该工人离开后，电梯门曾两次尝试关闭。然而，就在第三次关闭时，感应器不再检测到工具的存在，电梯门便自动合上，向上行驶，导致电梯瞬间损坏，所幸未造成人员伤亡。

分析：在乘坐电梯时我们会发现，有些电梯我们用手挡一下门就不会关起来，而有些电梯不行。原因就是电梯门有两种保护措施，一种是光幕；另一种是触板，而现在很多的电梯使用的都是光幕。

电梯门感应是有盲区的，两种保护措施针对人或者大物件都有保护的功能，但对于细小的东西或者拿玻璃去挡门，门肯定是会强制关的。一旦进入盲区电梯门就会“翻脸不认人”，造成生命危险。

四、电梯的性能指标

（1）工作噪声：

①轿厢运行（轿内）：≤55 dB；

②门机（开关中）：≤65 dB；

③机房：≤80 dB；

④机房温度：5 ℃～40 ℃。

（2）平层准确度：

①轿门地坎和层门地坎的距离不得超过35 mm；

②轿门门刀与层门地坎的距离应为5～10 mm；

③轿门门坎和层门锁轮的间隙应为5～10 mm。

（3）当电梯在开锁区内并切断门机电源或停电时，应能从轿厢内部用手将门拉开，开门力不得大于300 N，但应大于50 N。

（4）轿门底坎和井道壁的距离不得超过150 mm。

五、电梯管理人员在电梯行驶前的检查与准备工作

(1)开启层门进入轿厢之前，需注意轿厢是否停在该层。

(2)开启轿厢内照明、风扇。

(3)每日开始工作前，将电梯上下行驶数次，无异常现象后方可使用。

(4)层门关闭后，从层门外不能用手拨开，当层门轿门未全关闭时，电梯不能正常启动。

(5)平层准确度应无显著变化。

(6)经常清洁轿厢内、层门及乘客可见部分。

六、管理人员在电梯正常行驶时的注意事项

(1)有司机电梯必须由专职司机操纵，当司机需暂离轿厢时，应将轿厢电源开关关闭，并关闭好厅门。

(2)应保证电梯在额定载重范围内工作，对于无超载装置的，电梯司机应时刻掌握电梯的载重量。

(3)不允许乘客电梯经常作为载货电梯使用。

(4)严禁运易燃、易爆的危险物品，如遇特殊情况需要经有关部门批准，并采取安全保护措施：数量少；防止倾倒；配备灭火器。

(5)轿厢的检修速度不能用作正常运行，严禁在厅轿门开启情况下，用检修速度行驶。

(6)不允许检修、急停按钮作为正常行驶中消除信号之用。

(7)不允许利用轿顶、轿厢安全门的开启，来装运长物件。

(8)应劝阻乘客在行驶中，勿倚靠在轿门上。

(9)门区是电梯轿厢内危险的地方，劝告乘客勿倚靠轿门。

(10)当物件装进轿厢内后，应先查看所载的物件是否伸出轿厢外。

(11)在等候装载物或人员时，驾驶人员和其他人员不可站在轿厢与井道厅门之间，应站在轿厢内或井道厅门外面等候。

(12)轿顶上部，不得放置其他物品，轿厢内不得悬吊物品。

(13)运送重的货物时，应将物件放置在轿厢的中间位置上，防止轿厢倾斜。

(14)严禁以手动轿门、厅门的启闭作为电梯的启动或停止。

(15)电梯驾驶人员或乘用人员在电梯发生异常情况时，不允许从轿门跳离轿厢。

七、电梯提交年检申请步骤

指定有《电梯安全管理员》证书的人员负责电梯的日常安全管理；再则督促维保单位做好检验前的自检工作和各项准备工作；准备好相关的维保记录、各类管理制度、演练记录和应急预案等档案资料。并由管家提前做好停梯的通知和业主的解释工作，年检过程全程拍照记录，以便后期宣传。

八、电梯轿厢内的标识标牌

轿厢内张贴电梯有效年检合格证、安全乘梯须知、电梯使用标识、电梯保险标识、电梯维保标识(按当地特检部门要求执行进行张贴)，24 h紧急救援电话及禁止吸烟标识。

九、电梯门厅及轿厢内广告运营管理

电梯广告作为社区公共资源的重要来源，必须加强前期招商的报价管控和后期运营管理。电梯广告每年的价格都随市场形势波动，还是应该以合作方竞价投标方式确定有资质的合作方及合适价位；后期管理应以业主感受为最大出发点，如夜间降低液晶广告音量，定期查看是否有违规广告内容上画，安装位置是否合适，是否与周围环境相匹配。

拓展阅读

万科物业宣布，全部签约合同期内所服务的住宅项目将从2022年1月1日起设立电梯困人关怀金。

万科物业表示，在无乘梯人不文明行为、无市政供电闪断等不可抗力情况下，出现电梯故障困人的，被困乘梯人可获领每人200元人民币的关怀金，并发放至“住这儿”App业主钱包。这也是万科物业2021年全部在管住宅小区实施电梯广告收益透明化后，再次关于电梯实施大动作，行业内再开先河。

统计数据显示，截至目前，万科物业全部在管住宅小区共有77 809部电梯，随着老旧电梯逐年增加，其安全性与运行稳定性对物业服务提出了更高的管理要求。

万科物业方面介绍称，从2020年开始启动对“问题电梯”实施升级改造及更换工程。“我们正在对电梯使用管理和维保措施升级，主要依托运用大数据、物联网等信息技术，以提升电梯安全运行水平。”万科物业有关人士透露，统计发现，异物卡门、配件老化、人为使用不当是导致电梯故障困人的三大主要原因。

万科物业有关人士介绍，创立的关怀金虽不属于物业合同约定的法律义务范畴，但出于保障业主电梯出行的安全，并督促自身提升电梯安全性、运行稳定性等日常管理水平。

教学实训1 了解物业项目中常见的电梯安全问题

一、实训目的

结合视频了解物业项目管理中常见的安全隐患有哪些及如何规避？

二、实训要求

(1)掌握电梯运营中如何进行人员配备并准备相关文档资料。

(2)掌握电梯困人事件的处理。

(3)掌握物业项目相关人员对电梯事故的处置方案及原则。

三、实训步骤

请大家将这11个小标题写在学习笔记上，然后教师播放11个小视频(每个视频有编号)，看完视频之后，将对应的编号写在相应的标题后面，提交到学习通上。

(1)论曳引轮和钢丝绳谁更辛苦。

(2)裙子掉了。

(3)电梯轿厢内有什么文件。

(4)电梯要有三证。

(5)一起三角钥匙引发的血案。

(6)感觉一下电梯刹车。

(7)电梯轿厢门。

(8)开门走车。

(9)论护栏的重要性。

(10)电梯打滑的结果。

(11)三角钥匙怎么用。

11个小片段剪辑的致学视频短片

教学实训 2　电梯困人的应急处置

一、实训要求

新闻媒体报道了很多电梯困人导致人员伤亡的案例，杭州也有类似事件。此类事故会造成家庭悲剧，引起了社会的广泛关注，有损物业公司的企业形象。为了避免此类事故发生，物业公司相关人需要掌握电梯困人的应急处置办法。

作为物业公司相关人员，请你考虑以下 3 个问题：

(1)这件事情需要哪些人员参与其中，各自的分工如何？

(2)处理这件事情的具体步骤和流程是什么？

(3)在现场需要配备哪些物资？应记录哪些内容和要点？如何做好善后？

二、实训步骤

(1)观看《电梯困人案例》视频(注：此视频不是规范和标准，内有错误)，大体了解实施办法。同时参考《电梯困人应急处置演练评分标准》。

(2)有 3 种作业的形式，一种是写出电梯困人应急处置方案(提交电子版)，一种是表演电梯困人应急处置情景，另一种是设计电梯困人信息记录表(提交电子版)。

(3)小组抽签确定具体作业形式，在确定好小组分工并小组讨论之后，在课程中利用计算机或排练完成。

电梯困人案例

电梯困人应急处理方案评分标准

(4)提交作业，电子文档作业由小组成员在课上展示讲解，案例排演在课上完成并由其他小组评分。

拓展阅读

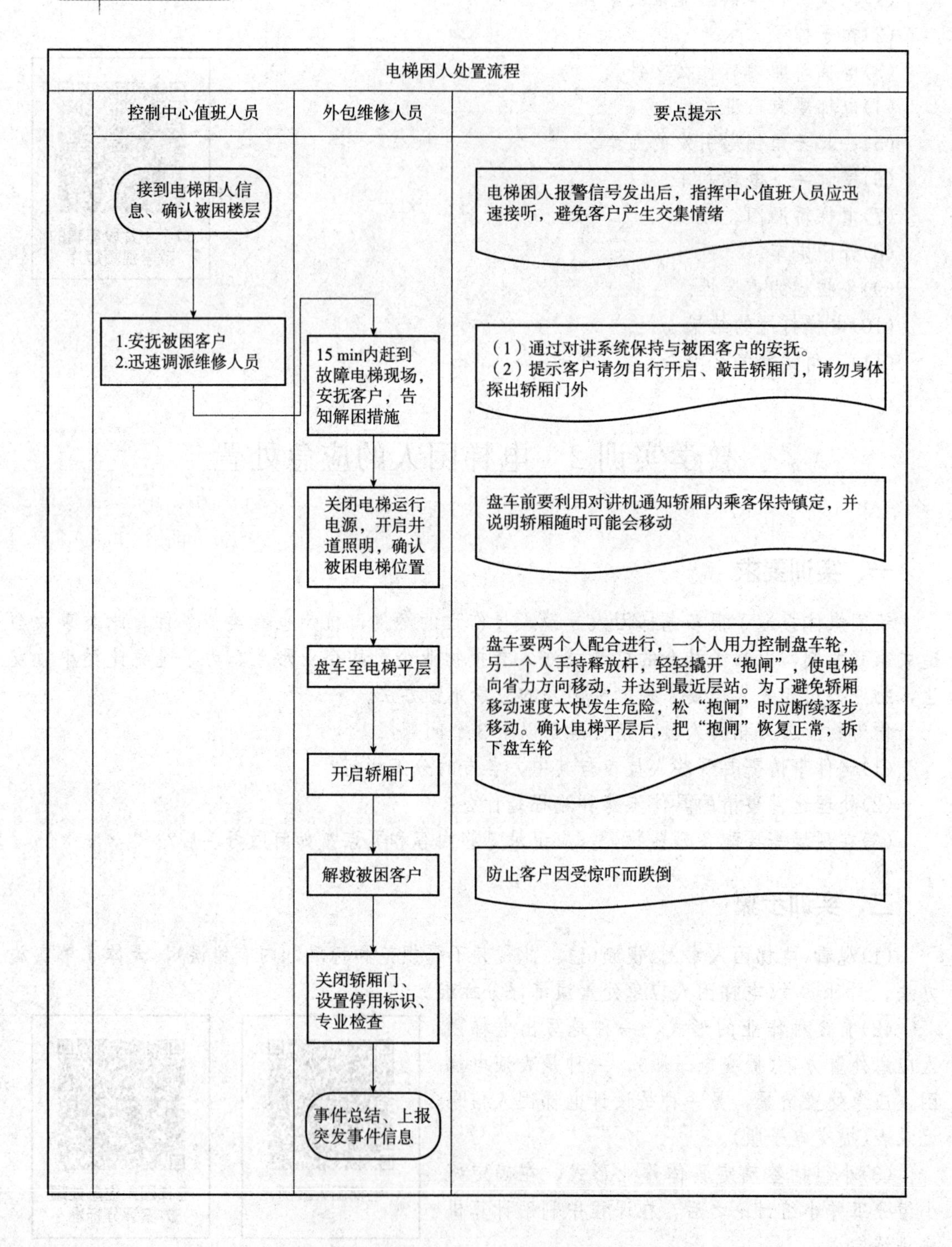
电梯困人处置流程
控制中心值班人员
外包维修人员
要点提示
接到电梯困人信息、确认被困楼层
电梯困人报警信号发出后，指挥中心值班人员应迅速接听，避免客户产生交集情绪
1.安抚被困客户
2.迅速调派维修人员
15 min内赶到故障电梯现场，安抚客户，告知解困措施
（1）通过对讲系统保持与被困客户的安抚。
（2）提示客户请勿自行开启、敲击轿厢门，请勿身体探出轿厢门外
关闭电梯运行电源，开启井道照明，确认被困电梯位置
盘车前要利用对讲机通知轿厢内乘客保持镇定，并说明轿厢随时可能会移动
盘车至电梯平层
盘车要两个人配合进行，一个人用力控制盘车轮，另一个人手持释放杆，轻轻撬开“抱闸”，使电梯向省力方向移动，并达到最近层站。为了避免轿厢移动速度太快发生危险，松“抱闸”时应断续逐步移动。确认电梯平层后，把“抱闸”恢复正常，拆下盘车轮
开启轿厢门
解救被困客户
防止客户因受惊吓而跌倒
关闭轿厢门、设置停用标识、专业检查
事件总结、上报突发事件信息

教学实训3 “物业设备开放日”准备及实施

一、实训目的

筹划“物业设备开放日活动”

(1)知晓“物业设备开放日”的内涵及意义。

(2)明确“物业设备开放日”要做哪些准备工作。

(3)能够做好“物业设备开放日”活动的实施开展及后期总结。

二、实训要求

(1)认真学习教师提供的“物业设备开放日”的教学素材，达到概念认知；网上查找资料，获得关于“物业设备开放日”更丰富的素材。

(2)思考“物业设备开放日”活动开展要做哪些准备工作，制作PPT说明准备工作的具体细节(抽签序号为1)。根据其他小组的PPT汇报，对活动开展情况进行点评总结(抽签序号为2)。

(3)结合本课程所学的章节要点并根据小组抽签的结果，上网查找资料，收集物业设备房及设备图片，并配合文字介绍，制作PPT模拟展示其中一个设备房，并以物业工程管理员的身份向业主介绍。

(作业序号为3的做生活水泵房*2，作业序号为4的做消防监控中心*2，作业序号为5的做电梯机房*2，作业序号为6的做消防水泵房)

项目小结

本项目主要介绍了电梯的不同分类标准，通过了解电梯的类别，让学生对电梯的功能有全面的认识。通过合同范例的学习，学生可以熟悉电梯外包合同文中的相应条款，包括维保内容与要求；维保的时间频次与期限；维保单位和使用单位双方那的权利、义务与责任，并能够对照合同判断电梯维保工作的开展情况。通过视频、案例了解物业项目中常见的电梯安全问题，结合实训掌握电梯困人的应急处置方法。

课程思政

通过观看3D动画等新媒体的思政教学，可以实现多种感官的刺激，提高自主学习能力，通过实训设备的实操演练培养严谨认真的工作态度。

基础知识练习

一、单选题

电梯运行管理中发生任何故障时首先要(　　)。

A. 切断电源　　　　B. 查清原因

C. 及时修复　　　　D. 救护乘客出梯

二、多选题

1. 电梯维修、保养操作规程规定(　　)。

A. 电梯停用保养时，首先应切断控制电源，确保安全

B. 电梯机房不得堆放杂物和易燃物品，不准闲人进入，不准住人

C. 电梯检修或保养时必须挂牌，确认轿厢内无乘客后，方可停机

D. 维修保养工作完成后，必须认真清理现场，清点工具和物品，切忌遗漏

2. 电梯按用途可分为(　　)。

A. 客梯　　B. 货梯

C. 消防梯　　D. 信号控制电梯

E. 交流调速电梯

3. 电梯设备是高层建筑中不可缺少的垂直运输设备，包括(　　)。

A. 电梯机房　　B. 轿厢

C. 井道　　D. 天台

4. 电梯维修保养时(　　)。

A. 应确认轿厢内无乘客　　B 首先要切断控制电源

C. 必须挂牌　　D. 必须停机

三、判断题

1. 电梯的日常保养维护和故障修理，必须由经劳动部门审查认可的单位和人员承担。(　　)

2. 火警发生后，所有电梯会迫降至最底层。(　　)

参考文献

[1] 沈瑞珠. 楼宇智能化技术[M].2版. 北京：中国建筑工业出版社，2013.

[2] 金智华. 暖通空调工程常用图表手册[M]. 北京：机械工业出版社，2013.

[3] 余志强，胡汉章，刘光平. 智能建筑环境设备自动化[M]. 北京：清华大学出版社，北京交通大学出版社，2007.

[4] 杨少春. 楼宇智能化工程技术[M].3版. 北京：电子工业出版社，2021.

[5] 谷力. 物业设备维护与管理[M].3版. 北京：高等教育出版社，2005.

[6] 伍培. 物业设备设施与管理[M].3版. 重庆：重庆大学出版社，2013.

[7] 赵飞宇. 物业设备维护与管理[M]. 北京：中国人民大学出版社，2018.

[8] 邵小云，等. 物业设备维护培训[M]. 北京：化学工业出版社，2014.

[9] 王正勤. 楼宇智能化技术[M]. 北京：化学工业出版社，2015.

[10] 蒋英. 建筑设备[M]. 北京：北京理工大学出版社，2011.